教程

世界遗产

吴其付◎主编

四川大学出版社
SICHUAN UNIVERSITY PRESS

图书在版编目（CIP）数据

世界遗产教程 / 吴其付主编 . -- 成都 ： 四川大学
出版社，2025. 2. -- ISBN 978-7-5690-7011-8

Ⅰ . K103

中国国家版本馆 CIP 数据核字第 2024RL6570 号

书　　　名：世界遗产教程
　　　　　　Shijie Yichan Jiaocheng
主　　　编：吴其付

选题策划：蒋姗姗
责任编辑：蒋姗姗
责任校对：袁霁野
装帧设计：墨创文化
责任印制：李金兰

出版发行：四川大学出版社有限责任公司
　　　　　　地址：成都市一环路南一段 24 号（610065）
　　　　　　电话：（028）85408311（发行部）、85400276（总编室）
　　　　　　电子邮箱：scupress@vip.163.com
　　　　　　网址：https://press.scu.edu.cn
印前制作：四川胜翔数码印务设计有限公司
印刷装订：四川省平轩印务有限公司

成品尺寸：170 mm×240 mm
印　　张：15.75
字　　数：302 千字

版　　次：2025 年 2 月 第 1 版
印　　次：2025 年 2 月 第 1 次印刷
定　　价：52.00 元

本社图书如有印装质量问题，请联系发行部调换

扫码获取数字资源

四川大学出版社
微信公众号

前　言

　　世界遗产是联合国教科文组织和世界遗产委员会确认的、人类罕见的、无可替代的财富，是全人类公认的具有突出意义和全人类价值的文物古迹及自然景观。它也是联合国教科文组织最具代表性的工作项目，其目的是在全世界范围内鉴定并保护那些杰出的文化遗产和自然遗产，因为不当开发、人为破坏、战争威胁、自然灾害都很容易对其造成难以弥补的伤害。法国历史学家罗杰-波尔·德罗伊特（Droit Roger-Pol）曾经说过："20世纪发生了这么多的灾难，我们人类有必要在科学的框架内进行重建，其中最重要的是做好人类的教育。拥有不同交流途径的人们是平等的，但同时也是相异的。我们只有做好重建和教育工作才能够保卫和平以及文化的多样性，最终才能守护生命本身。"

　　当前，世界遗产保护和管理向科学化和综合性的方向发展，这对高等院校世界遗产教育的课程建设提出了更高要求。更加系统化地介绍世界遗产的基本内涵和保护实践工作，让当代青年特别是大学生群体了解人类文明的发展以及不同时期、不同地域、不同文化所保留下来的人类共同遗产，是十分必要的。

　　本教材借鉴国内外相关专业的优秀教学理念，注重培养学生的创新精神和实践能力，结合世界遗产课程的教学特点，以丰富性、知识性、实践性为编写原则，将世界遗产保护利用与学生认知管理能力相结合，力求展现体系科学严密、内容全面丰富、体例统一清晰的编写特点。

　　本教材设计有导入案例、知识链接、延伸阅读、本章小结、课后练习多个教学板块，内容包括世界遗产的基础知识概述、世界遗产申报与管理、世界遗产保护与利用、不同大洲的世界遗产、创造未来世界遗产五个篇章，从宏观的遗产管理理念到微观的遗产保护方法都有述及。本教材精选的五十处代表性世界遗产项目，在内容上不仅能够涵盖世界遗产的各种类别，展现世界遗产的丰富多彩，还有助于学生和读者快速有效地了解目前世界遗产的基本概貌。

　　本教材编写力求充分展现学科发展的前沿动态，将世界遗产研究的新知识、新技术、新成果写入其中，做到科学性、先进性与适用性相统一。本教材从认识论角度富有新意地介绍世界遗产，有利于传递世界遗产保护理念，帮助学生树立多元合作、尊重共享的文化保护观念，增强其保护人类共同财富的责任感。

本教材出版得到了四川师范大学校级规划教材的立项资助。本教材不仅可以作为高等院校人文社科类通识课的基础教材，还可以作为旅游管理专业、文化产业管理专业的拓展课程教材，也可以为业界人士进一步的专业学习和探究提供引导。

在本教材编写过程中，得到了很多同仁的支持和鼓励，他们为本书提供了很多建设性意见，在此一并感谢。由于时间和编写水平的限制，书中不当和疏漏之处在所难免，敬请批评指正。

编　者

2024.05 于成都

目　录

第一章 世界遗产基础知识概述

教学目标

　　通过本章的学习，了解世界遗产的发展历程、主要类型、评选标准、组织体系，理解世界遗产的概念内涵、标志含义，掌握世界遗产的基本价值和功能意义。

教学要求

知识要点	能力要求	相关知识
世界遗产释义	(1) 熟悉世界遗产定义 (2) 理解世界遗产价值	(1) 世界遗产的概念内涵 (2) 世界遗产的主要特征 (3) 世界遗产的功能价值
世界遗产公约	(1) 了解世界遗产公约诞生背景 (2) 理解世界遗产公约核心内容 (3) 熟悉世界遗产公约运作流程	(1) 文化遗产的构成类别 (2) 自然遗产的构成类别 (3) 世界遗产公约的内容 (4) 世界遗产公约的操作
世界遗产类别	(1) 熟悉世界遗产的类别 (2) 理解文化景观的价值 (3) 理解文化线路的特征	(1) 文化遗产与自然遗产的界定 (2) 文化与自然双重遗产的内涵 (3) 文化景观的类别构成与特征 (4) 文化线路的要素构成与特征 (5) 延伸类别的主要内容
世界遗产标准	(1) 熟悉世界遗产评定标准 (2) 运用标准界定遗产价值	(1) 文化与自然遗产的评定标准 (2) 文化景观评定标准操作指南 (3) 非物质文化遗产的评定标准
世界遗产组织	(1) 了解世界遗产的组织架构 (2) 熟悉世界遗产组织的职能	(1) 世界遗产委员会的工作职能 (2) 世界遗产中心的工作职能 (3) 世界遗产非政府组织工作职能 (4) 世界遗产组织的工作方式

知识要点	能力要求	相关知识
世界遗产大会、遗产名录与遗产标志	(1) 了解世界遗产大会的主要历程 (2) 了解世界遗产名录的价值作用 (3) 熟悉世界遗产标志的符号意义	(1) 世界遗产大会的平台价值 (2) 世界遗产名录的职责任务 (3) 世界遗产标志的符号内涵 (4) 世界遗产标志的使用指南

世界文化和自然遗产是人类文明发展和自然演进的重要成果，也是促进不同文明交流互鉴的重要载体。保护好、传承好、利用好这些宝贵财富，是我们的共同责任，是人类文明赓续和世界可持续发展的必然要求。

——中国国家主席习近平《国家主席习近平向第 44 届世界遗产大会致贺信》

基本 概念

世界遗产　世界遗产公约　世界遗产名录　濒危世界遗产　文化景观　文化线路　世界非物质文化遗产　世界记忆遗产　世界灌溉工程遗产　全球重要农业文化遗产　世界遗产委员会　世界遗产中心（《世界遗产公约》执行秘书处）　国际古迹遗址理事会（ICOMOS）　世界自然保护联盟（IUCN）　国际文物保护与修复中心（ICCROM）

导入 案例

保护全人类共同的财富——努比亚行动

1954 年，埃及政府决定修建阿斯旺水坝。水坝的修筑将形成一座长 500 千米、宽 35 千米的人工湖。人工湖将淹没历史文化遗产丰富的努比亚地区。在埃及与苏丹政府请求下，1960 年，联合国教科文组织发起了一项超越传统国家利益的拯救努比亚文物的国际行动。

抢救行动主要有两项：一是把阿布辛拜勒的两座岩体神庙迁至人工湖淹没不到的山顶之上；二是把菲莱神庙从较低的原位置迁至位置较高的一座岛上。阿布辛拜勒神庙建于公元前 1275 年，是古埃及最伟大的法老拉美西斯二世所建。其精妙之处是每年 2 月 21 日和 10 月 21 日，阳光会穿过长长的甬道直接照射在拉美西斯二世的雕像上，营造出举世无双的光线奇观。

阿布辛拜勒神庙规模较大，搬迁工作十分艰巨。为了搬迁，阿布辛拜勒神庙被切成 807 块，每块约为二三十吨。石块用起重机吊运至储石场，按编号存放，然后再运至新址重新装配。装配时，神视外墙面的接缝全部用与石头同样颜色的灰浆补缝，几乎看不出任何切割过的痕迹。神庙内的装饰面却故意留出接缝，让游客与后人能联想起神庙的搬迁。1967 年，神庙在山顶新址落成。迁移后的神庙成功保留了光线奇观（尽管采用了当时先进的科技测算技术，但光线奇观还是因神庙移位而延后了一天，既幸运而又有些遗憾）。1980 年，抢救努比亚文物的国际行动正式结束。在这期间，专家们进行了四十多次大规模的抢救古迹活动，共耗资 8000 万美元，其中有一半资金筹集于五十多个国家。在前一年，即 1979 年，阿布辛拜勒至菲莱的努比亚遗址被选入《世界遗产名录》

资料整理来源：李燕琴. 世界遗产与旅游 ［M］. 北京：北京大学出版社，2012.

点评 努比亚行动的最大影响在于对其他类似保护行动的促进，如意大利的水城威尼斯、巴基斯坦的摩亨佐达罗考古遗址、印度尼西亚的婆罗浮屠等保护挽救行动。持续 20 年的努比亚行动，催生并巩固了 1972 年签署的《保护世界文化与自然遗产公约》。这场独一无二的文物抢救国际行动，为人类树立共同遗产观念铺平了道路。

第一节　世界遗产释义

世界遗产是全人类的共同财富，它既是大自然的鬼斧神工，也是人类的文化杰作。1972 年 11 月 16 日，《保护世界文化和自然遗产公约》（简称《世界遗产公约》）的签订，开启了世界遗产保护和管理的崭新篇章。截至 2023 年 9 月，全球有 195 个国家签署加入世界遗产公约，团结成一个共同的国际社区，确认并保护世界上最有价值的自然和文化遗产。在 1972 年这次大会上，联合国教科文组织确定将全世界公认的具有突出意义和全人类价值的文物古迹和自然景观列入《世界遗产名录》。截至 2023 年 9 月，《世界遗产名录》共收录

167 个成员国的 1199 处遗产，其中文化遗产 933 处，自然遗产 227 处，双重遗产 39 处。

一、世界遗产概念

世界遗产是被联合国教科文组织和世界遗产委员会确认的人类罕见的、无可替代的财富，是全人类公认的具有突出意义和全人类价值的文物古迹及自然景观。它包括亿万年地球史上、人类发展过程中遗留下来的不可再生的自然奇观、人造工程、人与自然的联合工程以及考古遗址等。

世界遗产作为一种人类共同遗产，是一个专有的法定概念，是经联合国教科文组织和世界遗产委员会确证后进入《世界遗产名录》的物质或非物质遗存。它的认证有国际法（《世界遗产公约》及其《操作指南》）依据，有严格的认定标准、审批程序和管理方式。只有入选《世界遗产名录》的才是世界遗产，并能被授牌和授权使用世界遗产标志。

世界遗产代表的是人类及其生存环境的创造性杰作，主要表现在以下三方面：

①它是人类的创造，如世界文化遗产、世界非物质文化遗产、世界记忆遗产等，展现了人类天才创造力的杰作。

②它是大自然的创造，如世界自然遗产，展现了地球自身的神奇造化和发展演变。

③它是人类与大自然的共同创造。如世界文化与自然双重遗产、文化景观遗产、全球重要农业文化遗产等，体现了人与自然的相生共融。

世界遗产作为地球珍贵的历史遗存与生命呈现，展现了自然的造化神奇，见证了人类的文明传奇。人们之所以对世界遗产充满仰慕之情，是因为它代表了人类及自然界最高的精神与物质价值，是人类引以为豪的身份认同的力量源泉。

二、世界遗产的价值

世界遗产概念被提出后，超越民族、国家的地域限制，建立起了全人类的价值共识，成为全球共享的遗产保护理念，成为文化对话交流与和平发展建设的行动准则。

世界遗产源起于共同遗产。20 世纪初期，国际社会面对战争、自然灾害等对文物资源的破坏，积极寻求保护之道，制定了《1954年关于发生武装冲突情况下保护文化财产的公约》（简称《海牙公约》第二议定书），将有价值的文物资源称为"共同遗产"并予以保护。这公约得到联合国教科文组织的明确支持，从而使保护全人类共同遗产成为推进世界和平与发展的重要行动之一。世界遗产的和平与发展属性，体现在三方面：①禁止据为己有，即共同遗产不是属于国家、私人的财产；②非军事化，即专门为和平目的加以利用，不带有侵略性；③共同利益，即资源利用带来的福利属于所有国家，属于全人类（包括当代与后代）。

世界遗产体现了当今社会和平、尊重和可持续发展的人类主体价值观。人类主体价值观是国际社会和大多数国家及人民认可和追求的价值标准，是全人类公正生存和健康发展的行为准则。世界遗产的国际保护行动，超越了国家与民族的界限，承担了联合国教科文组织和平建设、可持续发展以及文化间对话的根本使命。

近年来，世界遗产越来越多元化，强调自身在地域、民族和文化上的特殊性。缔约国通过世界遗产搭建的国际平台，在国际文化舞台上塑造国家形象，在国家内部以申遗方式凝聚文化（民族）共同体的意识，宣告自身合法性。

知识链接

从私有到公有：遗产内涵的拓展

遗产，《现代汉语词典》（2016年版）："公民死时遗留的个人合法财产，或历史上遗留、累积的精神财富，如艺术遗产、文化遗产。"具体有两个方面的内容：①指法律上公民死亡时遗留的个人合法财产，包括公民的收入，公民的房屋、储蓄和生活用品，公民的林木、牲畜和家禽，公民的文物、图书资料，法律允许公民所有的生产资料，公民的著作权、专利权中的财产权利，公民的其他合法财产；②借指历史上遗留下来的精神财富或物质财富。

遗产是一种遗留至今的物质性或精神性的东西，遗产是"过去""历史"的一部分。遗产概念在发展演变中，呈现出普遍性和公共性增加、特殊性和私有性减少的趋势。

1970年出版的《拉鲁什法语词典》，对遗产的解释是："我们从父母那里继承的财产"，指的是个体从家族那里继承的私人财产。

1980年出版的《小罗贝尔法语词典》，遗产除了被解释为"祖先传递的财富"之外，更有了"国家的文化财产"的意思。换句话说，原来仅仅限于家庭范围的"遗产"一词，使用范围扩大到了国家层面，出现了"国家的文化遗产"。

1999 年出版的《弗拉马里翁法语词典》，又有了一个微妙的变化，它的第二层意思得到了进一步扩展，有了"某个人类团体从祖先继承的重要的公共财产"的含义，而所举的例子恰恰是世界遗产。

1998 年出版的《新牛津英语字典》，对"遗产（Heritage）"含义有四个解释。基础解释是："继承或可被继承的财产"，并引申出三个解释："有价值的物品或品质，如历史建筑，未破坏的乡村，前辈流传下来的文化传统；未与其他杂交的植物物种、传统风格；由国家保护或保存的、表示或联系到具有特殊的建筑的、历史的、自然的价值的物体。"

资料整理来源：李军. 什么是文化遗产？——对一个当代观念的知识考古 [J]. 文艺研究，2005.

第二节　世界遗产公约

《世界遗产公约》，全称是《保护世界文化与自然遗产公约》，它诞生于 1972 年在巴黎召开的联合国教科文组织（简称 UNESCO）第 17 届大会。《世界遗产公约》自 1972 年联合国教科文组织通过后，已成为一条强有力的纽带，把全世界 195 个缔约国联系在一起，成为全球价值观和文化交流对话的重要平台，也是人类社会维持世界和平、促进可持续发展的重要力量。

一、世界遗产公约的诞生

在国际社会拯救阿布辛拜勒神庙的活动影响下，文化遗产的法定保护行动进入到联合国教科文组织的工作议程。因此，联合国教科文组织和非政府组织国际古迹遗址理事会（简称 ICOMOS）就保护文化遗产起草了一个公约。与此同时，美国则积极参与了自然遗产部分的起草工作，它与另一个非政府组织世界自然保护联盟（简称 IUCN）合作，对自然遗产的保护工作进行整理归纳，并提议将保护自然遗产和文化遗产放在一个法律文件中。1972 年，联合国在瑞典斯德哥尔摩召开联合国人类环境大会对该提议进行了讨论，最后决定，由联合国教科文组织正式拟定一个公约，将文化遗产和自然遗产的保护放在同一个法律文件中。

1972 年 10—11 月，在法国巴黎召开了联合国教科文组织第 17 届全体会议。在这次会议上，正式通过了影响深远的保护世界遗产最重要的国际公约，即《保护世界文化和自然遗产公约》，通常简称为《世界遗产公约》。

《世界遗产公约》强调了文化遗产和自然遗产对于人类社会发展的重要意义，提出了以突出的全人类价值为基础的保护思想，建立包括世界遗产委员会、世界遗产中心和专业咨询机构在内的遗产保护国际治理体系，并通过世界遗产基金向缔约国提供经认证的遗产地的保护支持。

二、世界遗产公约的核心内容

总的来说，《世界遗产公约》一共包括四部分内容：①确定了文化遗产和自然遗产的定义和入选名录的条件；②指出缔约国在确定潜在遗产方面所负的责任，以及在保护这些遗产时所起的作用；③阐述世界遗产委员会的功能；④解释如何使用和管理世界遗产基金。《世界遗产公约》确定了文化遗产和自然遗产的基本范畴。

在本公约中，以下各项为"文化遗产"。

文物：从历史、艺术或科学角度看，具有突出的全人类价值的建筑物、雕塑碑刻和壁画、具有考古性质成分或结构、铭文、窟洞以及联合体。

建筑群：从历史、艺术或科学角度看，在建筑式样、分布情况或与环境景色结合方面，具有突出的全人类价值的单独或组合的建筑物。

遗址：从历史、审美、人种学或人类学角度看，具有突出的全人类价值的人造工程或人与自然的共同杰作以及考古遗址等。

在本公约中，以下各项为"自然遗产"。

从审美或科学角度看，具有突出的全人类价值的由地质和生物结构或这类结构群组成的自然环境。

从科学或保护角度看，具有突出的全人类价值的地质和自然地理结构以及明确划定的濒危动植物生境区。

从科学、保护或自然美角度看，具有突出的全人类价值的天然名胜或明确划定的自然区域。

《世界遗产公约》要求缔约国对本国领土内的文化遗产和自然遗产的确定、

保护、保存、展出和传承承担责任，"为此目的竭尽全力，最大限度地利用本国资源，必要时利用所能获得的国际援助和合作，特别是财政、艺术、科学及技术方面的援助和合作"，并做到五项工作：①通过一项旨在使文化遗产和自然遗产在社会生活中起一定作用并把遗产保护工作纳入全面规划的总政策；②如本国内尚未建立负责文化遗产和自然遗产的保护、保存和展出的机构，则建立一个或几个此类机构，配备适当的工作人员和为履行其职能所需的手段；③发展相应的科学和研究技术，并制定出能够抵抗本国文化遗产和自然遗产威胁的实际方法；④采取为确定、保护、保存、展出和恢复某类遗产所需的适当各项手段，包括法律、科学、技术、行政和财政措施；⑤促进建立或发展有关保护、保存和展出文化遗产和自然遗产的国家或地区培训中心，并鼓励相关科学研究。

《世界遗产公约》提出，在充分尊重文化遗产和自然遗产所在国主权基础上，"并不使国家立法规定的财产权受到损害的同时，承认这类遗产是世界遗产的一部分，因此，国际社会有责任合作予以保护"；"在《世界遗产公约》中，世界文化遗产和自然遗产的国际保护应被理解为，建立一个旨在支持《世界遗产公约》缔约国努力保护这类遗产的国际合作和援助系统"。

《世界遗产公约》建立起一个文化遗产和自然遗产保护的国际体系，并将原本各国或相关机构和组织针对文化遗产和自然遗产的保护纳入这样一个全球体系当中。在这样的过程中联合国教科文组织的根本目标，即和平建设、可持续发展和文化间对话，成为影响文化遗产和自然遗产保护发展方向的核心因素。

知识链接

《世界遗产公约》宗旨

《世界遗产公约》由于同时关注文化遗产和自然遗产的保护，在各种国际公约中独树一帜。在它的开头，开宗明义地阐述了公约的制定宗旨。

联合国教科文组织大会于1972年10月17日至11月21日在巴黎举行了第17届会议。会议注意到全球的文化遗产和自然遗产受到越来越多的威胁，一方面是年久腐变，另一方面变化中的社会和经济环境使遗产情况恶化，造成难以对付的损害或破坏现象，考虑到任何文化遗产或自然遗产的朽坏或损失都会对全世界的近似遗产造成不利影响，考虑到保护国家级这类遗产的工作往往较为艰巨，而原因在于这项工作需要大量投入，列为保护对象的所在国却不一定具备充足的经济、科学和技术力量。

联合国教科文组织考虑到现有的关于文化遗产和自然遗产的国际公约、建议和决议表明，保护不论属于哪国人民的这类罕见且无法替代的财产，对全世界人民都很重要；考虑到部分文化遗产或自然遗产具有突出的重要性，因而需将其作为全人类世界遗产的一部分加以保护；考虑到这类遗产面临的新威胁的规模和严重性，整个国际社会有责任提供集体性援助来保护具有突出的全人类价值的文化遗产和自然遗产，这种援助尽管不能代替所在国家采取的行动，但将成为有效补充；考虑到有必要通过采用公约形式的新规定，为集体保护具有突出的全人类价值的文化遗产和自然遗产建立一个根据现代科学方法制定的永久性的有效制度。联合国教科文组织在第 16 届会议上决定应就此问题制订一项国际公约，之后于 1972 年 11 月 16 日通过本公约。

资料整理来源：刘红婴，王健民. 世界遗产概论［M］. 北京：中国旅游出版社，2003.

三、世界遗产公约的执行

联合国教科文组织在执行上，围绕《世界遗产公约》所做的工作逐步完善。

①《世界遗产公约》这个法律文件，最初包括英语、法语、意大利语、西班牙语、阿拉伯语 5 种语言文本，现增加了中文文本，另有工作文件《实施〈世界遗产公约〉操作指南》（以下简称《操作指南》）作为补充。

②按规定设立一个执行《世界遗产公约》的世界遗产委员会。1976 年，为了落实《世界遗产公约》的一系列规定，联合国教科文组织成立了世界遗产委员会。这是一个政府间的国际合作机构。该委员会由缔约国大会选举的 21 个国家的代表组成，每年举行一次会议。它主要有三大任务：一是将全世界公认的具有突出意义和全人类价值的文物古迹和自然遗迹选入《世界遗产名录》；二是管理世界遗产基金，审定各国提出的技术和财政援助方面的申请；三是对已入选《世界遗产名录》项目的保护及管理状况进行监测，以促进其保护和管理水平的改善和提高。

③世界遗产基金每年由委员会分配，总数可达 300 万美元。基金来源大部分是缔约国的会费，主要用于支持委员会决定的国际援助、各国保护等相关

活动。

④《世界遗产名录》是世界遗产委员会依据文化遗产和自然遗产的各项标准而审定的世界遗产的正式记录名单，被认为具有显著的全球性价值。

⑤《濒危世界遗产清单》是一个次级名录，所收录的遗产项目被认为受到严重的威胁并应受到特别关注。

⑥联合国教科文组织还设立了一个由 31 位成员组成的秘书处，称为世界遗产中心。它隶属于总部设在巴黎的联合国教科文组织并由其提供资金，负责公约执行的日常工作。

⑦颁布和定期修订《实施〈世界遗产公约〉操作指南》。为保障《世界遗产公约》的有效实施，世界遗产委员会于 1977 年发布第 1 版《操作指南》。《操作指南》面向缔约国、世界遗产中心、咨询机构、遗产地管理者、遗产保护组织等不同参与者，对世界遗产的基本概念、世界遗产名录的建立、遗产保护状况监测定期报告、世界遗产基金和国际援助等工作内容的操作程序和技术标准给予界定和说明。1977—2021 年，《操作指南》共修订 26 次，平均每 2 年产生一个新版本，是世界遗产领域理念与实践经验发展的直接体现。2021 年版《操作指南》围绕世界遗产申报程序改革的系列讨论与共识性意见展开修订，为近 10 年来内容修订最多的一次。

⑧2016 年，联合国教科文组织世界遗产中心与世界自然保护联盟共同编撰完成报告《公海上的世界遗产：一个应运而生的概念》，呼吁联合国成员国调整 1972 年正式生效的《世界遗产公约》，尤其是扩展申请入选《世界遗产名录》的相关提名范围，将该公约的适用范围延伸到公海这一特殊区域，并鼓励成员国提出创造性的建议，以加强对"人类共同的遗产区域"的探索和保护。（注：公海位于国家管辖范围之外，难以适用相关国际公约，其保护和管理面临巨大挑战）

《世界遗产名录》的编制和世界遗产委员会等相关机构的成立，为全球合作保护世界遗产提供了重要的前提保障，《操作指南》更为保证保护工作的权威性和可操作性提供了有力支撑。这都标志着一个人类共同保护文化遗产和自然遗产的时代来临。

《世界遗产公约》唤醒了国际社会对文化遗产和自然遗产保护的自觉性。通过《世界遗产公约》协调各国和各遗产地保护管理行动，确立一个被缔约国普遍接受的准则。以普遍准则调和各国遗产地因多样性、差异性导致的矛盾，成为推动《世界遗产公约》和《操作指南》不断修订完善的内在动力。

乌克兰等三国遗产紧急入选遗产名录

2023 年 1 月 24 日—25 日，联合国教科文组织世界遗产委员会第 18 次特别会议在巴黎总部召开。会议研究决定：第 45 届世界遗产大会将于 2023 年 9 月 10 日—25 日在沙特阿拉伯首都利雅得举行。第 18 次特别会议确定，第 45 届世界遗产大会计划采用扩展会议的形式，将 2021 年于中国福州举办的第 44 届世界遗产大会以来审议的遗产保护管理状况报告、遗产申报项目及其他重要议题进行合并讨论。

此次特别会议还讨论了经"紧急程序"提名入选《世界遗产名录》的三个项目，分别为：乌克兰"敖德萨港口城市历史中心"、黎巴嫩"的黎波里的拉希德·卡拉米国际会展中心"、也门"马里布的古萨巴王国遗迹"。委员会充分讨论后，同意将这三个项目入选《世界遗产名录》，同时选入《濒危世界遗产名录》。委员会认为这是对遗产地突出的全人类价值以及全人类保护遗产使命的认可。

2022 年夏天，联合国教科文组织在意大利和希腊的支持下，为乌克兰敖德萨申遗项目提供国际专家支持。修复了自战争开始以来遭受破坏的敖德萨美术博物馆和敖德萨现代艺术博物馆，将敖德萨国家档案馆内近 1000 件艺术品和文献收藏品数字化。

联合国教科文组织总干事阿祖莱强调："敖德萨作为一座世界性城市，一个富有传奇色彩的港口，在电影、文学等艺术领域上留下了自己的印记，由此应获得国际社会更有力的保护。尽管战事仍在持续，但'敖德萨港口城市历史中心'被选为世界遗产体现了我们的决心，让这座城市获得保护，免遭进一步破坏。"

资料整理来源：美通社 PRNewswire. 联合国教科文组织世界遗产委员会第 45 届扩大会议在沙特召开 [EB/OL]. [2023 - 09 - 12]. https://www. 163. com/dy/article/IEFA2RJT051494RM. html.

爱世界遗产. 突发！乌克兰敖德萨历史中心被紧急列入《世界遗产名录》[EB/OL]. [2023-01-25]. https://new. qq. com/rain/a/20230125A04DZ300.

第三节　世界遗产类别

　　世界遗产由物质遗产和非物质遗产组成，包括文化遗产、自然遗产、文化和自然双重遗产等基本类型；文化景观、文化线路等特殊类型；世界非物质文化遗产、世界记忆遗产、全球重要农业文化遗产、世界灌溉工程遗产等延伸类型。

一、基本类型

（一）文化遗产

　　文化遗产包括文物、建筑群和遗址三大类。它们都具有珍贵的历史、艺术、人类学或科学的价值，标志着人类历史上一个或几个重要的阶段，或是为已消逝的文明或文化传统提供独特或特殊的见证。

　　文物：从历史、艺术或科学角度看，具有突出全人类价值的建筑物、雕塑碑刻和壁画，具有考古性质成分或结构、铭文、窟洞以及联合体。例如，中国的敦煌莫高窟、美国的自由女神像、印度的泰姬陵。

　　建筑群：从历史、艺术或科学角度看，在建筑式样、分布情况或与环境景色结合方面，具有突出全人类价值的单独或组合的建筑物。例如，中国的福建土楼、摩洛哥的阿伊特·本·哈杜杜。

　　遗址：从历史、美学、人种学或人类学角度看，具有突出的全人类价值的人造工程或人与自然的共同杰作及考古遗址等。例如，中国的长城遗址、叙利亚的帕尔米拉古城遗址。

　　有些遗产可能满足以上多条定义。

知识链接

文化遗产与文化财产的区别与联系

　　文化遗产最初叫作"文化财产"。1954 年 5 月 14 日，联合国教科文组织在海牙通过的《1954 年关于发生武装冲突情况下保护文化财产公约》（以下简称 1954 年"海牙公约")第一条中提及"决心采取一切可能步骤以保护文化财产。"国际文化财产保护与修复研究中心全体大会第二届会议于 1963 年 4 月 24 日通过的《国际文化财产保护与修复研究中心章程》第一条表明：国际文化财产保护与修复研究中心的首要职责是"收集、研究和传播有关保护和修复文化财产的科技资料。"

1970 年 11 月 14 日，在巴黎通过的《关于禁止和防止非法进出口文化财产和非法转让其所有权的方法的公约》写道："文化财产实为构成文明和民族文化的一大基本要素。"虽然在联合国教科文组织通过的早期公约中偶尔出现"文化遗产"一词，但只具有抽象的意义而无具体的法律意义，如 1954 年"海牙公约"序言提道："确信对任何民族文化财产的损害，亦即对全人类文化遗产的损害，因为每一民族对世界文化皆有其贡献。"在这里，"文化遗产"只是"文化财产"的抽象集合体，提到"文化遗产"只是为了表明保护"文化财产"的重要性。

联合国教科文组织于 1972 年 11 月 16 日在巴黎通过的《保护世界文化和自然遗产公约》（以下简称《世界遗产公约》）中正式采用了"文化遗产"一词。该公约第一条对"文化遗产"一词进行了界定，即"在本公约中，以下各项为'文化遗产'。文物：从历史、艺术或科学角度看，具有突出的全人类价值的建筑物、碑刻雕塑和壁画，具有考古性质成分或结构、铭文、窟洞以及联合体。建筑群：从历史、艺术或科学角度看，在建筑式样、分布情况或与环境景色结合方面，具有突出的全人类价值的单独或联合的建筑物。遗址：从历史、美学、人种学或人类学角度看，具有突出的全人类价值的人类工程或人与自然的共同杰作以及考古遗址等"。可见，《世界遗产公约》所认定的一般都是大型的不可移动文化遗产。

资料整理来源：王云霞. 文化遗产的概念与分类探析［J］. 理论月刊, 2010.

（二）自然遗产

《世界遗产公约》定义的自然遗产是符合下列规定之一者。

从美学或科学角度看，具有突出的全人类价值的由地质和生物结构或这类结构群组成的自然环境。例如，中国南方的喀斯特地貌区、俄罗斯的堪察加火山群。该定义强调地球自身演变及其过程，以及与生命发展有重要关系的地表、地貌和地文特征。

从科学或保护角度看，具有突出的全人类价值的地质和自然地理结构及明确划定的濒危动植生境区。例如，刚果（金）的霍加皮野生生物保护区，法国新喀里多尼亚的环礁。该定义强调陆地、河流、海岸和海洋生态系统与动植物群体长期发展演化进程中的生物多样性和最典型的自然生存空间。

从科学、保护或自然美角度看，具有突出的全人类价值的天然名胜或明确划定的自然区域。例如，中国九寨沟国家自然保护区、美国大峡谷国家公园。该定义强调自然景观独特性或具有突出的自然美和美学意义的地区。

知识链接

"人与生物圈"计划

1968 年，联合国教科文组织开始推广实施"人与生物圈"计划（以下简称 MAB），旨在倡导一种跨学科的研究合作和能力建设，从而在全世界范围内促进人与环境关系的改善，能可持续性地利用自然资源，保持生物多样性。1971 年，MAB 计划正式启动。MAB 以世界生物圈保护区网络为载体进行知识共享，主要工作是研究生态系统的结构、功能和动态变化，以及人类在其中的角色。

MAB 是联合国教科文组织的一项成功的自然环境保护项目，也是自然环境保护领域的一个全新的概念。"生物圈保护区"将自然保护、社区发展和科研培训集于一身，被看作是促进可持续发展的实验室，为国际自然保护运动描绘了一幅新的画面。

MAB 的发起和实施在国际上，尤其在自然遗产领域影响重大，这在 1972 年《世界遗产公约》的各方协商过程中，为联合国教科文组织争取到了更大的话语权，最终确保了联合国教科文组织在自然遗产保护领域应有的地位。

资料整理来源：UNESCO. 人与生物圈计划（MAB）[EB/OL]. [2024-09-27]. https://www.unesco.org/zh/mab.

（三）文化与自然双重遗产

文化与自然双重遗产是指自然和文化价值相结合的遗产，简称"混合遗产""复合遗产""双重遗产"。该遗产应同时符合《世界遗产公约》第一条和第二条中对于文化遗产和自然遗产所设的部分或全部定义，但它也并不是文化遗产和自然遗产的简单相加，而是要显示人类从改造自然、征服自然到与自然和谐相处的观念的巨大转变。文化和自然双重遗产是人与自然在地球上共同创造的经典之作，见证了二者和谐相处的历史。

文化与自然双重遗产是世界遗产保护体系中极为重要的一个类别。该类遗产代表了"人类与自然的共同杰作"，兼具文化与自然的特色，是最为稀少的一种遗产，必须要同时符合两者认定标准。它一方面反映了在某一指定区域内，此遗产的自然价值与文化价值分别具有"突出的全人类价值"，应该得到全人类的保护；另一方面也反映了自然与文化之间紧密联系，因这种联系具有"突出的全人类价值"，而应该得到全人类的保护。后者突出表现为在现代保护体系产生之前，很多自然资源的完好保存得益于当地的文化观念，无论是宗教还是地方文化传统，都可能在这一过程中起到了积极作用。例如，中国的泰山、危地马拉的蒂卡尔国家公园、澳大利亚的卡卡杜国家公园。

知识链接

天人合一的哲学思想与中国世界遗产

仁者乐山、智者乐水，中国人对自然山水的偏爱造就了天人合一的哲学思想，也形塑了我们对自然景观独特的审美。1972 年，诞生了《世界遗产公约》，为人类保护和延续瑰丽的文化遗产与自然遗产提供了契机。虽然《世界遗产公约》中包含了文化遗产与自然遗产，但当时的条约内容里二者却没有任何实质性交融，某种程度上，自然遗产与文化遗产的价值是割裂的。

泰山入选《世界遗产名录》给世界遗产体系带来了巨大的东方文化冲击。以山岳景观为基底的泰山，融合了中华文明的哲学、宗教、自然审美、政治伦理，形成了一个史诗般的活态大景观。泰山的天人合一高度融合了自然美与人文美，撼动了世界。这进一步推动了自然价值与文化价值的融合，使得自然与文化联结而产生的美以全新的类别——混合遗产和文化景观遗产入选《世界遗产名录》。

得益于中国传统的山水审美，中国的名山大川往往人文自然交相辉映。在中国的许多潜在混合遗产地中，自然遗产价值和文化遗产价值实现了完美融合，是"自然无为"的朴素而深刻的"可持续"思想的物质例证，展现了中国古人在处理人与自然关系上的高度智慧。同时，在现代保护体系形成以前，正是由于这种文化观念和传统习俗的传承与发展，让中国赖以生存的自然资源得到了更为有效的保护和管理。

资料整理来源：陈耀华，秦芳. 中国双遗产文化与自然的融合及其精神文化功能［J］. 旅游学刊，2023.

杨新新. "天人合一"思想的历史渊源与现代传承［EB/OL］.［2023－05－22］. http://www.qizhiwang.org.cn/BIG5/n1/2023/0522/c457459－32691913.html.

二、特殊类型

（一）文化景观

文化景观是文化遗产的一种特例。1992年12月，在美国圣菲召开的第16届世界遗产大会上，文化景观的概念首次正式确认。文化景观代表的也是"人类与自然的共同杰作"，它是为了弥合文化遗产与自然遗产加剧的对立情况而出现的一种新型遗产，为自然和人文之间架构起了联系的桥梁，同时也使遗产保护理念从精英、伟大、静止向平民、普通、动态方向发展。由于其独特的融合理念，成为引人瞩目的世界遗产新概念。

文化景观的评定采用文化遗产的标准，同时参考自然遗产的标准。为区分和规范文化景观的评选标准，《操作指南》对其标准进行了规定："能够说明是人类社会在其自身制约下，在自然环境提供的条件下，以及在内外社会经济文化力量的推动下，发生的进化及时间的变迁。在选择时，必须以其突出的全人类价值和明确的地理文化区域代表性为共同基础，使之能反映该区域本色的、独特的文化内涵。"

按照《操作指南》定义，文化景观可分为三种类型：人类有意设计和创造的景观；有机演进的景观；关联性景观。其中，有机演进的景观又可细分为残迹类景观与延续类景观两个子类。三种类型分别对应于人类创造所得、人类栖居所得、人类信仰所得，呈现出空间、时间、精神三种不同维度的突出的全人类价值，形成文化景观独特的价值体系。

1. 人类有意设计和创造的景观

人类有意设计和创造的景观是概念最为清晰的一类，主要包括以美学为出发点建造的花园、公园等景观，通常是与宗教或其他纪念性建筑（群）相关。其概念之所以最为清晰，究其根本，是因为其价值最接近通常的、传统的文化遗产价值，是一种基于空间的价值存在。这类价值是在人类（尤其是优秀个体）进行文化性创造时产生的，并留存于物质空间中，穿越岁月长河，但历久弥新。

设计类文化景观常见于我们所说的历史名园，可以细分为皇家园林、公共园林、私家园林、宗教园林、狩猎园林等，属于容易被认知和接受的遗产类型。但哪怕是在最传统的设计类型和空间价值方面，文化景观也作出了认知方面的独有贡献，这主要体现在其更加关注到园林与大地之间的关系。

例如，葡萄牙辛特拉文化景观，强调其建筑景观"是 19 世纪第一块云集欧洲浪漫主义建筑的土地，集中了哥特式、埃及式、摩尔式和文艺复兴时期的建筑特点，在城堡的公园里把许多国外树种与本地树木混合栽种。该地还有许多其他精美的建筑，全都依山而建，这些公园和庭院景致交相辉映，美不胜收，对整个欧洲的景观建筑设计发展产生了重大影响"；伊朗波斯园林体现出"为适应各种气候条件而发展出来的多样风格"；西班牙阿兰胡埃斯文化景观关注到"人类活动与自然的关系、蜿蜒水道与呈现几何形态的景观设计之间的关系、乡村和城市之间的关系，以及森林环境和当地富丽堂皇的精美建筑之间的关系"；丹麦北西兰岛狩猎景观除了以狩猎园林的形式体现出独特的人与自然关系，还"展现了巴洛克景观设计原则如何适用于森林地区"；德国和波兰的穆斯考尔公园则更是"将周围环境和景观天衣无缝地交织在一起的设计，开拓了一条新的景观设计之路"。虽然以上文化景观呈现出来的形态与内涵各有千秋，但都是从设计的角度刻意去寻求人地之间的和谐关系，并对各文化区域的园林设计产生过重要影响。

2. 有机演进的景观

这类景观产生于社会的、经济的、政治的和（或）宗教的原始需求，在对自然环境的回应和利用中发展到今天所见的形式。这类景观通常在形式与构成的特征中都反映出演化的过程。按演进的时间进程可分为两个子类，一是残迹类景观，是指其演进过程在历史上某个时间点就已经终止的演进类景观（无论突然终止或是逐渐终止），并要求在其残存的物质形式上能展现出显著的特征；二是延续类景观，是指在当代社会中仍与传统生活方式紧密相关，并且演进过程仍在进行的景观，同样，也要求其能显著展现出其随时间演进的物质证据。

有机演进类的景观将时间观念引入"遗产"这一看似静态的历史演变证据之中，从而为遗产价值的认定开辟了一个全新的维度——即使没有刻意动用人类文化去创造恢宏空间，只是简单平淡地生活于一方水土，和谐栖居中流过的漫长时光却已在大地上悄然刻下独特文化的串串印迹——经由时间流逝所自然获得的价值。在新的时间价值维度体系下，欧洲地区认证了很多本土农业（尤其是与葡萄酒相关的）文化景观，更重要的是在非欧洲的地区（尤其是亚太地区），大量仍处在演进之中的地方性传统文化景观得到了重视和保护。

人类的栖居必然伴随着赖以为生的产业，而文化景观中所见的产业往往是与大地息息相关的。已为残迹类的景观，如古巴东南第一个咖啡种植园考古风景区，是一座位于丘陵间的 19 世纪咖啡种植园的遗迹，被认为见证了"在不规则土地上进行农业种植的创新形式"；意大利瓦尔·迪奥西亚公园文化景观被认为是"文艺复兴时期农业美景得到良好管理的证明"；叙利亚北部古村落群的遗迹表明"曾使用过水利技术、防护墙以及古罗马农业规划手段，展示了当地居民对先进农业生产技术的使用"；巴布亚新几内亚库克早期农业遗址"可以见证大约 6500 年前从植物采集到农业产生的技术飞跃"。更多的农业文化景观隶属于延续类，如以菲律宾科迪勒拉山的水稻梯田、中国红河哈尼梯田为代表的水稻种植文化景观；以古巴比尼亚莱斯山谷为代表的烟草种植文化景观；以法国圣艾米伦区和葡萄牙皮库岛葡萄园、匈牙利托卡伊葡萄酒产地、瑞士拉沃葡萄园梯田等为代表的葡萄酒产业文化景观，都仍然沿用着传统种植技术。

游牧与渔业也是人类栖居的主要生存方式，已为残迹类景观的多是早期聚落遗址，如塞内加尔萨卢姆河三角洲；由自然遗产重新提名，增加文化景观属性而扩展为混合遗产的英国圣基尔达岛。延续类的有如以意大利韦内雷港，五村镇以及沿海群岛，挪威维嘎群岛文化景观为代表的滨海渔村；以匈牙利霍尔托巴吉国家公园、法国喀斯和塞文－地中海农牧文化景观、伊朗梅满德文化景观等为代表的地区则至今保持着游牧制度。

演进类文化景观也有不少是以工业为依托的，不过是与大地相关性较强的工业。例如，残迹类有以煤矿、铁矿为代表的英国卡莱纳冯工业区景观；以铜矿、锡矿为代表的英国康沃尔和西德文矿区景观；出产煤矿达 3 个多世纪的法国加莱海峡北部采矿盆地；日本石见银山则是一个被深深河谷截断的山脉，"以大型矿藏、熔岩和优美地貌为主，是 16 世纪至 20 世纪开采和提炼白银的矿山遗址"。延续类有奥地利哈尔施塔特－达特施泰因萨尔茨卡默古特文化景观，此地因盐矿繁荣至今。

伴随商业原因兴起的文化交流线路或聚落也是一种演进景观形式，如以色列熏香之路——内盖夫的沙漠城镇，主要反映"公元前 3 世纪起到公元 2 世纪间从阿拉伯世界南部到地中海地区香料贸易的巨大繁荣景象"；我国的京杭大运河、丝绸之路虽然并未以文化景观类型入选，但也具有相似属性。

有机演进的过程会因特定地区、特定时段、特定文化而千差万别、丰富多彩，但都体现了时间跨度这一根本性因素。例如，越南的长安名胜群景观，坐落于红河三角洲南缘，拥有石灰岩喀斯特地貌遍布山谷的壮丽景观，对各个高出海面的洞穴的考古发掘揭示出了 3 万多年来连续的人类活动踪迹，展示出从季节性狩猎采集到建设古都华闾，直到形成今天的寺庙、佛塔、稻田、村庄现代田园景观的有机演进历程。又如意大利的阿马尔菲海岸景观，"由于此地地理环境的多样性且被人类充分加以利用，使得偏下的坡地由阶梯式的葡萄园和果园构成，靠上面的坡地则是牧场"。又比如文化发展出现更高需求时的宗教性栖居地，以马达加斯加的安布希曼加的皇家蓝山行宫、意大利的皮埃蒙特及伦巴第圣山等为代表，以及各种栖居形式综合的城镇，以奥地利瓦豪文化景观、德国莱茵河中上游河谷、中国杭州西湖文化景观等为代表。

3. 关联性景观

关联性景观的判定是基于与宗教、艺术、文化、自然因素有强烈关联性的证据，而非基于物质性文化证据，因此允许物质性文化证据的不足，甚至缺席。此类文化景观中人与自然的互动已经从景观设计、土地利用、生活传统等物质生存方面上升到精神层面，如宗教与艺术等。此类遗产跨越了物质遗产与非物质遗产之间的鸿沟，而且只通过自然的角度切入，使得最朴素景观可以成为最纯粹的自然遗产，与神山圣河之类标志性的文化崇拜结合。

最接近上述原型的若干混合遗产，几乎是对原始自然环境毫无影响的，如最早的汤加里罗国家公园（新西兰）中心的群山"对毛利人具有文化和宗教意义，象征着毛利人社会与外界环境的精神联系"；乌卢鲁－卡塔曲塔国家公园（澳大利亚）巨大的岩石构成"世界上最古老人类社会传统信仰体系的一部分"；帕帕哈瑙莫夸基亚国家海洋保护区（美国），则体现着夏威夷原住民概念中人类与自然世界的亲缘关系，"既是生命的摇篮，也是死后魂灵回归之所"。稍有物质性文化证据的奥孙－奥索博神树林（尼日利亚），是神圣的密集林地，是"曾经在所有定居点之外广泛种植神圣树林做法的见证"。

关联性景观主要有以下三个特点：

①该类景观具有显著的自然元素，尤其是高山或巨石。山石元素在此类景观中的突出地位不是偶然，而是与其固有的自然与文化属性密不可分的。由于山的巍峨与雄伟，在人类文明的初期，它往往被认为是神秘、永恒的，并具有沟通宇宙、神祇与祖先的神圣性，并由此衍生出代代相传的祭祀与信仰传统，成为人与自然密切关联最典型的一类例证，如马达加斯加的皇家蓝山行宫。

②该类景观所关联的非物质价值主要体现出强烈的宗教性，如新西兰的汤加里罗国家公园与澳大利亚的乌卢鲁－卡塔曲塔国家公园，均反映了当地传统的原始宗教信仰，日本的纪伊山地则反映了日本神道教与佛教传统。

③该类景观亦可具有价值突出的文化物证。虽然根据关联性文化景观的定义，他们"不是以物质性文化证据为特征，后者对它来说没有决定性意义，甚至是可以忽略的"，而且该类景观的最早的两个例证——新西兰的汤加里罗国

家公园与澳大利亚的乌卢鲁－卡塔曲塔国家公园——也几乎没有任何文化物证。但此后的申报实践显示，该类遗产也可具有突出的物质性文化证据，如中国庐山，山上分布着丰富的考古遗迹、碑文、历史建筑和多国风格别墅群；吉尔吉斯斯坦的苏莱曼圣山也拥有大量与祭祀有关的神坛和岩石壁画及宗教建筑。可见，物质性文化证据与该类遗产的突出的全人类价值并不矛盾，而是有助于证实与传达这种价值。

知识链接

世界自然遗产与文化遗产的弥合：文化景观的孕育与中国价值的贡献

20 世纪 80 年代中叶至 90 年代初，是世界遗产文化景观的孕育期，也是各种文化价值观激烈交锋的时候，而中国正是在这个时期加入了《世界遗产公约》。

1985 年，联合国教科文组织联合专家咨询机构共同研究"文化和自然混合遗产"的价值识别和提名细则，以期弥合自然遗产和文化遗产的价值裂痕。另一个重要历史事件是改革开放后的中国成为《世界遗产公约》的缔约国。

1987 年，中国首批入选了 6 处世界遗产。尤其是泰山，给世界遗产带来了巨大的东方文化冲击。中国的泰山，是以自然山岳为基底，但恰恰在这"自然"中，有着区别与乡村景观遗产的、与欧洲文明比肩的史诗般的中国文化古迹，饱含了东方哲学、宗教、自然审美、政治伦理等价值，且是活态的而不是"遗址"的大景观。这是当时的世界遗产前所未见的，是文化与自然和谐共存发展的新类型。至今为止，也只有泰山一处世界混合遗产囊括了第（ⅰ）－（ⅶ）条所有标准。刚刚走出国门的中国世界遗产，就成为世界遗产文化景观诞生的重要助力。

1986 年和 1989 年，英国湖区（The English Lake District）两次申报世界遗产的失败也催生了世界遗产文化景观的诞生。英国湖区不仅有着绚丽的自然景色，更拥有丰厚的文化遗迹。那里有史前的人类聚落遗址、罗马人的城堡、中世纪的修道院，而且还是英国浪漫主义运动的重要基地，同时还有演进中的工业、农业和人类聚居景观。对于这样一种既有历史文化渊源，又有自然乡村风光，人文与自然密不可分，同时仍然不断有机演进的富有集合意象的遗产，在当时的世界遗产《操作指南》中找不到对应的提名标准。英国湖区的申遗在《世界遗产公约》的实践中具有重大的影响。湖区最后在 2017 年才以世界遗产文化景观入选名录，其申遗历程是耗时整整三十年的自然价值与文化价值弥合的漫漫之路。

1990 年，混合遗产的研究被提到了特别优先的位置。直至 1992 年文化景观类别的最终设立之前，反荒野自然概念一直是去欧洲中心价值的。这一时期世界遗产发展的最重要的特征，就是去欧洲中心价值论，世界遗产入选标准中最初由欧洲贵族精英们所确立的欧洲中心价值论遭遇到前所未有的质疑。自然地域的原住民文化价值、普通日常乡村景观价值、自然的精神人文价值得到高度关注，原有的欧洲旧世界与殖民新世界、殖民文化与本土文化、东西方文化、主流文化与非主流文化之间正发生激烈的价值冲突，一场价值认知的革命不可避免。

1992 年，正值《关于保护景观和古迹之美及特色的建议书》颁布 30 周年、《世界遗产公约》诞生 20 周年、第 4 届世界公园大会召开之际，世界遗产终于迎来了的"文化景观"的设立，这是填补西方传统自然与文化裂痕、架构自然与文化的价值认知革命的结果。世界遗产文化景观的定义是"人类与自然的共同杰作"。如果说先前混合遗产中自然和文化的关系是 1+1=2，那么在文化景观中，则是 1+1=1，人与自然高度相互作用，形成是一个完整不可分的整体。文化景观的 3 个子类：人类有意设计和创造的景观、有机演进的景观和关联性景观，深刻反映了人类社会、文化与自然之间深刻的精神及物质并存的建构关系，以及人类在自然中的生活智慧。

鲜为人知的是，世界遗产文化景观着意表述的是"一种在公元纪年初在中国诞生的人与自然的紧密关系"。在过去的访谈中，国际专家亦多次提及，尤其是文化景观的第 3 个子类——体现与自然相关的哲学、文化、艺术、宗教等关联性价值——是"专门为中国设立的"，中国泰山等风景名胜区的入选对世界遗产文化景观设立的贡献可见一斑。

资料整理来源：韩锋. 世界遗产"文化自然之旅"与中国文化景观之贡献［J］. 中国园林，2019.

（二）文化线路

随着文化遗产的认识和理论的发展，西班牙圣地亚哥朝圣线路在 1993 年列入《世界遗产名录》，文化线路的概念也随之被提了出来，并很快成为文化遗产的新类型。

1994 年，马德里世界遗产文化线路专家会议第一次提出"文化线路"的概念，认为线路应是文化遗产的组成部分。2008 年 10 月，国际古迹遗址理事会在加拿大魁北克举行的第 16 次大会通过了《文化线路宪章》，"文化线路"作为一种新的遗产类型被正式纳入世界遗产的范畴。该宪章明确了文化线路的定义：任何交通线路，无论是陆路、水路，还是其他类型，拥有清晰的物理界限，以自身所具有的生命力和历史功能为特征，服务于一个特定的、明确的、跨越较长历史时期的民族、国家、地区或大陆间的多维、持续、互惠的商品、思想、知识和价值观的交流；它必须促进受影响文化间的交流，在物质和非物质遗产上都有所反映；它必须集中在一个与其存在历史联系和文化遗产相关联的动态系统中。

文化线路强调文化相互影响展现的交融性和多元性，有助于消除民族隔阂，促进人类团结。因此，文化线路遗产类型从诞生之始就得到联合国教科文组织格外的重视。早期的文化线路世界遗产中，法国到西班牙的圣地亚哥朝圣之路最为有名，其分别在法国及西班牙境内线路的遗产列入了《世界遗产名录》。

1. 文化线路的特征

①文化线路是人类有目的地创造的具有历史功能的人类交流或迁徙的路线，其形态具有多样性。

②文化线路必须具有一定的规模，且持续一段时间，在时间和空间上都是大跨度且多样的，能够在多文化和多地域上产生足够深远的交流影响。

③文化线路的构成元素是多样的，物质遗产、非物质遗产和自然地理环境都是组成文化线路的一部分。

④文化线路具有动态性。动态性是指文化线路产生的动力和维持文化线路持续的机制都是动态的。它突出表现为沿文化线路发生的人口、物品、知识、思想的往复迁徙和相互影响的过程，以及这种交流和交换所产生的结果，这是文化线路得以持续的根本原因。动态性是文化线路的本质特征，也是区分文化线路与其他类型的文化遗产的标志之一。

2. 文化线路的内容构成

①物质元素是组成文化线路的基本元素，也是文化线路概念强调的重点。判定文化线路的决定性元素是指与文化线路产生的原动力直接相关的物质遗产，如以宗教朝圣为目的的圣地亚哥朝圣线路的决定性元素是教堂、墓碑等宗教建筑和纪念物。文化线路的非必要物质元素是指维持文化线路的物质遗产，

他们是文化线路的基础元素，如前述的圣地亚哥朝圣线路沿途的旅舍、驿站等。

②比起其他类型的文化遗产，文化线路的非物质元素占有很重要的位置。它包括非物质文化遗产和人类精神文化两方面。其中包括城市建筑观念、建筑方法、社会风俗、政治传统、宗教、传统手工艺、工艺美术、衣食住行的方式、农耕方法、语言等。这些非物质元素不仅能够帮助文化线路的各组成部分体现其意义，还可以在实体道路缺失或遭到破坏时证明缺失部分曾经存在，进而得以反映出线路的整体物质形态。此外，它们还能够重现物质遗产，如以传统工艺复原艺术品或修缮建筑物等，即只要非物质元素和它的传承者还在，由传统衍生的物质遗产就可以得到一定程度的重现。

3. 文化线路的跨文化意义

①从遗产的角度看，由于文化线路具有动态性，强调民族、地域及文化间的相互影响和融合，因此不能孤立地分析组成文化线路的某个部分。文化线路因此把物质、非物质和自然元素联合起来整体理解，既是文化遗产所强调的完整性的要求，也可以在整体上用宏大背景丰富和强化自身意义。

②从全球角度看，文化线路带来的不仅仅是物质交换和人际间的文化交流，更重要的是在物质交流的基础上连接了世界上的不同地域。这一过程不仅在人类学意义上对世界各民族产生了影响，而且带来了胜于物质交流的思想、知识、文化、艺术、科学、技术和宗教等方面的互动，产生了全球意义上的共同价值。

③从现实角度看，文化线路通常是跨文化、跨地域、跨国家甚至洲际的，必然需要不同地区、国家乃至民族间的国际合作和协调，因此强调文化线路的整体性也为地区、民族和国家间的合作、交流、相互尊重和理解对话提供了共同利益大于私己利益的交流平台，对当今国家和民族间的理解有重要现实意义。

近年来，不少学者也在借鉴遗产廊道的保护和管理方法，并将其运用到文化线路遗产的保护当中。遗产廊道在保护理念、方法和管理模式上对文化线路类遗产有借鉴作用，因此有必要对两者的区别和联系进行分析，以便明确二者参考价值和使用范围。

遗产廊道是指拥有特色文化资源集合的线性遗产，通常带有明显的经济中心、快速发展的旅游产业、传统建筑适于再利用、娱乐及环境改善等特点。

4. 文化线路与遗产廊道的区别和联系

①遗产廊道并不是世界遗产领域的概念，它的推广和实施仅限于美国国家

公园管理体系。与世界遗产的评定相比较，美国国家遗产廊道的审定并不强调具有突出的全人类价值。其遗产本身也极少列入《世界遗产名录》。遗产廊道可能包括现代或近代的遗迹，并可能对老旧建筑进行功能性的修缮和再利用，对遗产的真实性、完整性等不做具体要求。

②遗产廊道和文化线路在空间尺度、遗产组合方式等方面虽有类似之处，但世界遗产中的文化线路更注重线路的文化内涵，强调线路的跨文化意义（即动态性、交流和对话），并在这一主题下选取相关遗产进行保护。而遗产廊道在更丰富的主题下集合了多种文化资源，其主题多样并不限于历史线路，也不是单纯的文化遗产保护。遗产廊道作为一个国家内部大规模的遗产整体保护方式，在保护的同时也更注重遗产是否能带动当地的经济发展。

遗产廊道对文化线路的借鉴作用体现在：它对于各类遗产资源进行整体规划和保护、强调遗产各部分之间的功能性联系的理念，可以加深对遗产整体意义的认识；在保护管理层面，遗产廊道已经形成诸多成熟的机制体系，如在大范围的遗产区域内建立统一的管理机构和管理体制，这些经验可以弥补文化线路遗产保护和管理方面的空白。

知识链接

文化线路与文化景观的区别

文化线路和文化景观虽然有密切的关联，如都有历史演进过程、都有非物质文化遗产的成分，文化线路沿线也往往会有多处文化景观。但文化线路和文化景观在本质上是不同的。

第一，文化景观强调人与自然的联系和相互影响。文化线路强调动态性、因移动而带来的交流影响，文化线路以其迁移性为特征，涵盖了非物质元素和空间的动态特点。文化景观虽然也随时间发展，但它空间更为固定并受到自然环境的限制。文化景观在地理背景下不是动态的，它可能被文化线路覆盖，因此，两者强调的侧重点是有区别的，讲述的是遗产不同方面的内容。

第二，文化线路是由遗址、历史城市、建筑群、考古遗存和文化景观组成的。它不一定是一个文化景观，也不能用线性和非线性来概括其全部内容。这两类遗产不是简单的从属关系，在很多情况下，文化线路可能产生或持续产生文化景观，但相反的现象就不会发生。因此，文化景观是文化线路的组成元素之一，文化线路沿途可能会存在不同类型的文化景观。

第三，文化景观是人与自然共同作用的结果组成的，所以必须在达到与自然和谐共处的情况下才能长期存在并自然进化。文化线路是人类因交流活动和物质交换的特殊需要创造出来的，它虽然是一种社会文化现象，但它不总是遵从自然法则，具有很强的目的性和自主性。

第四，非物质因素在两者中的地位有所区别。文化景观中的非物质因素是随文化景观的进化而产生的，旨在反映传统生活和文化的价值，反映人与自然之间的和谐关系。而文化线路中的非物质因素的影响除了反映传统生活外，还反映了物质交换和人类交流这些动态的因素的影响范围和影响过程，它是文化线路的组成元素和判别标准之一，并支持整个文化线路的价值。它的意义在某些方面甚至可以超越物质元素的意义，如丝绸之路沿途的人类思想、宗教和科学技术的传播和东西方文明的交流。

资料整理来源：景峰. 丝绸之路文化线路系列跨境申遗研究［M］. 北京：科学出版社，2019.

三、延伸类型

（一）非物质文化遗产

非物质文化遗产又称无形遗产，最初称为人类口头与非物质遗产。非物质文化遗产的概念早在 20 世纪 50—60 年代就已提出，但直到 21 世纪初，才作为一个具有法律效力的概念正式被联合国教科文组织纳入世界遗产保护体系之中。

《世界遗产公约》为非物质文化遗产概念的确立奠定了基础。1972 年《世界遗产公约》的突出的全人类价值（以下简称 OUV）评定的标准（ⅵ）中，"独特的艺术成就""创造性的天才杰作""建筑艺术""文明与文化传统的特殊见证""与思想信仰或文化艺术有联系"等表述，指的正是那些文物、遗址、建筑群所承载的非物质文化遗产价值。

从《世界遗产名录》可以看到，以 OUV 标准（ⅵ）进入的文化遗产主要与以下四种因素有关。

第一种是与地方文化传统有关，如澳大利亚乌卢鲁－卡塔曲塔国家公园，在 1987 年作为自然遗产入选《世界遗产名录》，在 1994 年根据 OUV 标准（ⅵ）把当地原住民的"圣山"传统信仰的"象征性价值"纳入保护要素，以"文化景观"重新登录《世界遗产名录》。

第二种是作为地方传统信仰的神圣场所，如乌干达卡苏比陵，以标准（ⅰ）（ⅲ）（ⅳ）（ⅵ）入选《世界遗产名录》，评价指出"卡苏比陵最大的意义不仅在于其建筑，还在于其所体现的精神价值和信仰价值。"此类文化遗产不仅从建筑本身出发，也把遗产地作为地方民众信仰的寄托地纳入评价要素之中。

第三种是重要历史事件的象征，如南非的罗布恩岛，与标准相关的评价是"民主和自由战胜压迫和种族主义的过程的见证"。与此类似的还有塞内加尔的戈雷岛奴隶转运站，讲述了黑人曾经遭受的痛苦岁月；加拿大的葛罗斯莫恩国家公园，作为欧洲人早期定居北美洲的地点，是早期人类移民历史的象征；美国独立纪念馆，象征美国国家独立战争的胜利；波兰的奥斯维辛集中营，是纳粹屠杀的见证，亦是追求和平的象征；日本广岛和平纪念公园，是原子弹破坏力的见证等。这些文化遗产都与积极或负面的重要历史事实相联系，成为人类某种精神价值的象征。

第四种是人类重要思想、观点的象征，如德国魏玛时期的包豪斯校舍及其环境，1996 年以 OUV 标准（ⅰ）（ⅱ）（ⅵ）入选《世界遗产名录》，入选决定性因素是对包豪斯建筑思想以及对于世界建筑的贡献的认可。

OUV 标准（ⅵ）使人们从关注物质遗产本身，转向了重视人的活动所产生的文化影响。2001 年，联合国教科文组织发表了《世界文化多样性宣言》，指出文化是一个社会或族群的一整套精神的、器物的、智力的和情感的特征，除文学艺术之外，还包括生活方式、共同生活准则、价值体系、传统和信仰。文化多样性是人类的共同遗产，应当从当代人和子孙后代的利益出发，保护、改善和传承那些记录着人类经验和理想的一切形式的文化遗产，鼓励文化间的真正对话，以便促进多种多样的创造力发展。

2002 年 9 月，联合国教科文组织专门就非物质文化遗产的保护召开第 3 次全球文化部长会议，通过了《伊斯坦布尔宣言：文化多样性与非物质文化遗产的保护》，强调非物质文化遗产展现的是人们文化特性的基本构成要素，是全人类的共同财富，各国政府有责任制定政策和采取措施保护它们，使之不断传承和传播。

2003 年 10 月，联合国教科文组织第 32 届大会通过了具有深远历史意义的《保护非物质文化遗产公约》。在本公约中，非物质文化遗产是指被各群体、团体，有时为个人视为其文化遗产的各种实践，表演，表现形式，知识，文化空间，技能及其有关的工具。各个群体和团体随着其所处环境、历史条件、与自然界的相互关系的变化，不断使这种代代相传的非物质文化遗产得到创新，同时使他们自己具有一种认同感和历史感，从而促进了文化多样性和人类的创造力发展。非物质文化遗产包括以下方面：①口头传说、表述和语言；②表演艺术；③社会风俗、礼仪、节庆；④有关自然界和宇宙的知识和实践；⑤传统的手工艺技能。

非物质文化遗产价值具有多样性，如科学价值、历史价值、文化价值、审美价值、精神价值、观赏价值、教育价值、认同价值、经济价值等。它们共同构成了二个多维度、多层次的价值体系。其中，历史价值、文化价值、精神价值构成了非物质文化遗产的历时性价值；科学价值、审美价值、认同价值构成了非物质文化遗产的共时性价值；教育价值、经济价值、观赏价值构成了非物质文化遗产的时代性价值。

历史价值、文化价值、精神价值、科学价值、认同价值、审美价值又被称为非物质文化遗产的基本价值。这是因为历史价值、文化价值、精神价值是非物质文化遗产价值体系的核心和灵魂，没有这些价值，非物质文化遗产就失去了意义。此外，非物质文化遗产的科学价值是价值标杆，强调了非物质文化遗产应是科学的而非迷信愚昧的；审美艺术价值是价值取向，它强调了非物质文化遗产应是美好且能给人美感的，而不能是丑陋、残忍、血腥的；认同价值是价值目标，它强调非物质文化遗产通过促进群体价值认同而带来民族团结、社会和谐，达到人民安居乐业的目标。教育价值、经济价值是非物质文化遗产的现实价值，在当今特定的时代环境中，教育价值是非物质文化遗产传承的重要手段，它既认可了非物质文化遗产的丰富内容，同时又使之通过讲授学习传承下去并得以宣扬传播；经济价值则在充分利用非物质文化遗产中的潜在经济因素的同时，又增强了非物质文化遗产及其传承人自我延续、自我生存的能力，从而使之更好地存在、发展下去。

在全球化、现代化、数字化、科学技术日新月异的历史时期，非物质文化遗产尤其凸显它的必要性、重要性及无穷魅力。它是我们生活方式的重要核心成分。除此之外，非物质文化遗产在加深认同感、增强历史感、提升幸福感等方面，彰显了重大现实意义。

首先，非物质文化遗产是提升民族认同感的重要依据，展现的是文化之根和民族之魂，是民族特质、民族性格的体现，同时也是不同民族相互认识的标识。这种标识，使每一个人找到自己存于社会的位置，找到自身的文化空间所在，找到生活于其中的社会群体。

其次，非物质文化遗产有悠久的历史和辉煌的多重时代印记，把先辈所创造和传承的文化传统联系在一起。这种文化传统在一定程度上，规范着我们的行为举止、待人处事，以及我们的喜怒哀乐和价值判断。这种历史感，增强了民族的自信心和自豪感。

最后，非物质文化遗产在培育民族性格、丰富社会群体的情感方面，显示出它的强大威力。非物质文化遗产是美的结晶、美的化身，是美的智慧和技能，是通过实践创造出的美的成果，蕴含着实践者创造的快乐，体现着创造的美。

知识链接

"中国传统制茶技艺及其相关习俗"入选联合国教科文组织人类非物质文化遗产代表作名录

"中国传统制茶技艺及其相关习俗"是有关茶园管理、茶叶采摘、茶的手工制作，包含茶的饮用和分享的知识、技艺和实践。"中国传统制茶技艺及其相关习俗"堪称我国历次非遗申报项目中的"体量之最"，共涉及 15 个省（区、市）的 44 个国家级非遗代表性项目，涵盖绿茶、红茶、乌龙茶、白茶、黑茶、黄茶、再加工茶等传统制茶技艺，径山茶宴，赶茶场，潮州工夫茶艺等相关习俗。

成熟发达的传统制茶技艺及其广泛深入的社会实践，体现着中华民族的创造力和文化多样性，传达着茶代表的天下、包容并蓄的理念。中国人通过制茶、泡茶、品茶，培养了平和包容的心态，形成了含蓄内敛的品格，提升了自身的精神境界和道德修养。茶的饮用与分享是人们社交的重要方式，以茶待客、长者为先等与茶相关的礼俗彰显着中国人谦、和、礼、敬的人文精神。

传统制茶技艺主要集中于中国秦岭淮河以南、青藏高原以东的江南、江北、西南和华南四大茶区，相关习俗在全国各地广泛流布，为多民族所共享。通过丝绸之路、茶马古道、万里茶道等，茶穿越历史、跨越国界，深受世界各国人民喜爱，已经成为中国与世界人民相知相交、中华文明与世界其他文明交流互鉴的重要媒介，成为人类文明共同的财富。

《中国传统制茶技艺及其相关习俗五年保护计划（2021—2025）》鼓励传承人按照传统方式授徒传艺，依托中职院校和高等院校培养专门人才，巩固代际传承；举办保护传承培训班，加强能力建设；建立研学基地，编写普及读本，开展相关巡展活动，提高青少年的保护意识。同时，通过加强工艺确认和管理、提升建档水平、开展学术研究、完善保护协作机制、维护实践场所、组织多种形式宣传活动等措施，实施协同保护行动。中国文化和旅游部、相关地方政府将积极支持相关社区、群体和个人组织实施系列保护措施，做好该遗产项目的传承与实践。

资料整理来源：中国政府网.“中国传统制茶技艺及其相关习俗”列入人类非物质文化遗产代表作名录[EB/OL].[2022-11-30]. https://www. gov. cn/xinwen/2022-11/30/content_5729563. htm.

（二）世界记忆遗产

世界记忆遗产，又称世界记忆工程或世界档案遗产，是指符合世界性定义、经联合国教科文组织世界记忆工程国际咨询委员会确认的文献遗产项目。世界记忆遗产是世界文化遗产保护项目的延伸，侧重于文献记录，分为文字记忆遗产和非文字记忆遗产，包括博物馆、档案馆、图书馆等文化事业机构保存的任何介质的珍贵文件、手稿、口述历史的记录以及古籍善本等。

世界记忆遗产是联合国教科文组织于1992年启动的一个文献保护项目。该项目的目的是通过国际合作，使用最佳技术手段，抢救世界范围内正在逐渐老化、损毁、消失的文献记录，从而使人类的记忆更加完整。世界记忆遗产每两年评选一次，每个国家可申报两部古籍文献。

世界记忆遗产的使命：①通过最适当的方式促进对世界记忆遗产的保护，包括提供直接的实际帮助、传播建议、鼓励培训以及在赞助者和适当的项目间牵线搭桥等。②促进世界记忆遗产的普遍利用，包括鼓励在线提供文献遗产的数字拷贝和目录，以及尽可能广泛地出版和发行文献遗产的书籍、CD、DVD和其他产品。尊重有关档案利用的法律和其他形式限制。尊重文化敏感性，包括土著族群对其资料的保管权和对其利用的监管权。私有财产权将得到法律保护。③提高全世界对世界记忆遗产的价值认识水平。具体手段包括但不限于，建立《世界记忆遗产名录》，出版宣传信息类读物。对世界记忆遗产的保护和利用本身不仅相辅相成，而且有助于提高人们的认识。鼓励制作可利用副本，以减少对世界记忆遗产原件的破坏。

《世界记忆名录》新增64项文献遗产，
两项中国文献遗产申报入选

1992年，联合国教科文组织发起"世界记忆"计划，防止具有重要且持久价值的纸质、视听、数字或其他格式的文献或文献收藏等遗产遭受不可挽回的破坏，并促使公众能更多地了解这些遗产。

时任联合国教科文组织总干事阿祖莱表示："文献遗产是人类的共同记忆。它们必须得到保护，不仅供研究之用，而且应与尽可能多的人共享。它们是人类集体历史的基本组成部分。"

由于各国在提名流程方面存在分歧，《世界记忆名录》的入选工作于2017年中止。在会员国集体努力下，"世界记忆"计划于2021年重启提名工作。

2023年5月24日，联合国教科文组织执行局将来自56个国家和组织的64项新增遗产选入《世界记忆名录》，其中包括中国组织申报的藏医药学巨著《四部医典》和《澳门功德林寺档案和手稿（1645－1980）》两项文献档案。包括本次入选的文献遗产，我国目前已有《中国传统音乐录音档案》《本草纲目》《黄帝内经》《南京大屠杀档案》和甲骨文等15项文献档案入选《世界记忆名录》。

截至2023年，《世界记忆名录》中的文献遗产数量达到494项，分布于全球各地区，载体丰富多样，包括石头、赛璐珞、羊皮纸、金属盘等。这些具有全人类价值的标志性遗产得以世代传承，如带插图的彩色波斯手稿、奥斯卡·尼迈耶的建筑档案、潘吉故事的手稿等。本批次中，超过20％的提名由多个国家共同提交。

2023年新增的64项遗产包括由保加利亚、德国、塔吉克斯坦、土耳其、乌兹别克斯坦、伊朗共同提交的苏菲派诗人和哲学家穆拉纳（Mawlana）的全套作品，EMI档案信托的唱片和声音文件（涵盖1897年—1914年的音乐、城市和农村传统以及口头创作的10万多份录音），还有由阿尔及利亚、埃及、塞尔维亚、印度、印度尼西亚共同提交的第一届不结盟运动国际会议的档案。

这些遗产中多项是有助于人们从过去的事件中汲取教训并促进和解的，特别是加拿大提交的关于土著儿童同化的遗产，乌克兰提交的娘子谷大屠杀档案，以及由法国和德国共同提交的克洛德·朗兹曼拍摄的大屠杀纪录片《浩劫》及200个小时的影像档案。

同时，法国和海地，库拉索、荷兰、圣马丁和苏里南，以及毛里求斯分别提交了 3 项与奴隶制有关记忆的遗产。

在许多地区，文献档案受到消失的威胁，这一问题在发展中国家尤其突出。多年来，洪水和火灾摧毁了不计其数的纸质文件。影音文件也极其脆弱，磁带会老化，读取设备越来越少。因此，需要共同努力来保存这些材料，对其进行数字化处理，否则它们可能会永远消失。

数字化和线上出版使文献遗产能够向所有人开放，免去因实物暴露而损坏原始文件的风险。鉴于数字化成本高昂，联合国教科文组织会向各国图书馆、档案馆和博物馆提供支持，尤其是在非洲的科特迪瓦、马里和苏丹等国。

在过去三十年间，联合国教科文组织在 94 个国家建立了世界记忆国家委员会。自 2022 年年初以来，它已帮助近 40 个国家制定公共政策、发展相关能力，以便清点、保护，并向所有民众开放其文献遗产。

资料整理来源：徐永春. 我国两项文献遗产新入选《世界记忆名录》[EB/OL]. [2023-05-26]. https://news. sina. cn/2023-05-26/detail-imyvcrfx1318923. d. html.

（三）全球重要农业文化遗产

全球重要农业文化遗产（简称 GIAHS），在概念上等同于世界文化遗产。联合国粮食及农业组织将之定义为：农村与其所处环境长期协同进化和动态适应下所形成的独特的土地利用系统和农业景观，这种系统与景观具有丰富的生物多样性，而且可以满足当地社会经济与文化发展的需要，有利于促进区域可持续发展。全球重要农业文化遗产认定具有"全球重要性"，它是集经济、生态、技术、文化、景观于一体的"活态"遗产，而不是一般意义上的遗址、遗迹或遗存。

全球重要农业文化遗产与其他世界遗产类型相比，有着显著区别。一方面，它是一类专属于农业的遗产类型；另一方面，全球重要农业文化遗产是一种更加注重人地和谐的、活态的、复合型遗产。全球重要农业文化遗产主要体现的是人类长期在生产、生活中与大自然所达成的一种和谐与平衡。它不仅是杰出的景观，对于保存农业生物多样性、维持可恢复生态系统、传承高价值传统知识和文化活动也具有重要意义。与其他遗产相比，全球重要农业文化遗产更强调人与环境共荣共存、可持续发展。

按照联合国粮食及农业组织所制定的标准，典型的全球重要农业文化遗产包括：①以水稻为基础的农业系统；②以玉米和块根作物为基础的农业系统；③以芋头为基础的农业系统；④游牧与半游牧系统；⑤独特的灌溉和水土资源管理系统；⑥复杂的多层庭园系统；⑦狩猎—采集系统。

全球重要农业文化遗产是具有自然遗产、文化遗产（包括文化景观）和非物质文化遗产等多重特征的"系统性遗产"。例如，位于我国云南省红河哈尼族彝族自治州的"哈尼梯田"，2010 年以"红河哈尼稻作梯田系统"之名被联合国粮农组织认定为全球重要农业文化遗产，2013 年以"红河哈尼梯田文化景观"之名被联合国教科文组织选入《世界遗产名录》。

知识链接

中国新增三处全球重要农业文化遗产　迄今共拥有 18 项

中国是最早响应"农业文化遗产保护"倡议的国家之一，在许多方面积累了经验，取得了一定的成果。中国入选全球重要农业文化遗产系统的项目，不仅有丰富多样的物种基因，而且拥有秀美的农牧业景观。截至 2022 年，联合国粮食及农业组织《全球重要农业文化遗产保护名录》共有 22 个国家的 65 个项目，中国全球重要农业文化遗产也增至 18 项，数量居世界首位。

1. 福建安溪铁观音茶文化系统：中国茶产业的突出代表和典型符号

宋元时期，安溪茶叶就经海上丝绸之路走向世界，如今已经成为海上丝绸之路的重要文化符号。

福建安溪铁观音茶文化系统位于福建省泉州市安溪县。安溪是中国乌龙茶之乡、世界名茶铁观音的发源地。由安溪铁观音衍生出来的生态系统、生产系统、文化系统，更是中国茶产业的突出代表。安溪铁观音茶文化系统遍及全县的所有乡镇，核心保护区位于西坪镇、芦田镇和虎邱镇。西坪镇的尧山、尧阳、南阳（南岩）、松岩，在唐末就开始栽培茶树，距今已有 1000 多年的历史。山地粮食农业与茶园共荣共生，和谐共长，成为茶农的主要生计方式。森林、茶树、村落有机结合，构成完美的复合生态景观。

2. 内蒙古阿鲁科尔沁草原游牧系统：全球可持续牧业和脆弱牧场管理典范

"天苍苍，野茫茫，风吹草低见牛羊"。位于内蒙古自治区赤峰市的阿鲁科尔沁草原游牧系统，它是中国入选的首个游牧农业遗产地，也是全球可持续牧业和脆弱牧场管理的典范，复现了独特游牧景观。早在新石器时期，人类就在这里从事狩猎和游牧生产活动。"牧民—牲畜—草原（河流）"之间天然的依存关系，让这里的游牧生产方式经久不衰，也让这里成为全国唯一一块原汁原味保留蒙古族游牧生产生活方式的重要农业文化遗产地。这个以畜牧业为主体，农林相互依存、优势互补的复合生产体系，为牧民提供了丰富多样的食物和生产生活用品。

因处于大兴安岭南麓与西辽河过渡带的独特位置，这里形成了南北迥异、四季皆宜的草原资源。群山巍峨、草原广袤、河流密布，该系统核心区位于草原北部的巴彦温都尔苏木，总面积约 33.33 万公顷，涉及 23 个嘎查（与行政村平级），牧民依然保留着季节性营地、逐水草而居、食肉饮酪、骑马射箭的蒙古族传统游牧生产生活方式。在这个"世外桃源"中，牧民们过着融合了现代元素的传统游牧生活。他们根据季节变化、雨水多寡和草场长势，决定一年四季的游牧线路和四季牧场的放牧时间。进入农历五月，巴彦温都尔苏木各处的敖包祭祀相继开始。南部则是亚洲面积最大的优质牧草种植基地，有着"中国草都"的美誉。

3. 河北涉县旱作石堰梯田系统：旱作农耕文化的典型代表

"两山夹一沟，没土光石头，路没五步平，地在半空中"。在巍巍太行山深处，涉县人用愚公移山的精神，把一块块山石修葺成长度达数万米、高低落差近 500 米的旱作石堰梯田，亦被联合国世界粮食计划署专家称为"中国第二长城"。

位于河北省邯郸市的河北涉县旱作石堰梯田系统，始建于元代，是太行山区最大的梯田群，总面积约 1.4 万公顷，是旱作农耕文化的典型代表。当地山区气候干旱，自然环境恶劣，而石堰梯田为陡坡种田创造了条件，至今仍发挥着重要作用：既给当地人提供了稳定生计，也为这个缺土少雨的北方石灰岩山区打造了生态循环可持续农业的样板。世代生活在这里的人们巧妙地利用满山遍野的石头，构筑了子孙繁衍生息的家园，石屋、石路、石栏、石几、石桌、石凳、石碾、石磨，应有尽有。放眼望去，层层梯田盘旋山间，村民牵着毛驴在石堰间劳作，天地间传统农耕场景让人感动。

资料整理来源：于文静. 我国全球重要农业文化遗产增至 18 项数量居世界首位[EB/OL].［2022－05－24］. https://www.gov.cn/xinwen/2022－05/24/content_5692069.htm.

（四）世界灌溉工程遗产

世界灌溉工程遗产是国际灌溉排水委员会从 2014 年开始评选的世界遗产项目，旨在更好地保护和利用古代灌溉工程，挖掘和宣传灌溉工程发展史及其对世界文明进程的影响，学习古人可持续性灌溉的智慧、保护珍贵的历史文化遗产。

世界灌溉工程遗产所指的"灌溉工程"是广义的概念，是指通过改良区域水土环境、调节农田水资源条件，为农业开发和发展提供水资源基础支撑的各种形式的水利工程或体系，除典型的引水灌溉工程之外，还包括不同形式的农业排水、圩（围）田、梯田等灌溉排水工程。

传统灌溉工作不仅存在于灌排工程设施的建造、运行、维护，很多时候也要延伸到对要调控或利用的水资源的汲取（如井、坎儿井等），延伸到对土地的整治甚至是"制造"（如梯田、圩田、垛田、葑田等），这两部分的工程设施与直接的灌溉排水工程紧密关联、缺一不成，构成一套完整的灌溉有机体。

世界灌溉工程遗产是指具有历史价值的灌溉工程设施遗存，除了发挥或曾经发挥灌溉功能效益之外，还承载有特定的历史科技文化信息。与其他遗产类型相比，世界灌溉工程遗产更突出工程性、专业技术特征，其保护利用更强调灌溉功能的可持续发挥。

世界灌溉工程遗产的核心是历史灌溉工程，具体来说就是具有农业灌溉或排水功能的水利工程设施或体系，有特定的功能特征和工程特性。世界灌溉工程遗产一般具有鲜明的传统灌排工程体系或结构特点，传统灌溉的含义既包括农业供水和排水，也包含特殊环境条件下灌排区域土地的整治与改良，表现出多样化的特点，且兼有其他水利效果。

世界灌溉工程遗产承载有丰富的历史、科技、文化信息。它应保留有一个或多个历史时期的水利工程及农业科学技术信息，水利工程沿革或演变过程的脉络信息，水利管理制度及民俗文化信息，见证了所在区域农业经济与农耕文化甚至区域或国家社会经济发展历程，见证了水利工程影响下自然地理环境的变迁，具有历史文化遗产的属性。

世界灌溉工程遗产虽然是"工程"遗产，以历史灌溉工程的物质遗存为主体，但也包含"非灌溉工程""非工程"或"非物质"遗产的内容，如能够见证灌溉工程历史的古代水利管理建筑、水神崇拜建筑设施，能够见证灌排渠道历史的古桥、古码头、古埠头、古树及有关的历史文献、碑刻、档案等，以及工程所承载的传统水利科学技术、管理制度、文化民俗等。世界灌溉工程遗产包含"工程"与"非工程"、"物质"与"非物质"的多重属性，是典型的"复合"遗产。

世界灌溉工程遗产是在特定的历史与自然环境中创建的灌溉工程，服务于农业社会经济发展，并与区域文化的发展有密切关联，体现了其创建和存续时期的水利科学技术，而且在其发展的历史过程中与所处的自然环境、社会经济文化协同演变。世界灌溉工程遗产的这些特点，类似于联合国教科文组织《世界遗产公约》中的"文化景观"，但内涵比"文化景观"更为丰富。对世界灌溉工程遗产内涵的认知,要从"自然环境—水利工程—社会经济—科学技术—历史文化"五位一体系统审视。

世界灌溉工程遗产是古代水利工程可持续利用的典范。申请世界灌溉工程遗产的项目必须具有如下价值:①是灌溉农业发展的里程碑或转折点,为农业发展、粮食增产、农民增收作出了贡献;②在工程设计、建设技术、工程规模、引水量、灌溉面积等方面领先于其时代;③增加粮食生产、改善农民生计、促进农村繁荣、减少贫困;④在其建筑年代是一种创新;⑤为当时工程理论和技术手段的发展做出了贡献;⑥在工程设计和建设中注重环保;⑦在其建筑年代属于工程奇迹,独特且具有促进作用;⑧具有文化传统或文明的烙印,是可持续性运行管理的经典范例。

与联合国教科文组织主持评选的世界遗产不同,世界灌溉工程遗产着眼于梳理世界灌溉文明发展脉络,通过保护灌溉工程遗产,总结传统灌溉工程优秀的治水智慧,为可持续灌溉发展提供历史经验和启示。

从 2014 年起,国际灌溉排水委员会开始在世界范围内评选世界灌溉工程遗产。我国是农业文明古国,是灌溉工程遗产类型最丰富、分布最广泛、灌溉效益最突出的国家。目前,世界灌溉工程遗产名录上,共有 30 个中国工程。

知识链接

我国的世界灌溉工程遗产亦是旅行佳地

世界灌溉工程遗产名录中的许多历史遗存,除了拥有古老的水利文化和灌溉历史之外,大多也处于风景明秀之地,值得一览。

比如位于湖南省娄底市新化县水车镇的紫鹊界梯田。据说,紫鹊界梯田成型已有两千年的历史,起源于先秦、盛于宋明,是中国苗、瑶、侗、汉等多民族历代先民共同建设的结晶,代表着南方稻作文化与苗瑶山地渔猎文化的融合。紫鹊界梯田的神奇之处在于"山有多高,田就有多高",梯田依山就势而造,遍布于海拔 500 米至 1000 余米的十几个山头,层层叠叠,从空中俯瞰,就像水面的涟漪。同时,这里没有一口山塘、一座水库,无须人工引水灌溉,利用的是天然山泉灌溉,令人叹为观止。在紫鹊界梯田附近,还有 48 座瑶人寨遗址等人文景观,古老的梅山山歌文化也在这里得到最好的传承,不管男女老少,站在田坎上,山歌张口就来。村民庆丰收时,还有草龙舞、傩面狮身舞等风俗表演。

在福建莆田，始建于北宋治平元年（1064 年）的木兰陂被称为"中国五大古陂"之一，是当时福建最大的引水工程。它把木兰溪的水引入莆田南北洋平原，灌溉约 1.1 万公顷良田，彻底改变了兴化平原"只长蒲草，不长禾苗"的状况，而其历时 20 年的建设背后还隐藏着许多治水英雄的传说。

相传，在没有木兰陂之前，木兰溪两岸的兴化平原频遭洪水和海潮侵害。一位名叫"钱四娘"的长乐妇女，在目睹当地百姓受灾之苦后，携 10 万缗巨款在木兰溪将军岩前拦溪筑陂。谁知水流湍急，建起来的陂堰很快又被山洪冲垮了，钱四娘悲愤至极，投入洪水以身殉陂。不久，另一名与钱四娘同邑的进士林从世携金来莆筑陂，但最后也因水流过急没有成功。1075 年，侯官县人李宏再次捐资筑陂，他总结前两次失败的教训，在和尚冯智日的帮助下，重新勘察地形水势，把陂址改择在水道宽、流水缓、溪床布有大块岩石的木兰陂今址，经过 8 年的苦心营建，终于大功告成。

为了纪念建陂的历史名人，如今的木兰陂附近建有木兰陂纪念馆，馆内有钱四娘、林从世、李宏、冯智日等人的塑像，还有明、清以来历史名人撰写的修陂碑记。馆旁还有恩功亭和宋郑耕的木兰书堂古迹。每年春水初涨之际，溪水漫陂入海时，木兰陂湖光山色，白浪滔滔，更有"木兰春涨"之美誉。

资料整理来源：王昱. 什么是世界灌溉工程遗产？我国已上榜 23 处[EB/OL].［2020－12－15］. https://m. thepaper. cn/uc. jsp?contid=10384513.

第四节　世界遗产标准

一、世界遗产评定标准

世界遗产评定标准共计 10 条（全文以《世界遗产公约实施细则》文件的罗马数字标识）。该标准适用于世界文化遗产、世界自然遗产、世界文化和自然双重遗产、文化景观遗产、文化线路遗产等类型。

（ⅰ）代表人类一种独特的艺术成就，一种天才创造力的杰作。

该项标准体现的是人类创造性智慧。

代表范例：雅典卫城。作为古希腊建筑的代表作，雅典卫城达到了古希腊圣地建筑群、庙宇、柱式和雕刻的最高水平。卫城的建筑与地形结合紧密，山岗本身就是它的天然基座，建筑群随着这基座自然地高低起伏。卫城被认为是希腊民族精神和审美理想的完美体现。

（ii）展示出一定时期内或世界某一文化区域内，在建筑或技术、纪念物艺术、城镇规划或景观设计等领域的发展过程中人类价值的重要整合。

该项标准体现的是人类价值的重要整合。

代表范例：德国施佩耶尔大教堂。施佩耶尔大教堂设计在平面、结构及建筑空间方面，对后来的莱茵河流域的教堂有深刻影响。施佩耶尔大教堂不仅对11世纪和12世纪罗马式建筑的发展产生了相当大的影响，而且对德国、欧洲乃至世界从18世纪至今的修复原则的演变也产生了相当大的影响。

（iii）能为一种现存或已消逝的文化传统、文明提供独一无二或至少是特殊的（突出的）见证。

该项标准体现的是文化传统的见证。

代表范例：加拿大安东尼岛。斯冈瓜伊（安东尼岛）是海达文化的独特见证。以斯冈瓜伊风格雕刻的图腾和死亡之柱所代表的艺术被认为是世界上同类艺术的最高水平。这些地处荒野、暴露在大自然中的图腾柱和丧葬柱是原始宗教艺术最精美的代表作，它们是北太平洋加拿大沿海地区印第安渔民与猎人的活动不可多得的见证。

（iv）作为一种类型的建筑物、建筑技术的组合、建筑景观的杰出典范，呈现人类历史上一个（或几个）重要阶段。

该项标准体现的是建筑景观的杰出范例。

代表范例：韩国首尔宗庙。首尔宗庙是尊奉儒学皇家祠堂的一个杰出范例。从外观上看，时入部、正殿部、永宁殿部没有统一性，但建筑很巧妙地利用位次秩序和节制的概念，成功地做到整体的统一。自16世纪以来，它一直保存得比较完整，其重要性因非物质文化遗产传统仪式习俗和形式重要元素的持续存在而得到加强。

（v）代表一个或数个人类居住区土地使用或海洋使用的突出例证，这种居住区是一种（或多种）文化，或者人类与环境的交互作用的代表，尤其是在不可逆转的变化影响下它变得易受侵害。

该项标准体现的是易损性的传统人类居住地。

代表范例：匈牙利霍洛克的传统村庄。匈牙利霍洛克的古村落是被精心保护下来的传统民居的一个典型范例，主要发展于17世纪和18世纪，是20世纪农业革命前乡村生活的一幅生动图景。

（vi）与具有突出的全人类价值的事件或者活的传统、理念、信仰、艺术及文学作品，有直接或实质的联系。

该项标准强调的是与具有全人类意义的事件相关联，不一定是人类的伟大创造、伟大贡献，人类的灾难、战争、罪恶的遗迹等也有可能属于此类标准。世界遗产委员会认为该标准应该配合其他标准一起使用，才能成为入选《世界遗产名录》的理由。

代表范例：日本广岛和平纪念碑。广岛原子弹爆炸是人类历史上第一次使用核武器的事件。世界遗产委员会认为，随着人类所创造的毁灭性力量的增强，广岛和平纪念碑成为人类半个多世纪以来为争取世界和平所取得成就的力量象征。

（vii）包含出色的自然美景与美学重要性的自然现象或地区。

该项标准体现的是自然现象或自然美。

代表范例：中国九寨沟。群峰林立的景观和喀斯特地貌，相对未受干扰的高度多样化的森林生态系统，以及众多的湖泊和瀑布，特别是湖水因富含矿物质而色彩缤纷，这些都使得九寨沟极具吸引力。

（viii）构成代表地球历史主要发展阶段的突出例证，包括生命进化的记录，重要且持续的地质发展过程，或具有意义的地貌或地形特征。

该项标准体现的是地球历史中的重要阶段。

代表范例：美国夏威夷火山国家公园。这是一个通过持续的火山活动过程，参与重要岛屿建设的独特例子，它代表了夏威夷群岛地质起源和变化的持续过程中最新的情况。该公园包含了世界上最活跃、最出名的两座火山（基拉韦厄火山和莫纳罗亚火山）的重要部分。

（ix）代表在陆地、淡水、沿海及海洋生态系统和动植物群落演变和发展中重要的、正在进行的生物或生态过程的突出实例。

该项标准体现的是重要的生态过程或生物演化过程。

代表范例：越南风牙者榜国家公园。公园内有喀斯特高原地貌与热带雨林，及多样化的地质特征和壮观的风貌，还有众多岩洞和地下河流。这里特有物种为数众多，体现了丰富的生态多样性。这些对保护当地喀斯特地貌的完整性至关重要。

（x）拥有对于生物多样性、物种保护最重要、最有意义的自然栖息地，承载着从科学或者保护的视角看具有突出的全人类价值的濒危物种。

该项标准体现的是生物多样性的重要自然栖息地。

代表范例：中国四川大熊猫栖息地。四川大熊猫栖息地繁育的大熊猫约占全世界熊猫总数的 30％ 以上，是世界上最大的、最重要的熊猫栖息地，也是这一珍稀种群进行人工繁育的最重要基地。这一遗产地也是世界上温带地区、甚至是热带雨林地区之外植物品种最丰富的地区之一。其突出价值还表现在它保护了非常多样的地形特征、地质现象，以及动植物种属。

这 10 条标准中，（ⅰ）－（ⅵ）是文化遗产的评定标准，（ⅶ）－（ⅹ）是自然遗产的评定标准。（ⅰ）－（ⅹ）是文化和自然双重遗产、文化景观遗产的评定标准。

世界遗产的遴选，在《世界遗产公约实施细则》中有详细说明。作为世界遗产，应符合细则所提出的"文化遗产标准"和"自然遗产标准"中的至少一条。2004 年以前，世界遗产的遴选标准采用的是分类标准，即 6 条文化标准和 4 条自然标准。从 2005 年起，标准不再分类，合并为一套总共 10 条标准。本书所采用的是 2005 年的新标准，即从（ⅰ）到（ⅹ）共 10 条标准的体系。

二、非物质文化遗产评定标准

联合国教科文组织认定非物质文化遗产项目的标准，大体可以归纳为七项：①具有杰出价值的民间传统文化表现形式或文化空间；②具有见证现存文化传统的独特价值；③具有鲜明独特的民族、群体或地方文化特征；④具有促进民族文化认同或传承社区文化的作用；⑤具有精粹的技术性；⑥符合人性，具有影响人们思想情感的精神价值；⑦其生存呈现某种程度的濒危性。

对非物质文化遗产进行价值评估时应当从三个方面考虑。①它必须具有民族独特性，表明其深深扎根于某种文化传统或有关地区文化历史之中。民族独特性是非物质文化遗产的根本特性，是它所具有的特殊价值。②它具有的特殊价值能用一定的价值尺度评判、认定。只要具备一种或多种科学的、独特的、珍贵的价值，它就应成为抢救与保护的对象。③它是创造者智慧的结晶，具有鲜明的个性化特征，同时表现出创造上丰富的想象力和高难度的技艺水平，是同类文化样式的典范。

三、世界记忆遗产审核内容

（1）对材料真实性、准确性进行审核，是否有伪造文件。

（2）对提名项目进行以下审核：该档案是不是独一无二、不可取代；如果这些记录消失或损坏的话，会对人类社会造成多大影响；该档案在某个时间段、某个文化领域内有何影响力和历史作用。

（3）考虑到文化遗产的意义是相对而言的，所以还须审核是否符合以下一个或多个条件。

①时间。档案必须在某个时期体现出其特有价值，如它记录了某个危机、社会事件或文化改变时刻，又或者记录了某领域首要的发现。

②地点。创造档案的地点应包含一些对世界文化很重要的信息，或该地点在某个历史事件里有很大的影响力，又或者档案记载的地点已经不存在了。

③人物。该档案可能记录了人类行为的改变、社会变迁、文化艺术、工业发展、政治改革，对某个群体有重大影响。

④主题。该档案应呈现历史、自然、社会、人文科学、艺术和体育等领域的发展。

⑤风格。该档案展现某种独特的艺术风格。它代表一种特殊的文化或者风俗，或者记录了正在消失或已经消失的文化。

⑥社会或区域精神。该档案对今天的人们在情感上有重大社会影响，或该份文献关乎某特殊或大型区域的认同感和社会凝聚力。

（4）以下几点因素也会考虑。

①稀有度。该纪录是不是现存仅有的记录。

②完整度。该记录是否完整。

③危险度。该记录是否濒危。

四、全球重要农业文化遗产评定标准

此项遗产最重要的是，遗产地应该具有全球重要性。这是一个综合标准，根据这一标准，具有历史背景和当代相关性的农业系统的整体价值才被视为全球重要农业文化遗产，一般有以下几个具体标准。

（一）粮食和生计安全

该遗产地农业系统应有助于保障当地的粮食安全。其中包括各种各样的农业类型，如自给自足和半自给自足农业，当地社区之间能进行相互产品交换和供应，有助于农村经济发展。

（二）农业生物多样性

该遗产地农业系统内直接或间接用于粮食和农业用途的各种动物、植物和微生物，应包括种植业、畜牧业、林业和渔业。该系统还应具有全球重要性的粮食和农业生物多样性与遗传资源，如地方性特点，物种驯化证据，罕见或濒危动植物物种。

（三）当地传统知识系统

该遗产地农业系统应保持当地宝贵的传统知识技法、巧妙的适应性技术和自然资源管理系统，包括支持农业、林业和渔业活动的生物群系、土地、水资源等。

（四）文化、价值体系和社会组织

文化身份和存在感根植于特定的农业遗产地。与资源管理和粮食生产相关的社会组织、价值体系和文化习俗可以确保公平地获取和使用自然资源，并促进对其的保护工作。这种社会组织和文化习俗可以采取习惯法、惯例、民俗仪式、宗教性精神体验等形式来展现。

（五）陆地及海洋景观特征

农业遗产地应表现为它是随着时间的推移，通过人类和环境之间的相互作用而发展起来的，并且看起来是已经稳定或演化非常缓慢的陆地及海洋景观。其形式、形状和相互联系的特点反映了历史延续性以及与产生它们的当地社会经济制度的密切联系。其稳定性或缓慢演化，是特定区域粮食生产、环境和文化一体化的证据。

五、世界灌溉工程遗产评定标准

（一）历史标准

对一项具体灌溉工程历史年代的认定，一般将其始建年代作为其主要特征年代，但这个始建年代应是它初步建成并能够发挥灌溉效益的年代，若虽动工甚至建成了部分工程设施但当时尚未能成功发挥灌溉功能，则不能作为始建年代。对于具有综合水利效益但初建时并没有灌溉功能，而是在其后发展的过程中新增了部分设施和灌溉功能的水利工程，应以其增建灌溉设施并能够发挥灌溉功能的年代作为"灌溉工程遗产"的始建年代，一般要求工程历史要在一百年以上（含一百年）。

（二）功能标准

灌溉工程遗产必须在工程历史功能中包含灌溉，这是认定灌溉工程遗产的必要条件之一。如果其主体构成的历史功能包含灌溉且灌溉功效延续至今，则属于在用的灌溉工程遗产，对应是世界灌溉工程遗产的 A 类；如果其主体构成的历史灌溉功能包含灌溉但现在已经不再发挥灌溉功效，则对应是世界灌溉工程遗产的 B 类。若一项工程虽然始建年代在之前的历史时期但其灌溉功能是在当代才开始发挥，则不能被认定为灌溉工程遗产。

（三）历史遗存标准

灌溉工程遗产的主体构成必须是工程设施或工程体系，不论其形态是完备可用的工程还是失去功能的遗址。如果仅有一些与灌溉有关的非工程设施如历史碑刻、文献、档案，而没有其针对的具体工程设施或其针对的具体工程设施已了无痕迹，则不能被认定为灌溉工程遗产。

（四）真实性标准

灌溉工程遗产设施本身、遗产的存续历史、遗产的灌溉功效、遗产的各类价值是真实存在（或在历史时期真实发生过的），这种存在必须有现状遗存、历史文献或考古的证据，或者是通过研究而建立起的、真实可靠的证据链条，而不是仅存在于传说或猜测。这对灌溉工程遗产历史年代的认定、构成体系的认定、功效的认定、制度特征的认定、各类遗产价值的认定都是至关重要的。

（五）完整性标准

灌溉工程遗产应该是一个或一套能够完整展现其价值的整体系统或体系。首先，在工程层面，灌溉工程遗产应该是能够在特定的农业地理环境条件下，在存续的时期可以完整实现农业灌溉功能，对其水利工程组成的各个部分来说，缺少任何一块都不能有效实现其灌溉功效。其次，在遗产层面，灌溉工程遗产的构成体系除了包括灌溉工程设施之外，还应包含能够证明其历史和特征价值的一些非工程设施，如有关的碑刻、管理建筑设施、古桥古树、文献档案等，以及有关的传统灌溉科学技术、灌溉管理制度及其他实证要素。

第五节　世界遗产组织

一、世界遗产委员会

世界遗产委员会是在联合国教科文组织内建立的有关文化遗产和自然遗产

工作的政府间委员会。世界遗产委员会成立于 1976 年 11 月，有 21 名成员，负责《世界遗产公约》的实施。委员会每年召开一次会议，主要决定哪些遗产可以入选《世界遗产名录》，对已入选名录的世界遗产的保护工作进行监督指导。委员会成员每届任期六年，每两年改选其中的三分之一。由 7 名成员构成世界遗产委员会主席团，主席团每年举行两次会议，筹备委员会的工作。

世界遗产委员会对世界遗产的评估、监控、经济和技术支持工作，主要依靠三个担任咨询工作的独立的专业国际组织。它们是：国际古迹遗址理事会、国际文物保护和修复研究中心、世界自然保护联盟。

专业咨询机构的主要任务：

①以本领域的专业知识指导《世界遗产公约》的实施；

②协助世界遗产中心准备委员会需要的文献资料，安排会议议程以及协助委员会实施各项决定；

③协助制定和实施加强《世界遗产名录》代表性、平衡性和可信度的全球战略，监督全球培训战略、定期报告战略实施情况，加强世界遗产基金的有效使用；

④对世界遗产的保护状况进行监测（包括应委员会要求派出的反应性监测工作组及应缔约国邀请开展的咨询考察）并帮助审核国际援助申请；

⑤国际古迹遗址理事会和世界自然保护联盟评估申请入选《世界遗产名录》的遗产时，应与申报缔约国进行协商与对话，并向委员会呈递评估报告；

⑥以咨询者的身份列席世界遗产委员会及其主席团会议。

世界遗产委员会还设立了世界遗产基金，资金来源包括："缔约国义务捐款和自愿捐款"；"其他国家、联合国教科文组织、联合国系统其他组织、其他政府间组织、公共或私立机构或个人的捐款、赠款或遗赠"；"基本款项所得利息"；"募捐的资金和本基金组织的活动所得收入"；"基金条例所认可的其他资金"。同时还有"对基金的捐款不得带有政治条件"、缔约国每两年定期向世界遗产基金纳款等条款。

世界遗产委员会的主要职能是与缔约国合作，开展下述工作：

①根据缔约国递交的《预备名录》和申报条件，确认将按照《世界遗产公约》实施保护的具有突出的全人类价值的文化遗产和自然遗产，并将这些遗产选入《世界遗产名录》；

②通过反应性监测和定期报告审查已经入选《世界遗产名录》的遗产项目的保护状况；

③决定《世界遗产名录》中哪些遗产应该入选《濒危世界遗产名录》或从

中移除；

④决定是否应将一项遗产从《世界遗产名录》上移除；

⑤制定关于审议国际援助申请的程序，在作出决定之前进行必要的研究和磋商；

⑥决定如何发挥世界遗产基金的最大资源优势，帮助缔约国保护具有突出的全人类价值的遗产；

⑦设法增加世界遗产基金；

⑧每两年向缔约国大会和联合国教科文组织大会递交一份活动报告；

⑨定期审查并评估《世界遗产公约》的实施情况；

⑩修改并通过《操作指南》。

为了促进《世界遗产公约》的实施，世界遗产委员会制定了战略目标，并对这些目标定期审查和修改，确保有效应对世界遗产面临的新威胁。目前的战略目标是：促进提升《世界遗产名录》可信度；保证对现有世界遗产的有效保护；促进各缔约国进行有效的能力建设；通过宣传加强大众对世界遗产的认识，使大众支持并参与到相关工作中；加强社会各界在实施《世界遗产公约》中的作用。

二、世界遗产中心

由于世界遗产逐年增多，日常事务工作愈发繁重，1992 年，联合国教科文组织正式设置了世界遗产中心，即"公约执行秘书处"，与联合国教科文组织总部同在巴黎。该中心的主旨在于协调联合国教科文组织关于世界遗产的相关事宜，协助缔约国具体执行《世界遗产公约》的工作，确保世界遗产始终受到公约的保护与管理。同时，世界遗产中心也需要筹备每年世界遗产委员会的年会事宜，并为准备提报《世界遗产名录》申请的缔约国提供建议，协助需要国际援助的国家申请世界遗产基金，以及为遭遇威胁的遗产地提供紧急行动方案并记录其执行情况等。

世界遗产中心的主要任务包括：

①组织缔约国大会和世界遗产委员会的会议；

②执行世界遗产委员会的各项决定和联合国教科文组织大会的决议，并向委员会和大会汇报执行情况；

③接收、登记世界遗产申报文件，检查其完整性，存档并呈递到相关的咨询机构；

④协调各项研究和活动，将之作为加强《世界遗产名录》代表性、平衡性和可信度的全球战略的一部分；

⑤组织定期报告；

⑥协调并施行反应性监测，包括派遣反应性监测工作组，并在适当条件下协调参与咨询机构工作组的有关工作。

⑦协调国际援助；

⑧调动预算资金保护和管理世界遗产；

⑨协助各缔约国实施委员会的方案；

⑩通过向缔约国、咨询机构向公众发布信息，促进世界遗产的保护，增强大众对《世界遗产公约》的认识。

此外，世界遗产中心也会举办技术工作营与座谈会，负责更新世界遗产的最新名录与数据库系统，发展一些可以提升大众遗产保护认识的项目，并持续关注世界遗产相关的公共议题。例如，1994年，世界遗产中心与联合国教科文组织联系学校项目网络发起了"年轻人参与世界遗产保护与发展"的项目，激励世界各地的年轻人积极参与世界遗产的保护工作，并在世界遗产的保护工作中成为积极的宣传者。

三、国际古迹遗址理事会

国际古迹遗址理事会于1965年在波兰华沙成立，是世界遗产委员会的专业咨询机构。它由世界各国文化遗产专业人士组成，是古迹遗址保护和修复领域唯一的国际非政府组织，在审定各国申报提名的世界文化遗产方面起着重要作用。

国际古迹遗址理事会作为一个全球文化遗产专家网络，专业领域涵盖建筑、历史、考古、地理、人类学、艺术、工程和城市规划等方面。国际古迹遗址理事会有来自全球151个国家的1万多名个人会员、107个国家委员会和28个涵盖不同遗产保护类型和主题的国际科学委员会。

作为联合国教科文组织世界遗产委员会文化遗产申报项目的专业评估机构，国际古迹遗址理事会已评估审核了933处世界文化遗产项目和39项世界文化与自然双重遗产项目，并对其保护管理状况进行监测评估。半个多世纪的发展使国际古迹遗址理事会成为不可移动文化遗产保护领域中最大的全球性专业组织，其诞生和发展几乎反映了现代国际文化遗产保护运动的全过程。

自1965年起，国际古迹遗址理事会每三年召开一次全球代表大会和科学研讨会，汇聚全球的文化遗产从业者，聚焦遗产保护的当代话题，通过深入讨

第一章　世界遗产基础知识概述

045

论，形成对行业发展和保护工作的指导性成果。

国际古迹遗址理事会为世界遗产的发展提供了各种形式的研究支持：包括对"突出的全人类价值"等核心概念的定义与解读；促进名录更新，提交全球代表性的《世界遗产名录填补空白报告》；通过新类型和新概念的引入，扩展对文化遗产的研究和保护方法，如文化景观、文化线路等；开展专项主题研究，推动提升对特定类型、主题的文化遗产的认知，并为之申报提供全球保护方案，如运河、岩画、丝绸之路、工业遗产、天文遗产等。

国际古迹遗址理事会历年重要文件显示的变化向我们描绘了一幅相对连贯的遗产保护发展路线图，展示了遗产保护理论框架如何持续演变以跟随时代变迁。它适应了全球化的趋势，关注点从艺术品到多元文化表达，从保护单体文物建筑到需要在区域范围内以综合、动态的方式整体认知和管理的活态文化景观。

知识链接

国际古迹遗址理事会西安国际保护中心

中国于 1993 年加入国际古迹遗址理事会，成立了中国古迹遗址保护协会（ICOMOS China）。国际古迹遗址理事会第 15 届大会暨国际科学研讨会，于 2005 年 10 月 17 日至 21 日在世界著名古都西安举行，本次大会通过了《西安宣言》。国际古迹遗址理事会西安国际保护中心（以下简称 IICC-X），于 2006 年 10 月 1 日在西安成立。据了解，西安国际保护中心将为世界各地申报世界文化遗产提供咨询帮助，并积极开展国际文化遗产保护项目的合作和协调工作等，系国际古迹遗址理事会在世界范围内设立的唯一业务中心。IICC-X 是西安市人民政府邀请国际古迹遗址理事会联合成立的业务机构。国际古迹遗址理事会委托中国古迹遗址保护协会主持协调相关业务活动，与中国国家文物局、西安市人民政府共同对 IICC-X 进行管理。目前其主要工作是通过国际协作推进对丝绸之路沿线文化遗产的研究与保护。IICC-X 遵循中华人民共和国宪法和其他法律、法规及政策，承认并遵循国际古迹遗址理事会章程、宪章和其他相关文件，致力于宣扬国际古迹遗址理事会的文化遗产保护理念，工作内容包括对《西安宣言》的研究与推广，文化遗产保护和相关技术人员培训等。

资料整理来源：ICOMOS. 关于我们［EB/OL］.［2024-09-27］. http://www.icomoschina.org.cn/about/.

四、世界自然保护联盟

世界自然保护联盟是全球最大、最重要的自然保护网络机构，拥有联合国大会观察员的官方席位，在全球 62 个国家拥有 1000 名正式员工，总部位于瑞士的日内瓦。世界自然保护联盟集合了 82 个国家、111 个政府机构、800 多个非政府组织，以及来自 181 个国家的约 1 万多名科学家和专家，是世界环境保护领域里独一无二的全球性合作关系。

世界自然保护联盟致力于帮助全世界关注最紧迫的环境和发展问题，并为之寻找行之有效的以自然为本的解决方案。世界自然保护联盟在全球范围主要支持和发展尖端的自然保护科学，并在全球实际项目中开展科学研究，将科研成果通过与政府、社会组织和私营企业部门间的对话交往，应用到当地、国家、区域和全球政策中，使用良性生态管理方法去保护生物多样性，为直接依靠自然资源为生的群体建立起可持续性的谋生手段。作为世界最大的环境知识网络，世界自然保护联盟已经帮助了 75 个国家准备和实施国家级保护生物多样性战略。

世界自然保护联盟的任务是影响、鼓励全社会保持自然界的完整性和多样性，确保对自然资源的利用处于平衡状态，维持生态上的可持续性。世界自然保护联盟的工作重心是保护生物多样性以及保障生物资源利用的可持续性，包括拯救濒危的植物和动物物种，建立国家公园和自然保护地，评估物种和生态系统的保护现状等，并且确保任何自然资源的使用都是平衡的、在生态学意义上是可持续的。

世界自然保护联盟主要由 6 个委员会组成，它们分别是生态系统管理委员会（对自然和人工生态系统的管理进行指导），教育与宣传委员会（通过宣传教育手段促进可持续发展）；环境、经济和社会政策委员会（对影响自然资源的经济和社会因素开展咨询活动）；环境法委员会（促进相关法律的制定及实施）；保护地委员会（加强海陆保护区、国家公园和保护地建设并为此提供咨询）；物种保护委员会（支持物种保护和保护濒危物种工作）。

世界自然保护联盟作为权威机构，评估所有被提名的世界自然遗产的项目。此外，世界自然保护联盟还与企业开展能源与生物多样性、采矿与保护地的项目合作，在发生冲突地区的国家之间帮助建立和平区域，以防止战火蔓延，破坏环境。世界自然保护联盟的主要出版物有每年都颁布的《濒危物种红色目录》、年度报告、简讯等。

知识链接

世界自然保护联盟在中国

世界自然保护联盟（以下简称 IUCN）从 1980 年代起就在中国开展工作，1996 年中华人民共和国外交部代表中国政府加入 IUCN，中国成为其国家会员。2003 年 IUCN 成立中国联络处，2012 年正式设立中国代表处。截至 2016 年底，超过 500 位的中国专家，服务于 IUCN 六大专家委员会。同时，还有 32 个中国会员单位但中国会员单位数量仅占全球的 2.1%。IUCN 通过信息共享、国际交流、能力建设、地方示范项目等方式支持会员及合作伙伴开展工作。

从 2014 年起，IUCN 推出旨在树立榜样、推广优秀典型的"全球最佳管理保护地绿色名录"。其保护地类型包括世界遗产地、自然保护区、风景名胜区、森林公园、湿地公园、地质公园、水利风景区等所有具有保护意义的区域。首批入选全球绿色名录的保护地共 23 个，我国有 6 个保护地位列其中，分别是：四川唐家河国家级自然保护区、陕西长青国家级自然保护区、黑龙江五大连池国家级风景名胜区、吉林龙湾群国家森林公园、安徽黄山国家级风景名胜区、湖南东洞庭湖国家级自然保护区。

资料整理来源：薛达元. IUCN 保护地绿色名录计划及其在中国的应用潜力［J］. 生物多样性，2015.

五、国际文物保护与修复研究中心

国际文物保护与修复研究中心是唯一专注于文物保护政策与观念的政府间国际组织。该组织成立于 1959 年，它拥有 110 多个会员国和超过 60 个联系会员组织。总部设在意大利的罗马。国际文物保护与修复研究中心已经发展成为全球文化遗产保护与修复领域中一个举足轻重的机构，更是一个文化遗产保护相关理念、技术、经验进行国际间交流与分享的重要平台，以及全球文化遗产保护的重要推动力量。

国际文物保护与修复研究中心通过教育培训、信息交流、调查研究、技术合作以及舆论宣传等方式致力于文化遗产的保护工作。国际文物保护与修复研究中心履行下列职责：①收集、研究和传播有关保护和修复文化遗产的科技资料；②在这一领域协调、鼓励和开展研究，尤其是通过委托团体或专家、召开国际会议、发行出版物和专业人员的交流来开展上述工作；③在有关文化遗产保护和修复的普遍或特殊问题上提出建议或忠告；④在培训研究人员和技术人员及提高修复工作水准方面提供援助。

国际文物保护与修复研究中心积极服务于联合国教科文组织的文化遗产战略。虽然是相对独立的国际组织，但它始终与联合国教科文组织保持良好的同盟和协作关系，更是其重要的专业咨询机构以及相关的理论技术支撑机构。国际文物保护与修复研究中心积极参与联合国教科文组织的重要遗产保护活动、项目，承担重要的组织协调职责。1972年《世界遗产公约》诞生后，它还在世界文化遗产的入选评估、监测等工作中发挥关键性作用。

国际文物保护与修复研究中心在全球各地不间断地实施或指导一系列重要的保护、修复合作项目，尤其是抢救重大的自然灾害、人为灾难之中或者之后的文化遗产。

知识链接

亚太地区世界遗产培训与研究中心

亚太地区世界遗产培训与研究中心落户北京、上海、苏州三地。研究中心的总部设在北京，同时设立上海、苏州两个分中心。它服务于亚太地区《世界遗产公约》缔约国及其他联合国教科文组织成员国，致力于亚太地区世界遗产的保护与发展，旨在通过培训、研究、信息推广和网络建设等方式推动亚太地区参与世界遗产申报、保护、保存以及管理工作，促进亚太地区落实《世界遗产公约》。其中，北京研究中心设在北京大学内，负责自然遗产领域；上海研究中心负责文化遗产领域；苏州研究中心负责传统手工艺和技术。应对不同的研究方向，上海和苏州中心的选址也各具特色。亚太地区世界遗产培训与研究中心的上海中心办公点位于同济大学的文远楼，该大楼掩映在一片葱茏中，只见灰色的外墙和简洁的线条，是全国唯一一栋包豪斯风格的历史文化建筑。苏州研究中心则选址于世界文化遗产之一的耦园。研究中心依托苏州大学的研究力量，利用其古建筑修复技术优势，培训传统技艺，继而进一步发展文化产业。

资料整理来源：联合国教科文组织亚太地区世界遗产培训与研究中心. 中心介绍[EB/OL]. [2024-09-27]. http://www.whitr-ap.org/index.php?classid=1530.

第六节　世界遗产大会、名录与标志

一、世界遗产大会

世界遗产大会，全称为联合国教科文组织世界遗产委员会会议，是联合国教科文组织下属的世界遗产委员会的例会，每年召开一次，以确保世界上最重要的文化遗产与自然遗产得到充分的保护和管理。会议的主要议题一般是审批申请的遗产哪些可以入选《世界遗产名录》，并对已入选的世界遗产的保护工作进行监督指导。

1977 年，首届世界遗产大会在法国巴黎举行，伊朗担任主席国。1978 年，在华盛顿举办的第 2 届世界遗产大会上，诞生了第一批世界遗产。在 1987 年第 11 届大会上，中国首次有故宫博物院、周口店北京人遗址、泰山、长城、秦始皇陵（含兵马俑坑）、敦煌莫高窟六处遗产入选《世界遗产名录》。截至2023 年 9 月，世界遗产大会已连续举行了 45 届。

世界遗产大会自 1977 年起，原则上每年举办一次，时间一般在 6—7 月，持续 10 天左右。会议期间，在任的 21 个委员国、联合国教科文组织世界遗产中心、三大专业咨询机构（主要负责文化遗产的国际古迹遗址理事会；主要负责自然遗产的世界自然保护联盟；主要负责修复和培训工作的国际文物保护与修复研究中心）、观察国、其他国际遗产领域的专业人士、非政府组织代表等，会针对世界遗产的保护状况、申报项目、热点议题和大会机制等诸多议题展开讨论。其中，世界遗产的保护状况、申报项目等议题是主会场讨论的焦点，而关于世界遗产未来发展的原则、理念、趋势等议题除了在主会场有所展开之外，还会以"边会（side event）"的形式进行讨论。边会多以研讨会的模式进行，也有展览、晚会等其他活动形式。边会的主办方可以是联合国教科文组织、世界遗产中心、相关咨询机构、缔约国，亦可以是其他世界遗产相关的政府或非政府组织。近几年，边会的形式更为多样、内容更为深刻，缔约国、咨询机构也在大会主会场之余对其有了更多关注。

世界遗产大会作为一个重要的国际平台，能够促进各国之间的文化遗产和自然遗产保护工作的交流与合作。缔约国通过分享遗产保护的最佳实践经验，可以更好地了解彼此，共同致力于保护和改善全球各地的文化遗产和自然遗产。世界遗产大会上展示的不仅是各国的珍贵遗产，也是全人类共同的文化财富。通过了解这些遗产，公众可以更好地感受人类文明的发展历程，同时也能够增强对遗产保护的意识。

截至 2024 年，中国已成功举办两届世界遗产大会，一是 2004 年 6 月 28 日至 7 月 7 日在苏州举办的第 28 届世界遗产大会（简称"苏州会议"），二是 2021 年 7 月 16 日至 31 日在福州举办的第 44 届世界遗产大会（简称"福州会议"）。

苏州会议是中国第一次承办的联合国教科文组织世界遗产委员会最高级别的国际会议。作为该次大会的一项重要成果——"苏州决议"，对 2000 年"凯恩斯决议"做出了重要修改：2006 年起，《世界遗产公约》每个缔约国每年申报的世界遗产项目从 1 项改为最多 2 项，其中至少包括一项自然遗产提名。

福州会议是一次非常特殊的世界遗产大会。因新冠疫情的全球影响，原本于 2020 年召开的世界遗产大会不得不推迟。2021 年疫情并未结束，因此第 44 届世界遗产大会不得已采用线上召开的方式进行，并处理 2020 年、2021 年两年的大会事务，会期也从原来通常的 10 天延长到 15 天。第 44 届大会通过的 2021 版《实施〈世界遗产公约〉操作指南》，特别增加了关于正式申报世界遗产之前的预审程序，希望通过这一前置程序，弥合缔约国与专业咨询机构在遗产价值认知上的分歧。

知识链接

苏州会议

2004 年 6 月 28 日至 7 月 7 日，第 28 届世界遗产大会，在中国苏州召开，会期 10 天。这是中国第一次承办联合国教科文组织世界遗产委员会最高级别国际会议。

大会主席由当时中国教育部副部长、中国联合国教科文组织全委会主任章新胜担任。

会议内容主要包括：讨论和审议世界各国新申报的世界遗产项目、世界遗产基金的使用情况以及有关世界遗产保护工作的管理问题。

在本届会议上，34 项遗产地入选《世界遗产名录》，其中 5 个国家首次进入名录，另有 6 个现有遗产地的扩展项目入选。

新遗产地的入选使得《世界遗产名录》更加丰富。至此，全球共有 788 处世界遗产。

作为该次大会的一项重要成果——"苏州决议"，对 2000 年"凯恩斯决议"做出了重要修改。章新胜表示，"苏州决议"在增强《世界遗产名录》的平衡性、代表性和可信度方面迈出了重要的一步。同时，"苏州宣言"呼吁与会各国将青少年作为世界遗产保护教育的重点，积极向青少年提供有关服务和指导。宣言指出，国际社会和各国政府应加强有关青少年遗产保护教育的国际合作，帮助欠发达地区建立切实可行的教育机制并提供有效的资金支持。在条件允许的情况下，各国政府还应积极建立跨地区的遗产保护教育和研究中心，促进遗产保护教育的交流与合作。

资料整理来源：新浪网. 苏州世界遗产大会专题[EB/OL].［2021－05－26］. https://news. sina. com. cn/z/shysuzhou/index. shtml.

二、世界遗产名录

《世界遗产名录》是 1976 年世界遗产委员会成立时建立的，其目的是保护世界文化遗产和自然遗产。缔约国需向世界遗产委员会递交一份该国领土内的适于选入《世界遗产名录》的遗产清单。被世界遗产委员会选入《世界遗产名录》的遗产地，可接受世界遗产基金提供的援助。

世界遗产委员会于 1978 年确定了首批 12 处遗产入选《世界遗产名录》。此后每年或每两年都有新的遗产入选名录。1992 年，联合国教科文组织负责遗产保护计划的官员组成的世界遗产中心也已经开始工作，专门负责《世界遗产名录》的审议提名。截至 2023 年 9 月，《世界遗产名录》共收录 167 个成员国的 1199 处遗产，其中文化遗产 933 处，自然遗产 227 处，双重遗产 39 处。

一旦入选《世界遗产名录》，遗产所在国就承担着为全人类保护好这个遗产的神圣责任，同时要向国际世界提供遗产相关的自然或文化特点的信息，并为科研和环境监测提供场所。

世界遗产委员会对入选《世界遗产名录》的遗产提供以下国际援助：①研究在保护、保存、展出和恢复遗产时所产生的艺术、科学和技术性问题；②提供专家和技术人员；③培训鉴定保护、保存、展出和恢复遗产方面的技术人员和专家；④提供有关国家不具备或无法获得的设备；⑤提供可长期偿还的低息或无息贷款；⑥在例外和特殊情况下提供无偿补助金等。

设立《世界遗产名录》的初衷是激励各国政府对本国文化遗产的普查、申报和保护工作，但"名录"之前的"世界"字样，让各国把进入名录当作彰显国家软实力、提高国家政治话语权的重要途径之一。由于入选《世界遗产名录》后能够得到世界性的关注与保护，提高知名度的同时又能产生可观的经济效益和社会效益，于是各国都积极申报"世界遗产"。经过 50 多年的发展，《世界遗产名录》在遗产申报规则、入选标准、空间分布、管理制度等方面，都有了较多的变化。基于《世界遗产名录》的变化，联合国教科文组织世界遗产中心主任呼吁各国与世界遗产中心、咨询机构密切合作，应确保世界遗产的突出的全人类价值，城市发展不应对遗产的突出的全人类价值、完整性和真实性带来负面影响。

三、世界遗产标志

世界遗产标志，即《世界遗产公约》的标志，所包含的寓意为世界文化遗产、世界自然遗产以及两种遗产之间相互依存的关系。标志中央的方形象征人类用双手托起，代表着人类技艺与创造的灵感；外部的圆形代表大自然的恩赐；方形与圆形二者相连相通，喻指人类与自然的和谐关系。标志整体呈圆形，意味着世界遗产超越时空，为全人类共同所有，被全世界共同保护。

世界遗产标志由米歇尔·奥利夫设计，体现缔约国共同坚守《世界遗产公约》，同时也能表明了入选《世界遗产名录》的遗产含义。它与公众对《世界遗产公约》的了解相互关联，是对《世界遗产公约》可信度和威望的认可。总之，它是《世界遗产公约》所代表的世界性价值的集中体现。

世界遗产委员会决定，在使用该艺术家设计的该标志时可采用任何颜色或尺寸，主要取决于具体用途、技术许可和艺术考虑。但是该标志上必须印有"world heritage"（英语）和"Patrimoine Mondial"（法语）的字样。各国在使用该标志时，可用自己本国的语言来代替其"Patrimonio Mundial"（西班牙语）的位置，如图1-1 所示。

图 1-1

世界遗产标志还有筹集资金的潜力，可以用于提高相关产品的市场价值。在使用该标志的过程中，要注意在以下二者之间保持平衡，即在正确使用世界遗产标志推进《世界遗产公约》目标的实现，在世界范围内最大限度地普及《世界遗产公约》知识和不正确、不适当以及未经授权出于商业或其他目的的滥用标志之间保持平衡。

世界遗产标志的使用指南和原则

世界遗产标志的使用指南和原则涵盖了以下所有可能使用标志的各方：①世界遗产中心；②联合国教科文组织出版处和其他联合国教科文组织机构；③各个缔约国负责实施《世界遗产公约》的机构或国家委员会；④世界遗产地；⑤其他签约合作方，尤其是那些主要进行商业运营的机构。

一旦遗产入选《世界遗产名录》，该缔约国将尽一切可能为它附上标牌加以纪念。这些标牌用以告知该国公众和外国参观者该遗产具有特殊的价值并已得到国际社会的认可。换句话说，该遗产不仅对所在国，对整个世界也具有非同寻常的意义。除此之外，该标牌还有另外一个作用，就是向公众介绍《世界遗产公约》，或至少应宣传"世界遗产"的概念。《世界遗产名录》标牌使用规则如下：

①标牌应该挂放在容易被游客看到的地方，同时不损害遗产景观；

②在标牌上应该展示世界遗产标志；

③标牌上的内容应该体现遗产突出的全人类价值；考虑到这一点，内容应该对遗产的突出特点加以描述。缔约国政府可以使用各种世界遗产出版物或世界遗产展览信息对相关遗产的说明。如需要，这些内容可直接从世界遗产中心获取。

④标牌上的内容应该参照《世界遗产公约》，尤其是《世界遗产名录》及国际社会对入选《世界遗产名录》的遗产的承认（不必具体指出委员会是在哪届会议上提出的）。标牌上的内容使用多种语言或许是必要的，因为这些遗产通常会吸引大量外国游客参观。

当地政府应鼓励在诸如信笺、宣传手册以及员工制服等物品上广泛使用世界遗产标志。

授权使用世界遗产标志的程序中，最重要的是国家权威机构的初步认定。当某国家的项目只涉及本国的世界遗产，国家权威机构可授权该项目使用世界遗产标志，但应遵守相关指南和原则。缔约国需要向世界遗产中心提供负责管理标志使用的权威机构的名称和地址。标志使用的任何授权申请都需遵循以下步骤：

①申请应该向世界遗产中心主任说明使用标志的目的、时间及地域。

②世界遗产中心主任有权根据指南和原则批准使用标志。遇到指南和原则

尚未涉及或未完全涵盖的情况，主任将申请提交委员会主席，如果遇到更为复杂的情况，主席会将该申请提交委员会做最后决定。有关授权使用标志的年度报告都将提交世界遗产委员会。

③如授权在不确定的时期内广泛行销的主要产品上使用标志，生产商必须承诺与相关国协商，就有关其境内遗产的图片和文字取得其同意，同时生产商还应提供获取同意的证明文件，这一过程中世界遗产中心将不承担任何费用。

资料整理来源：文化遗产管理研究. 世界遗产标识 你用对了吗？[EB/OL]. [2022−12−16]. https://mp. weixin. qq. com/s/U0pyY5ktrx2VL8S6DmjR6g.

本章小结

本章从世界遗产的诞生背景入手，介绍了世界遗产的构成与发展。世界遗产是具有法理依据、经过严格评定与管理的人类公共遗产，涉及识别、管理、保护、利用、教育等一整套系统工程。世界遗产具有促进世界和平发展、多元文化交流的功能。世界遗产包括文化遗产、自然遗产、文化和自然双重遗产、文化景观、文化线路、非物质文化遗产、世界记忆遗产、全球重要农业文化遗产、世界灌溉工程遗产等不同类型，其遴选都遵循相关标准和流程，强调遗产的突出的全人类价值、真实性与完整性特征。《世界遗产公约》是评选和管理世界遗产的法定依据，其核心职能包括召开世界遗产大会、评选世界遗产、定期评估世界遗产、管理世界遗产基金等。世界遗产组织包括政府间组织和非政府间组织，世界遗产中心是《世界遗产公约》的执行秘书处，负责具体的日常工作。世界遗产标志寓意了世界文化遗产、世界自然遗产以及两种遗产之间相互依存的关系，体现了人类与自然和谐共存的关系，号召大家共同保护世界遗产。世界遗产大会通常每年召开一次，以确保世界上最重要的文化遗产与自然遗产得到充分的保护和管理。

课后思考与练习

1. 如何理解世界遗产的概念内涵？
2. 简述世界遗产的突出的全人类价值。
3. 简述世界遗产的类型及其特征。

4. 阐述世界遗产的组织体系构成。

5. 简述世界遗产标志的符号内涵。

 **延伸阅读**

推动文明互鉴 守护世遗瑰宝——第 44 届世界遗产大会

2021 年 7 月 31 日晚，第 44 届世界遗产大会在福建省福州市顺利闭幕。从开幕式的惊叹，到泉州申遗成功的欢呼，再到闭幕式的掌声雷动，为期 16 天的盛会，在世界遗产大会历史上留下了难以忘却的福州印记。从 34 个入选《世界遗产名录》的新项目，到智慧碰撞的多场边会，再到凝聚共识与行动的《福州宣言》，为期 16 天的盛会，也为世界遗产保护事业留下了宝贵的财富。

1. 名录释放积极信号

包括最受国人关注的"泉州：宋元中国的世界海洋商贸中心"项目在内，本届世遗大会共有 34 个新项目入选《世界遗产名录》，3 个已入选项目成功"扩容"，实现重大拓展。

本届大会上我国唯一申报的文化遗产项目——"泉州：宋元中国的世界海洋商贸中心"，凭借富有特色的海外贸易体系与多元社会结构，以及与亚洲其他各国经济文化的密切交往，顺利入选《世界遗产名录》，弥补了世界文化遗产中的东方海洋文明空白；由意大利、法国、德国、比利时、奥地利、捷克和英国七国联合申报的"欧洲温泉疗养胜地"，以及另外 4 个跨国遗产项目也顺利通过审议，为遗产保护的跨境合作、区域协同提供了生动案例；"科特迪瓦北部的苏丹风格清真寺"和"伊温多国家公园"两个非洲项目的入选，为"非洲优先"全球事项得到具体落实迈出坚实的一步。

委员国在审议提名项目的过程中，既坚持了联合国教科文组织《世界遗产公约》确立的原则，"也对来自发展中国家的提名项目表达了支持和鼓励"。时任教育部副部长、中国联合国教科文组织全国委员会主任、第 44 届世界遗产大会主席田学军表示，新增遗产项目中，有近一半来自中国、印度、伊朗等发展中国家，为改善世界遗产的代表性、平衡性释放出积极信号。

2. 边会聚焦保护之道

作为大会交流经验、凝聚共识的重要平台，2021 年的多场边会都不约而同地聚焦"可持续发展"，从不同专业领域探索全球性流行病、气候变化等新常态下的世界遗产保护之道。

在"世界自然遗产与生物多样性：滨海候鸟栖息地的保护与可持续发展"主题边会上，与会专家通过线上线下方式交流对话，各自分享了在滨海地区候鸟栖息地保护生物多样性的措施和可持续发展经验。时任国家林业和草原局副局长彭有冬表示，中国将于2022年申报黄（渤）海候鸟栖息地（第二期）遗产地，推动全球共同守护东亚—澳大拉西亚鸟类迁飞路线，为构建人类命运共同体注入旺盛的绿色动力。

"当前全球面临着经济、社会、卫生、气候、城市等方面的危机，因此我们要为子孙后代保护好历史文化资源和城市历史景观。"国际古迹遗址理事会主席在"城市历史景观保护与可持续发展"主题边会上指出，城市是由人所建立、同时也为人服务的景观，以人为本的管理方式才会使它的历史景观具有韧性。时任文化和旅游部副部长、国家文物局局长李群表示，在全球经济一体化浪潮冲击下，许多古老城市的文化遗产和历史格局被侵蚀、破坏，聚焦城市历史景观保护这一重要课题，不仅在于保护视觉中的城市风貌和轮廓，更在于保护人们通过各类活动和创造赋予城市空间的独特精神气质。

科技发展日新月异，对地观测、卫星导航、地理信息系统、虚拟现实等空间技术手段已经成为各国推进世界遗产保护工作的重要抓手，在南美洲、非洲、中东地区和欧洲等都有应用空间技术发现与保护遗产的实践经验。在"空间技术助力世界遗产可持续发展"主题边会上，与会专家充分肯定空间技术在世界遗产识别、保护，以及管理全球文化遗产和自然遗产方面所发挥的作用，并希望各方能够深入合作，提升遗产地管理者对空间技术的认知，加强其相关能力建设，系统性开展基于空间技术的世界遗产研究与管理。

无论是候鸟栖息地、城市历史景观的保护，还是空间技术的应用，都与世界遗产管理能力的建设息息相关。在这方面，中国与非洲有着良好的交流与合作。在"世界遗产保护管理能力建设——迈向未来的中非合作"主题边会上，双方共同探讨了当前各自的世界遗产保护管理能力建设情况，深入分析了世界遗产领域当前面临的主要挑战和应对策略，并初步形成为期5年的世界遗产保护管理能力建设计划，以期共同提升世界遗产保护管理水平。

3. 盛会分享中国智慧

本届大会上，世界遗产的桂冠上又增添了泉州项目这颗璀璨的明珠。田学军表示，泉州项目"见证了东西方文明交流互鉴和各国人民友好交往"，"从历史映照现实，从中国放眼世界，我们更加认识到泉州项目的突出的全人类价值"。

本届大会上，为保护文化遗产和自然遗产不懈努力的信念凝聚起了最广泛的共识，象征大会团结合作、具有里程碑意义的《福州宣言》（以下简称《宣言》）应运而生。《宣言》指出，世界遗产作为文化瑰宝和自然珍宝，为促进文明交流互鉴和世界和平与可持续发展作出积极贡献。《宣言》强调，要妥善应对各种传统和非传统的挑战，保护世界遗产是全人类共同的责任。《宣言》呼吁，加大对有需要的国家，特别是非洲和小岛屿发展中国家的支持，以建立具有平衡性、可信度和地域平等代表性的《世界遗产名录》。

在这场时间与空间双重"加长"的盛会中，"有福之州"交出了一份圆满的世遗答卷，在世界遗产保护事业的历史进程中，留下了福建元素和福州印记：确立并使用了一系列在线审议操作规范，为未来世界遗产大会线上工作提供了重要参照；以福州城市历史中轴线和"三山两塔一条江"历史风貌为核心精选出的七条考察路线，通过线上线下结合的方式全方位展示了福州这座历史文化名城的价值与特色。在福州三坊七巷历史文化街区，沉浸式演出《寻梦·坊巷》，带领观众穿越时空，探寻闽都文化的千年密码；在闽江之畔，无人机与灯光秀献上炫目的视觉盛宴，以绚丽多彩的图案展现千年古城的过去与未来，令人如痴如醉。

"这是一次美妙的经历。令人惊叹的组织，热情周到的招待，以及最新技术的应用，证明了中国已经迎来了属于自己的时代。"联合国教科文组织驻华代表如是说。

以文明古国、礼仪之邦著称的中国，一直是世界遗产保护的自觉践行者，也是世界遗产保护合作的积极推动者。世遗大会不仅让中国收获了新的世界遗产，也让世界听见了更多的中国声音：长城被世界遗产委员会评为保护管理示范案例；中国将与联合国教科文组织共同建立世界遗产教育平台，帮助发展中国家培养更多遗产保护方面的专业人才。古老的东方大国，在走向文化强国的征程中，将在世界遗产保护领域奉献更多的中国智慧、中国经验。

资料整理来源：张诗瑶，李韵，高建进. 推动文明互鉴 守护世遗瑰宝——第 44 届世界遗产大会综述［EB/OL］.［2021－08－02］. https://m. gmw. cn/baijia/2021－08/02/35044757. html.

第二章　世界遗产申报与管理

教学目标

　　通过本章的学习，了解世界遗产价值的构成和评定依据，熟悉世界遗产申报的程序流程、格式要求，掌握监测世界遗产的技术方法，了解世界遗产评估的关注重点及影响濒危世界遗产的因素，熟悉真实性、完整性、管理策略等遴选要求。

教学要求

知识要点	能力要求	相关知识
世界遗产价值认定	（1）理解世界遗产的突出全人类价值 （2）熟悉世界遗产价值的认定标准 （3）理解真实性与完整性价值验证 （4）了解世界遗产价值的管理要求	（1）突出的全人类价值 （2）遗产价值标准 （3）真实性与完整性 （4）遗产管理机制
世界遗产申报程序	（1）熟悉世界遗产申报流程 （2）了解世界遗产预备协助 （3）熟悉世界遗产申报格式 （4）理解世界遗产预审要求 （5）了解世界遗产紧急受理	（1）世界遗产申报程序 （2）世界遗产格式内容 （3）跨境遗产与系列遗产 （4）世界遗产紧急受理 （5）世界遗产预审评估程序
世界遗产申报策略	（1）理解世界遗产全球均衡战略 （2）了解世界遗产申报限额政策 （3）了解世界遗产申报重点类型	（1）全球均衡战略 （2）限额申报 （3）凯恩斯决议 （4）苏州决议
世界遗产监测管理	（1）理解世界遗产监测作用 （2）了解世界遗产监测工具 （3）理解世界遗产定期报告	（1）系统性监测 （2）反应性监测 （3）定期报告

续表

知识要点	能力要求	相关知识
濒危世界遗产	(1) 了解濒危世界遗产的产生背景 (2) 理解濒危世界遗产的产生原因 (3) 理解濒危世界遗产的政治态度	(1) 濒危世界遗产 (2) 骤然的损毁 (3) 日积月累破坏 (4) 政治权力话语
世界遗产时空特征	(1) 了解世界遗产空间特征 (2) 理解世界遗产影响因素	(1) 入选标准特征 (2) 空间分布特征 (3) 遗产影响因素

在 1972《保护世界自然和文化遗产公约》（1972）50 周年到来之际，本届大会将是我们放开视野审视公约执行情况的好机会，包括遗产地从提名、保护到监测对当地居民生活的影响。

——联合国教科文组织总干事奥德蕾·阿祖莱（Audrey Azoulay）
（在第 44 届世界遗产大会开幕致辞）

 基本 概念

突出普遍价值　评定标准　真实性　完整性　管理体制　缓冲区　预备协助　跨境遗产　系列遗产　紧急受理　发还待议　预审评估　预备名录　全球均衡战略　限额申报　扩展申遗　联合申遗　濒危世界遗产　遗产监测　定期报告　系统监测　反应性监测　世界遗产时空特征

 **导入** 案例

法国与比利时联合申报的第一次世界大战（西线）项目推迟审议

第一次世界大战（西线）的墓地及纪念场所（Funeral and Memorial Sites of the First World War of Western Front）是一个跨国的系列遗产地，根据标准（ⅲ）（ⅳ）（ⅵ）进行申报。它包括位于比利时北部和法国东部之间的 139 个遗产点，囊括第一次世界大战 1914 年至 1918 年间德军和盟军展开的西部战线。提名的遗产地包括不同类型的墓地——战场墓地、医院墓地和遗骸经过重

组的墓地及相关的纪念建筑。

申报文本的价值标准阐释表示，申报项目见证了对在战斗中牺牲者的崇敬。无论其社会或文化背景如何，每个牺牲者都得到了纪念，这本身就具有了一种全人类的共识。

申报文本还认为，第一次世界大战死者的墓地和纪念场所，是具有卓越品质的装饰、建筑和景观元素的类型景观。它们的风格是根据文化身份或民族特点创作组合的，这在美学上是有突出价值的。它们创建了致力于纪念所有在战斗中逝去的人的文化系统。它们的规模和数量表达了当时全球战争所能达到的前所未有的破坏规模。它们通常围绕曾经的主要战场出现，并与直接见证冲突的元素相关联，形成了一个个纪念性景观。

缔约国提出，对在战斗中死亡的人的共同记忆是本次申报的主题。数以百万计的来自世界各地的游客参加集体纪念活动、机构活动或由志愿团体组织的相关活动，这些活动可能是国际性的、国家性的或地方性的。在这些地方，回顾历史具有特殊的价值。今天，第一次世界大战的墓地和纪念场所已成为沉思往事和纪念逝者的地方，它是一种和平的象征。

国际古迹遗址理事会在评估中认为，这个申报项目的价值涉及战争、悲剧和损失，申报文本没有分析和阐释项目是否可以反映出战争的严重性、超大范围和不人道行为。因此这次申报存在价值判断的问题，同时申报项目的完整性也无法确定。

对于这一申报，世界遗产委员会进行了长时间的讨论。部分委员国因这种与战争直接相关的遗产可能涉及负面记忆而提出了保留意见。申报的缔约国则提出，保护这样的遗产正是保护人类的记忆，任何事情都有不同的方面，记忆不应该被分为正面的和负面的。

世界遗产委员会认为，这是一个重要而十分复杂的议题，因为它挑战了《世界遗产公约》存在的基础。在现阶段，世界遗产委员会和专业咨询机构都难以对这个类型的遗产价值做出科学而可靠的判断，可能需要召开国际专家会议对此进行研究，并成立工作组来制定相关的申报指南，以明确如何评估此类遗产是否符合世界遗产要求。在这样的工作进行之前，任何判断都可能有失公允。

最终，世界遗产委员会决定推迟这个项目的审议，直至缔约国和专业咨询机构可以全面考虑是否以及如何处理与最近的冲突或其他负面的、造成不合或分裂的记忆相关的、可能与《世界遗产公约》的目标和范围相悖的遗产问题。

资料整理来源：文化遗产课代表清源君. 不可触及的记忆遗产［EB/OL］.［2021－07－31］. https://new.qq.com/rain/a/20210731A0BCRM00.

点评 未来在世界遗产申报审议程序中加入如何应对"战争和冲突"相关遗产的措施，从而使《世界遗产名录》有助于区域的和平建设，使世界遗产项目成为促进世界和平、增进人类相互理解与认同的工具。

从《世界遗产名录》建立之初，这种与负面记忆有关的申报项目就有出现，如 1979 年入选的波兰的奥斯威辛集中营，1996 年入选的广岛和平纪念公园（原爆炸遗址）等。这样的项目通常以标准（vi）入选，即"与具有显著共识价值的事件、活的传统、理念、信仰、艺术及文学作品，有直接或实质的联结（世界遗产委员会认为该基准应最好与其他基准共同使用）。"但这种记录着伤痛和灾难的遗产是否具有突出的全人类价值，往往有巨大的争议。在《预备名录》上仍存在大量与战争和冲突相关的项目，对于它们的评价十分复杂，也需要特别谨慎。因为战争皆有胜负，站在不同立场看待战争和冲突遗产的感受以及对其价值的评估，可能是完全不同的。从各种不同的角度思考，战争和冲突的遗产是否可以体现出某种全人类的价值观，能触动我们共同的情感，成为全人类可以共享并愿意传之后世的宝贵财富？这些仍需要我们在未来的研究和实践当中继续摸索。

第一节　世界遗产价值认定

突出的全人类价值是世界遗产概念的核心，也是世界遗产评选的标准和依据。2013 年 7 月版的《操作指南》对其概念阐释为："突出的全人类价值是指遗产自身文化和自然的价值是如此罕见，超越了国家的界限，对全人类的现在和将来均具有重要意义。"

突出的全人类价值是遗产蕴含的信息或特征被具体时空中的特定群体感受、认知的结晶，包括从静态或动态的物质形态中获得的审美体验；由历史印记勾起的个体或群体情感记忆；基于知识体系从信息载体中识别的科学启迪；由精神信仰赋予特定对象的文化象征意义。

突出的全人类价值包括历史价值、文化价值、科学价值、艺术价值等，呈现出空间、时间、精神的价值维度。其中，历史价值是遗产所具有的历史文化意义，以及作为历史见证的价值。艺术价值是遗产在人类艺术创作、审美、时代风格等方面所具有的价值。科学价值是遗产在人类的创造性、科学和技术方面所具有的价值。文化价值是遗产在体现民族、地方特点、宗教等文化多样性方面所具有的价值。

随着社会经济的发展，世界遗产的突出的全人类价值的认识也在不断深化，从最初强调特别的、代表性的转向活的、传统的、多样性的整体价值、本土价值和精神价值，强调人类的代际团结、可持续发展和对世界和平的维护。

目前，世界遗产突出的全人类价值的认定，由三个部分组成，一是遗产是否符合《操作指南》中的至少一条价值标准；二是遗产是否具有真实性和完整性；三是遗产是否得到了有效的保护。

一、遗产的价值标准

1977 年，世界遗产委员会在制定第一版《操作指南》时，对申报入选《世界遗产名录》的遗产项目在价值方面应当符合的标准作了规定。其中，文化遗产应当符合的标准有六条："代表了独一无二的艺术和美学成就，是创造性的天才杰作；在持续发展方面具有极为重大的影响，如在世界的一个历史时间段和文化区域内，在建筑、纪念性雕塑、园林和景观设计的相关艺术，或人类聚落方面的影响；是独一无二、极为罕见或伟大的古迹；是结构类型、重要文化、社会、艺术、科学、技术和工业发展类型的最有特色的案例；是在自然状态下重要的传统建筑风格或人类聚落形式，在不可逆的社会文化经济变革中容易受损的典范；与重要的观念或信仰、事件或人物相关联的具有突出的历史重要性和价值的遗存。"

这些标准清晰地反映了"公约"发展初期，对世界遗产所应具有的价值的认识。它们强调了世界遗产的突出的全人类价值应具有的独特性，甚至是唯一性。这种价值特征也成为人们对世界遗产的基本认识。

随着越来越多的国家加入"公约"，世界遗产的类型和价值观念也在持续发生变化。这种变化反映了文化多样性在世界遗产领域的影响。不同文化背景的缔约国对价值的理解、对世界遗产的需求都在影响人们对于世界遗产价值的判断。在 2017 版的《操作指南》中，与文化遗产关联更为密切的前六条标准为："标准一，代表人类天才创造力的杰作；标准二，展现在一段时间内或世界某一文化区域内人类价值观的重要交流对建筑、技术、纪念性艺术、城镇规划或景观设计的发展产生了重大影响；标准三，能为延续至今或已消逝的文明或文化传统提供独特或至少特殊的见证；标准四，是一种展现人类历史上的重要阶段的建筑、建筑技术的整体、单个建筑景观的杰出范例；标准五，是传统人类居住区、土地使用或海洋使用的杰出范例，它代表一种文化或多种文化，或人类与环境的相互作用，特别是它已在不可逆转的变化影响下变得脆弱；标准六，与具有突出的全人类价值的事件、生活传统、思想、信仰、艺术或文学作品有直接或有形的联系。"

这种价值标准的变化一方面反映了国际社会对遗产价值认识的变化，另一方面也反映了缔约国之间对于遗产的平衡性所达成的基本共识。这种价值标准的变化体现在：第一条标准不再强调"独一无二"；第二条标准从强调对人类社会持续发展的重大影响，变为对人类价值观重要的交流或交融的展现；第三条标准从伟大的古迹，变成了文化传统或文明的见证；第四条标准在强调类型的基础上，增加了对重要历史阶段的表达，从对物质遗存的强调，扩展为对历史展现的表述；第五条标准在濒危性的基础上，增加了人类对土地和海洋资源的利用，及人与环境之间的可持续发展关系的表达；第六条标准则在表述上强调遗产与事件、生活传统的关联，删去了与人物相关联的内容。

价值标准的调整和变化，必然影响到人们对于遗产价值的关注点和表述方式。从推动世界遗产发展的角度来看，这种价值标准变化的背后，有更为清晰的价值逻辑的支撑，即世界遗产的价值是当代人们对于遗产重要性的理解和阐释，其本质上是一种当代价值。

总而言之，如果遗产符合下列一项或多项标准，世界委员会将会认为该遗产具有突出的全人类价值。

（ⅰ）代表人类天才创造力的杰作；

（ⅱ）在一段时间内或世界某一文化区域内人类价值观的重要交流对建筑、技术、纪念性艺术、城镇规划或景观设计的发展产生重大影响；

（ⅲ）能为延续至今或已消逝的文明或文化传统提供独特或至少特殊的见证；

（ⅳ）是一种展现人类历史上重要阶段的建筑、建筑技术整体、单个建筑景观的杰出范例；

（ⅴ）是传统人类居住区、土地使用或海洋使用的杰出范例，它代表一种或几种文化，或人类与环境的相互作用，特别是它已在不可逆转的变化影响下变得脆弱；

（ⅵ）与具有突出的全人类价值的事件、生活传统、思想、信仰、艺术或文学作品有直接或有形的联系；

（ⅶ）绝妙的自然现象或具有罕见自然美和美学价值的地区；

（ⅷ）是地球演化史中重要阶段的突出例证，包括生命记载和地貌演变中的重要地质过程或显著的地质或地貌特征；

（ⅸ）突出代表了陆地、淡水、海岸和海洋生态系统及动植物群落演变、发展的生态和生理过程；

（ⅹ）是生物多样性原址保护的最重要的自然栖息地，包括从科学研究和物种保护角度看，具有突出的全人类价值的濒危物种栖息地。

二、遗产的真实性、完整性

遗产的突出的全人类价值须验证其真实性和完整性。最初"真实性"概念主要用于文化遗产，而"完整性"概念主要用于自然遗产。1997 年版的《操作指南》第二十四条指出，一项文化遗产被提名入选《世界遗产名录》时，委员会将认定其是否至少符合文化遗产的 6 条标准之一并检验其真实性。第四十四条指出，一项自然遗产在被提名入选《世界遗产名录》时，委员会将认定它是否至少符合自然遗产的 4 条标准之一并检验其完整性。2005 年新版《操作指南》不再将真实性条件检验置于文化遗产的判断下，也不再将完整性条件置于自然遗产的判断下，而将二者一并归入"突出的全人类价值"的判断下。

（一）真实性

真实性，又名原真性，它既是理解遗产价值的基础，也是对遗产进行科学研究、保护、规划及利用的基础。真实性概念最早出现于 1964 年的《国际古迹保护与修复宪章》，指"最初的状态"和"当时的环境"。1992 年，日本申报的法隆寺等木结构古建筑在真实性检验中受到质疑——这些建筑在历史上经历了部分或全部的重建。日本认为当地的遗产保护方法延续了地方的文脉，重建是日本保护伦理的基础组成部分，不应该以西方或者欧洲的标准进行评估，并为此召开了奈良会议来澄清自己的观点。奈良会议认为，真实性检验应该采纳更开放的、不完全以欧洲为中心的方法，关注世界文化的多样性及多种表达方式。会议通过的《奈良真实性文件》提出：基于文化遗产的本质，它的文化文脉及其历史的演变，真实性判断可以联系到大量价值的信息来源。这些来源的方面可能包括形式和设计、材料和物质、使用和功能、传统和技术、位置和环境、精神和感觉，以及其他内在和外在因素。上述内容在 2005 年《操作指南》修订时被全部采用。

对于评估相关遗产的真实性操作，《操作指南》的概要如下。

文化遗产价值的理解能力水平取决于该遗产信息来源的真实度或可信度。对历史上积累的、涉及文化遗产原始及发展变化的特征的信息来源的认识和理解，是评价真实性各方面的必要基础。"信息来源"指所有物质的、书面的、口头和图形的信息来源，它使理解文化遗产的性质、特性、意义和历史成为可能。

对于文化遗产价值和相关信息来说，可信性的评价标准可因文化而异，甚至同一种文化内也存在差异。出于对所有文化的尊重，文化遗产的分析和判断必须首先在其所在的文化背景中进行。

依据文化遗产类别及其文化背景，如果其文化价值（申报标准所认可的）的下列特征真实可信，则被认为具有真实性：

- 外形和设计；
- 材料和实质；
- 用途和功能；
- 传统、技术和管理体系；
- 位置和环境；
- 语言和其他形式的非物质遗产；
- 精神和感觉；
- 其他内外因素。

精神和感觉这样的属性在真实性评估中虽不易确认，却是评价一个遗产地特质和场所精神的重要指标。例如，在区域中保持传统和文化连续性。利用所有这些信息使我们对相关文化遗产在艺术、历史、社会和科学等特定领域的研究更加深入。

在考虑申报遗产的真实性时，缔约国首先要确认所有适用的重要载体的真实性。真实性声明应该评估真实性在每个载体特征上的体现程度。

在真实性问题上，考古遗址或历史建筑及街区的重建只有在极个别情况才予以考虑接受。一般只有依据完整且详细的记载，不存在任何想象而进行的重建，才可以接受。

（二）完整性

完整性一词来源于拉丁语，表示尚未被人扰动过的原始状态。1977 年的《操作指南》中，完整性被阐释为："应该意识到单独的地点可能不拥有最壮观或者最突出的上述特征。但是从一个更宽广的视野来看，当这个地点同具有重要性的周边面貌组合一起来看，整个地区可能被证明是具有全球重要性。"完整性概念既保证了遗产的世界价值，同时也为遗产的保护划定了范围。当遗产地区内或周围有不当的开发破坏而危及遗产的本质时，就是损害了完整性。《操作指南》对完整性有如下几点判定要素：①时间上的延续性；②地域上的关联性；③生态系统的完整性和类型的多样性；④具有持续而完备的立法、监督以及保护措施等。

1997年修订的《操作指南》中，将完整性作为评判文化遗产和自然遗产所必须满足的标准，强调文化遗产与自然遗产的"完整无缺"和"状态良好无损"。审查遗产完整性需要评估遗产是否符合以下条件。

①包括所有表现其突出的全人类价值的必要因素；

②面积足够大，确保能完整地体现遗产价值的特色和过程；

③受到发展的负面影响或缺乏维护。

申报文书需要在完整性陈述中对上述条件进行论述。

依据标准（ⅰ）至（ⅵ）申报的遗产，其物理构造或重要特征都必须保存完好，能表现遗产全部价值的绝大部分必要因素也要包括在内，且侵蚀性的影响得到控制。文化景观、历史村镇或其他活态遗产中体现其显著特征的种种关系和动态功能也应予保存。

所有依据标准（ⅶ）至（ⅹ）申报的遗产，其生物物理过程和区域地貌特征应该相对完整。当然，任何区域都不可能完全保持天然，所有自然区域都在变化之中，在某种程度上还是会有人类的活动时有发生在这片区域内。如果这些活动具有生态可持续性，也可以是同自然区域突出的全人类价值一致的。

另外，对于依据标准（ⅶ）至（ⅹ）申报的遗产来说，每个标准又有一个相应的完整性条件。

依据标准（ⅶ）申报的遗产应具备突出的全人类价值，且包括保持遗产美景所必需的关键地区。例如，某个遗产的景观价值在于瀑布，那么只有将与维持遗产美景完整性关系密切的临近积水潭和下游地区也涵盖在内，才能满足申报条件。

依据标准（ⅷ）申报的遗产必须包括其自然关系中所有或大部分重要的相互联系、相互依存的因素。例如，"冰川期"遗址要满足完整性条件，则需包括雪地、冰河本身（如凿面样本）、沉积物和其他相关元素（如条痕、冰碛层及生物群落演替的最新阶段等）。如果是火山，则岩浆层必须完整，且能代表所有或大部分火山岩种类和喷发类型。

依据标准（ⅸ）申报的遗产必须具有足够的规模，且包含能够展示长期保护其内部生态系统和生物多样性的重要过程的必要因素。例如，热带雨林地区要满足完整性条件，需要有一定的海拔层次，多样的地形和土壤种类，自然形成的群落系统。同样，珊瑚礁群落必须包括诸如海草、红树林和其他为珊瑚礁提供营养沉积物的临近生态系统。

依据标准（X）申报的遗产必须是对生物多样性保护至关重要的遗产。只有最具生物多样性或代表性的遗产才有可能满足该申报标准。遗产必须包括某生物区或生态系统内最具多样性的动植物特征的栖息地。例如，热带草原要满足完整性条件，需要具有完整的、共同进化的草食动物群和植物群；海岛生态系统则需要包含局部生态栖息地。包含多个物种的遗产范围必须足够大，包括确保这些物种生存的最重要的栖息地；如果某个地区有迁徙物种，则季节性的养育巢穴和迁徙路线，不管位于何处，都必须妥善保护。

三、遗产的保护管理状况

保护管理状况与突出的全人类价值之间的关系从 1998 年被提出，至 2005年通过《操作指南》修订版公布，与符合的标准、真实性与完整性一起成为突出的全人类价值的三大支柱。它被纳入突出的全人类价值的初衷是为了提升申报项目质量，更好地保护遗产价值，并保持《世界遗产名录》的可信度和代表性。遗产保护管理的重要性也得到了世界遗产中心、专业咨询机构、缔约国的一致认可。近年来，随着遗产类型的逐渐丰富、遗产地面临的威胁日益增多，在世界遗产大会的申报评估环节中，因保护管理状况出现问题而被咨询机构建议"补报"或"重报"的状况屡见不鲜，世界遗产委员会、缔约国常以遗产地"已符合价值标准"为前提，就保护管理状况是否影响最后入选名录产生分歧。近十年来的申报情况表明，所有因保护管理状况未达标而被要求"补报"的项目无一例外在遗产大会上被委员会更改决议为"直接入选"，这在一定程度上对世界遗产的专业性产生了一定负面效果。而就"带病入选"遗产地的跟踪研究表明，在列入名录后，位于欠发达地区、能力建设不够的缔约国遗产地，其保护管理状况改善也十分有限，这也影响了《世界遗产名录》的可信度。

按照《操作指南》的要求，申报的遗产项目应有良好的立法、管理规范和条约性保护措施，以保障遗产的突出的全人类价值、完整性和真实性不因社会经济发展及其他压力而受到负面影响。其主要体现在四个方面。

（一）有效保护边界

划分边界是对申报遗产进行有效保护的核心要求，划定的边界范围内应包含所有能够体现遗产突出的全人类价值的元素，并保证其完整性与真实性不受破坏。

依据标准（i）至（vi）申报的遗产，划定的边界需要包括所有有形的、能够直接体现遗产的突出的全人类价值的区域和特征，以及在将来的研究中有可能加深这种理解的区域。

依据标准（vii）至（X）申报的遗产，划定的边界要反映其成为世界遗产基本条件的栖息地、物种、过程或现象的空间要求。边界须包括与具有突出的全人类价值区域紧邻的足够大的范围，以保护其遗产价值不因人类活动的直接侵蚀和该区域外资源开发而受到损害。

所申报遗产的边界可能会与一个或多个现存的保护区重合，如国家公园、自然保护区、生物圈保护区、文化历史保护区，或者其他区域。虽然保护区可能包含几个管理地带，但可能只有个别地带能达到世界遗产的要求。

（二）缓冲区

缓冲区是为了有效保护申报遗产而在遗产周围划定设立的区域，其使用和开发受到相关法律规定的限制，是增加的遗产保护层。缓冲区包括申报遗产直接所在的区域、重要景观，以及其他在功能上对遗产及其保护至关重要的区域或特征。缓冲区的构成范围应通过合适的机制来确定。只要有必要，就应设立恰当的缓冲区以有效保护遗产。

申报时，需要提供有关缓冲区大小、特点、授权用途的详细信息文件以及一张精确标示缓冲区边界的地图。申报材料中还需明确描述缓冲区在保护申报遗产中的作用。如果没有提议建立缓冲区，则申报材料需要解释不需要缓冲区的原因。

虽然缓冲区并非申报遗产的正式组成部分，但是遗产一旦入选《世界遗产名录》，对其缓冲区的划定或任何变动都需经世界遗产委员会按照边界微调的程序批准。遗产入选后才新建的缓冲区通常被视作边界微调。

（三）管理体制

每一处申报遗产都应有适宜的管理规划或其他有文可依的管理体制，其中需要详细说明将如何采取措施（最好是多方参与的方式）保护遗产的突出的全人类价值。管理体制旨在确保现在和将来对申报遗产都能进行有效的保护。

有效的管理体制的内容取决于申报遗产的类别、特点、需求以及文化自然环境。由于文化视角、可用资源及其他因素的影响，管理体制会有所差别。管理体制可能包含传统做法，现行的城市或地区规划手段，其他正式和非正式的规划管理机制。

对所有提议的干预措施进行影响评估，对保护世界遗产地是至关重要的。有效管理体制应包括以下共同因素。

①各利益方均透彻理解遗产价值（包括采用参与式规划、利益相关方进行

咨询等手段）；

②规划、实施、监测、评估和反馈的循环机制；

③评估遗产可能受到的来自社会、经济及其他方面的压力，监测时下各种趋势和可能的干预活动对遗产的影响；

④建立相应机制，以有效吸纳各类合作伙伴与利益相关方，并协调其活动；

⑤必要资源的配置；

⑥持续相关能力建设；

⑦对管理机制运作的描述可信且透明。

有效管理包括对申报遗产保护、保存和展示的短、中、长期措施。采取整体综合的方式规划管理对申报遗产的长期发展至关重要，也可确保维持其突出的全人类价值的所有方面。这一综合方式不局限于遗产本身，而是应包括所有缓冲区和更广泛的背景环境。更广泛的背景环境可以是该遗产的地形、自然环境、建造环境以及其他元素（如基础设施建设、土地利用模式、空间组织、视觉关系等），也可以是相关的社会与文化实践、经济发展进程，以及遗产的其他非物质层面。对更广泛的背景环境的管理关乎其能否发挥支持突出的全人类价值的重要作用。

另外，为了实施《世界遗产公约》，世界遗产委员会还建立了反应监测程序和定期报告机制。

如果是系列遗产，确保协调管理各个组成部分的管理体制或机制是非常必要的，应在申报材料中阐明。

如果遗产的内在品质满足规定的真实性或完整性的标准，但因人类活动而受到威胁，那概述纠正措施的行动计划需要和申报材料一起提交。如果缔约国并未在规定的时间内采取纠正措施，委员会将会考虑依据相关程序将该遗产从申报名单上删除。

缔约国要对境内的世界遗产实施有效的管理。在管理过程中，缔约国要同其他参与方密切合作，其中包括遗产管理人员、管理权力机关和其他合作者等各种利益相关方。委员会推荐缔约国将风险防范机制包括在其世界遗产管理规划和培训策略中。

（四）可持续利用

世界遗产存在多种现有和潜在的利用方式，其生态和文化可持续利用可能提高所在区域的生活质量。缔约国和合作者必须确保这些可持续利用或任何其他的改变不会对遗产的突出的全人类价值、完整性或真实性造成负面影响。世界遗产的相关立法、政策和措施都应确保对其突出的全人类价值的保护，支持对更大范围的文化遗产和自然遗产的保护，促进和鼓励所在社区公众和所有利益相关方的积极参与，以作为遗产可持续保护、保存、管理、展示的必要条件。

保护管理状况的差异性评价案例

大运河（Gand Canal）是连接我国东北部和中东部平原的一个广阔水道系统，北起北京，南至浙江。始自公元前5世纪至公元7世纪形成的大运河，是工业革命之前世界上最大、最宏伟的土木工程。它支撑着我国内陆的河道通行，也让河运成为粮食和战略材料运输的主要方式。截至13世纪，大运河已形成超过2000千米的人工水道系统，连接着我国5个主要的河流流域。大运河在保障国家经济繁荣和稳定方面发挥了重要作用，且至今河运仍然是重要的运输方式。我国于2013年以符合标准（ⅰ）（ⅲ）（ⅳ）向世界遗产大会提交了申报文本，而专业咨询机构经过评估，认可了比较研究、价值标准、真实性等条件。但就如此宏大复杂的复合性遗产，专业咨询机构在保护管理方面提出了一些疑义，包括：①对于此等巨大体量的复合性遗产，缓冲区应该建立完善的层级保护管理体系；②完善监测体系，加强景观保护；③希望能有更多的时间协调和处理利益相关方之间的关系。因此委员会建议此项目"补报"。

该项目在2014年多哈第38届世界遗产大会上进行了审议。在现场审议环节，牙买加、印度、哈萨克斯坦、黎巴嫩等委员会成员认为大运河价值标准十分清晰，应当入选名录；马来西亚、土耳其等委员会成员指出，对国际古迹遗址理事会提出的管理问题，中国已经在努力改善；同时大部分委员会成员还支持增加标准（ⅵ）。最终，委员会认为大运河满足突出的全人类价值要求，其以标准（ⅰ）、标准（ⅲ）、标准（ⅳ）、标准（ⅵ）入选《世界遗产名录》。但国际古迹遗址理事会仍然指出，大运河作为涉及我国1.7亿人口生活居住的大型遗产地，在保护管理上面临着非常艰巨的挑战，尤其是在缓冲区范围内。因此国际古迹遗址理事会对大运河后续保护管理和保存状况持观望态度，希望有更长的时间检验，最终在决议中，委员会相应地提出了较多要求，包括：①继续缓冲区范围内的土地性质变更工作，必要时与当地政府部门进行协商；②建立大运河遗产监测与档案中心（the Grand Canal Heritage Monitoring and

Archive Centre)，通过更精准的考古发现来进一步证明大运河的技术特征；③证明不同历史时期与不同段落之间的代表性关系；④加强环境和景观保护，如明确景观廊道的具体管理要求和控制指标等；⑤提升开放区域的旅游发展质量，完善游客引导规划；⑥检验在缓冲区内限制建设的具体细则是否具有可行性，因其不仅仅与遗产的延续性功能和价值相关，也涉及相关的当地居民生活质量；⑦对近期工程的实施和投资要有清晰阐述，同时要区别保护性的疏浚水道工程和旅游发展项目；⑧结合保护与发展规划，继续提升大运河水质；⑨加强对大运河相关工作人员的教育与遗产整体价值的阐释工作；⑩鼓励国际合作。同时要求我国在 2015 年 12 月 1 日前提交保存状况报告。

2016 年，国际古迹遗址理事会对我国按期提交的报告进行了评估，认可了我国在如下方面作出的努力：①建立起跨省市的大运河保护与管理机构；②建立了监测中心，对 31 个段落都设立了统一的指标和监测体系；③汇编了地方和区域旅游接待计划；④根据考古工作的最新发现扩展了缓冲区；⑤编制了《大运河景观保护和合作指南》(A Guide for the Protection and Coordination of the Landscapes of the Grand Canal)，加强了对运河景观保护；⑥制定了水质提升规划，用以控制污染、提升环境质量；⑦明确了对大运河保护管理方面从国家到地方的资金支持渠道；⑧加强对大运河相关管理人员的培训与能力建设；⑨与国际组织展开了在研究、保护和利用方面的合作与交流。

国际古迹遗址理事会对上述工作的成效表示了肯定，但也指出，应继续加强对遗产要素和缓冲区的保护，保证其可持续发展，评估缓冲区调整的必要性，进一步保护景观廊道；继续遗产区范围的考古及历史研究，并要求缔约国在报告中进一步评估包括检测中心、水质提升计划、大运河沿线传统村落保护、旅游发展规划以及相关培训等内容在大运河的不同段落的实施情况。在 2017 年 12 月前，缔约国应继续提交保存状况报告以说明更新的情况。

2017 年 12 月 1 日，根据 2016 年大会决议要求，我国再次提交了大运河的保存状况报告。在报告中，我国阐明：《大运河保护管理总体规划（2012—2030)》已纳入相关地区的城乡经济和社会发展计划，成为大运河遗产区和缓冲区相关行政决策的基础；在总规划的指导下，对遗产要素持续性的监测和保护正在有序进行，同时还启动了运河生态环境改善计划，展开了一系列水质研究和监测；考古工作一直在继续进行，其丰富的发现和成果进一步完善了关于大运河的知识体系，并为其展示与利用打下了基础；沿岸地区建设了丰富的文化展览区和休闲公园，不仅提高了突出的全人类价值阐释水平，也改善了大运河沿岸居民的生活质量。

咨询机构和世界遗产中心对大运河保护管理状况的改善做了评估，他们一致认为，大运河这样问题复杂而多样的大型复合遗产，其保护管理对于我国来说无疑非常具有挑战性。而这五年来我国在保护管理规划、监测等方面做出的持续努力令人瞩目。因此，在2018年第42届遗产大会上，大运河入选遗产地保护管理状况"褒奖"名单。咨询机构和世界遗产中心一致认为，大运河短期内不需要再提交保存状况报告，委员会鼓励我国继续努力，并表示对大运河的未来充满信心。

资料整理来源：吕宁. OUV定义中加入保护管理评估对世界遗产申报的影响 [J]. 自然与文化遗产研究，2019.

第二节　世界遗产申报程序

世界遗产的评定标准主要依据《世界遗产公约》第一、第二条规定，《操作指南》则规定了世界遗产申报的具体实施细则。遗产项目要入选《世界遗产名录》，必须经过严格的考核和审批程序。每年举行一次的世界遗产委员会会议将对申请入选名录的遗产项目进行审批，其主要依据是该委员会此前委托有关专家对各国提名的遗产项目进行实地考察而提出的评价报告。对各国提名的遗产项目的考察，主要由该委员会同国际古迹遗址理事会和世界保护联盟一起组织专家进行。

一、《世界遗产名录》申报程序

（一）申报准备

申报文件是委员会考虑是否将某项遗产入选《世界遗产名录》的基础。所有相关信息都应该包括在申报材料中，且信息应与其出处相互参照。申报过程中当地居民的参与很重要，应鼓励他们与缔约国共同承担保护遗产的责任。委员会鼓励多方参与编撰申报文件，其中包括遗产管理人员、地方政府、当地社区、非政府组织和其他相关团体。缔约国在编撰申报文件时，可以申请"预备协助"，并在整个申报过程中从世界遗产中心获得帮助。

世界遗产中心可以提供以下协助：①确定合适的地图和照片以及取得这些

资料的途径；②成功申报参考案例及其管理方法和立法条款；③申报不同类别遗产的指导，如文化景观、历史城镇、遗址线路；④申报系列遗产和跨界遗产的指导。

缔约国可以在每年的 9 月 30 日前提交申报草案以接受世界遗产中心的审查，并听取意见。申报草案的提交是自愿的。任何时候都可以提交申报，但只有在 2 月 1 日或之前递交到世界遗产中心且完整的申报才会在次年被世界遗产委员会审核，决定是否入选名录。委员会只审查缔约国《预备清单》内列有的遗产。

1. 申报文件的格式和内容

申报文件格式包括如下部分：遗产辨认；遗产描述；入选理由；保护状况和影响因素；保护和管理；监测；文件；负责机构的联系信息；缔约国代表签名。

2. 执行概要

执行概要是从申报文本中摘录的所有重要信息，包括一份标明申报遗产和缓冲区（如适用）的边界的缩小版地图，以及一份《突出普遍价值声明》草案。

3. 文件内容细节

①遗产辨认

申报文本应清晰地定义申报遗产边界，清楚区分申报遗产和任何缓冲区（若存在）的界限。地图应足够详细，能精确标出所申报的陆地和湿地。若有可能，应提供缔约国最新的官方出版的地形图，注明边界。如果没有清晰的边界定义，申报文本会被认为"不完整"。

②遗产描述

遗产描述包括遗产辨认及其历史发展概述。应确认并描述所有的遗产组成部分，如果是系列申报，应清晰描述每一组成部分。

在遗产的历史和发展概述中应描述遗产是如何形成现在的状态以及所经历的重大变化。这些信息应包含审查所需的重要事实，以证实遗产达到了突出的全人类价值的标准，满足了完整性和真实性的条件。

③入选理由

本部分应阐明该遗产具有的突出的全人类价值，以支持缔约国所提交的《突出的全人类价值声明》。文本应指出遗产申报依据的标准，且须明确说明依据此标准的原因。遗产的完整性与真实性声明应该包含在内，且清楚地说明为什么该遗产满足条件。同时提交该遗产与类似遗产的比较分析，无论类似遗产是否已被选入《世界遗产名录》，是国内还是国外。比较分析应说明申报遗产在国内及国际范围内的重要性。缔约国所提交的遗产《突出的全人类价值声明》，这部分应清楚说明为什么该遗产有资格入选《世界遗产名录》。

④保护状况和影响因素

本部分应有目前遗产保护状况的准确信息（包括遗产的物理状况和现有的保护措施），同时也应有影响遗产的因素描述（包括威胁）。本部分提供的信息是将来监测申报遗产保护状况必要的基础数据。

⑤保护和管理

保护内容包括与遗产保护联系最为紧密的立法、规章、契约、规划、组织机构和传统措施，并详尽分析保护措施的实际运作方法。立法、规章、契约、规划和机构性文本或者文本摘要应以英文或法文附上。

应在本部分提供管理规划或者管理体系的详尽分析或者说明。适宜的管理规划或其他相应的管理体制很必要的，应包括在申报文件中，并说明管理规划或其他管理体制可以得到有效执行。可持续发展原则应综合纳入管理体系。管理规划或者其他管理体制文献的副本应附在申报文件后。如果文本语言非英语或非法语，应附上英文或法文的条款详述。

申报文件若不包括保护与管理文书则被认为不完整，除非在管理规划完成之前提交指导遗产管理的其他文书。

⑥监测

应在申报材料中提供衡量、评估遗产保护状况的关键指标、影响因素、保护措施、审查周期及责任机构的名称。

⑦文件

应提供申报所需的所有文件。除了上述文件之外，还应包括达到打印标准的照片（最低像素 300dpi，可补充必要的电影、录像或其他视听材料）；图像清单以及授权表。申报文本应以打印形式和电子文档提交（word 或 pdf 文件格式为佳）。

⑧负责机构的联系信息

应提交负责机构的详细联系信息。

⑨缔约国代表签名

申报材料结尾应有缔约国授权的官方机构原始签名。

4. 文件所需打印数量（包括地图附件）

文化与自然遗产申报文件（不包括文化景观）：2 份

混合遗产和文化景观申报：3 份

5. 文件纸质版和电子版

申报材料应使用 A4 纸张（或信纸），同时有电子版（以 word 或 pdf 文件格式）。

6. 文件寄送

缔约国应提交经签署的英文或法文申报材料，至法国巴黎联合国教科文组织世界遗产中心。

电话：＋33（0）145681104

传真：＋33（0）145685570

E-mail：wh-nominalions@unesco.org

世界遗产中心会保留和申报文件一起接收到的所有相关资料（地图、规划文件、照片资料等）。

7. 各类遗产申报的要求

①跨境遗产

跨境遗产申报前提：位于一个缔约国境内；位于几个接壤的缔约国境内。

跨境遗产的申报应尽可能由几个缔约国遵照公约共同准备和提交。大会强烈建议各相关缔约国建立联合管理委员会或类似组织对该遗产进行监督和总体管理。位于一个缔约国境内的现有世界遗产的扩展部分可以申请成为跨境遗产。

②系列遗产

系列遗产应包括两个或两个以上逻辑联系清晰的组成部分：各组成部分应体现出文化、社会或因某功能性因素长期发展而来的相互联系，进而形成景观、生态、空间演变或栖息地上的关联性；每个组成部分都应对遗产整体的突出的全人类价值有实质性、科学的、可清晰界定和辨识的贡献，可包含非物质载体。最终的突出的全人类价值应该是容易理解和便于沟通的；与此一致的，为避免各组成部分过度分裂，遗产申报的过程，包括对各组成部分的选择，应该充分考虑遗产整体的连贯性和管理上的可行性。并且该系列遗产作为一个整体（而非各组成部分）必须具有突出的全人类价值。系列遗产申报前提：位于一个缔约国境内（本国系列遗产）；位于不同缔约国境内，不必相连，同时须经过所有相关缔约国同意进行申报（跨国系列遗产）。

如申报的第一项遗产本身具有突出的全人类价值，系列遗产（无论是由一国或是多国提起的）可历经数个申报周期，递交申报文件并接受评估。计划在数轮周期中分阶段进行系列申报的缔约国可向委员会说明此意向，以确保申报计划更加完善。

（二）申报登记

收到各缔约国递交的申报文件后，世界遗产中心将回执确认收讫，核查材料是否完整，然后进行登记。世界遗产中心将向相关专家咨询机构转交完整的申报文件，由专家咨询机构进行评估，同时也会将申报文本的电子版上传到世界遗产中心官网，以供委员会的各成员参考。经专家咨询机构提请，世界遗产中心将向缔约国索要补充信息，并在每届委员会会议时拟定并递交一份所有接收到的申报名单，包括接收的日期信息、申报文件"完整"与否的陈述。申报周期从递交之日起到世界遗产委员会做出决定之日结束，通常历时一年半，每年2月递交申报至翌年6月委员会做出决定。

（三）专业咨询机构评估

专业咨询机构将评估各缔约国申报的遗产是否具有突出的全人类价值，是否符合完整性和真实性标准，以及是否能达到世界遗产保护和管理的要求。文化遗产申报的评估由国际古迹遗址理事会完成，自然遗产申报的评估由世界自然保护联盟完成。作为"文化景观"类申报的文化遗产，由国际古迹遗址理事会与世界自然保护联盟磋商之后进行评估。对于混合遗产的评估由国际古迹遗址理事会与世界自然保护联盟共同完成。如世界遗产委员会要求或者在必要情况下，国际古迹遗址理事会与世界自然保护联盟将开展主题研究，将申报的世界遗产置于地区、全球或主题背景中进行评估。这些研究必须建立在各缔约国递交的预备审议清单，预备清单协调性的会议报告，由专业咨询机构或具备相关资质的组织或个人进行的其他技术研究的基础之上。已完成的相关研究列表发布于专业咨询机构的网站，这些研究不得与缔约国在申报世界遗产时准备的"比较分析"相混淆。

国际古迹遗址理事会和世界自然保护联盟的评估及陈述遵循下列十个原则：

①遵守《世界遗产公约》及其《操作指南》，以及委员会在决定中规定的其他政策；

②做到客观、严谨和科学，审查缔约国递交给咨询机构的有关申报的所有信息；

③依照一致的专业标准，在评估过程中平等与透明地与缔约国展开磋商与对话；

④评估和陈述均须遵守的与世界遗产中心一致的标准格式。注明所有参与评估的专家的名字（提供保密意见的书面评估人员除外），另外在附件中应分门别类地写清楚评估过程中所产生的花销；

⑤让熟悉相关课题的地区专家参与进来；

⑥清晰地指出所申报遗产是否具有突出的全人类价值，是否符合完整性和真实性的标准，是否拥有相应的管理规划系统和立法保护；

⑦根据所有相关标准，对每处遗产（包括其保护状况），进行系统的相对性的评估，即需与缔约国境内或境外其他同类遗产进行比较；

⑧援引的与被审议的申报项目相关的委员会决定和要求应有所注明；

⑨不参考缔约国于申报审议当年 2 月 28 日后递交的任何信息。同时应通知缔约国，因收到的信息已逾期，所以不纳入考虑之列，评估必须严格遵守最后期限；

⑩提供支持其论点的参考文献。

专业咨询机构在审查其评估意见后，应在每年的 1 月 31 日以前向各缔约国进行最终征询或索要需求信息。相关缔约国应在委员会大会开幕至少两个工作日前致信大会主席，寄附致专业咨询机构意见的复印件，在信中详细说明他们在专业咨询机构对其申报的评估意见中发现的事实性错误。此信将被翻译成指定语言，分发给委员会成员，也可在评估陈述之后由主席宣读。

对申报项目，国际古迹遗址理事会和世界自然保护联盟的意见分三种：建议无保留选入《世界遗产名录》的遗产；建议不予选入《世界遗产名录》的遗产；建议补报或重报《世界遗产名录》的遗产。

缔约国可以在委员会召开会议审核申报之前的任何时候撤销申报，但必须以书面形式向世界遗产中心说明。如某缔约国希望撤回申报，它也可以重新提交一份遗产的申报，该申报将会作为一项新的申报。

（四）世界遗产委员会的决定

由世界遗产委员会决定一项遗产是否应被选入、不予选入、发还待议或是推迟选入《世界遗产名录》。

1. 选入名录

决定将遗产选入《世界遗产名录》时，在专业咨询机构的指导下，委员会将通过该遗产的《突出的全人类价值声明》。此声明将作为未来该遗产保护和管理的基础。入选名录时，委员会也可就该世界遗产的保护和管理提出其他的建议。入选委员会将在其报告和出版物中公布《突出的全人类价值声明》及遗产具体入选《世界遗产名录》的标准。

2. 决定不予选入

如委员会决定某项遗产不予选入名录，除非在例外情况下，该申报不可重新向委员会提交。这些例外情况包括新发现有关该遗产的科学信息或者之前申报时未提出的不同标准。在上述情况下，允许提交新的申报。

3. 发还待议

委员会决定发还缔约国以补充相关信息的申报，可以在委员会下届会议上重新递交并接受审议。补充信息须在委员会拟定审议当年2月1日前呈交世界遗产中心。世界遗产中心将直接转交相关专业咨询机构进行评估。发还的申报如在原委员会决定下达三年内不曾提交委员会，再次递交审议时将被视为一项新申报。申报时依据新申报程序及时间表进行。

4. 推迟

为了进行更深入的评估和研究，或便于缔约国对申报进行重大修改，委员会可能会做出推迟申报的决定。如该缔约国决定重新递交被推迟的申报，应于2月1日之前向世界遗产中心提交。届时相关专业咨询机构将根据程序对这些申报重新进行周期为一年半的评估。

（五）紧急受理的申报

如某项遗产在相关专业咨询机构看来毫无疑问符合入选《世界遗产名录》的标准，且因为自然或人为因素受到损害或面临重大危险，其申报材料的提交和申报不受通常的时间表和关于材料完整性的定义限制。这类申报将被紧急受理，可能会被同时选入《世界遗产名录》和《濒危世界遗产名录》。紧急受理申报的程序如下：

①缔约国呈交申报并要求紧急受理。该缔约国此前已将该项遗产纳入《预备名录》，或者很快将之纳入《预备名录》；

②该项申报应描述及定义所申报的遗产，根据标准论证其具有突出的全人类价值及其完整性和真实性，并描述其保护和管理体制及现存情况的紧迫性，包括损害或面临危险的性质和程度，说明委员会即刻采取行动与否关乎该遗产的存续；

③由世界遗产中心直接将该申报转交相关专业咨询机构，要求对其突出的全人类价值以及对紧急情况、损害的程度进行评估。如相关专业咨询机构认为申报无误，须进行实地勘查；

④如相关专业咨询机构判定该遗产毫无疑问地符合入选名录的标准，并满

足上述条件，该项申报的审议将被列入委员会下一届会议议程；

⑤审议该申报时，委员会根据具体情况，可能会将其选入《濒危世界遗产名录》；或为其提供国际援助。完成申报工作，或选入名录后尽快由世界遗产中心和相关专业咨询机构组织后续工作。

（六）修改世界遗产的边界、原入选标准或名称。

1. 边界细微调整

细微调整是指既对遗产的范围不产生重大影响，又不影响其突出的全人类价值的改动。如某缔约国要求对已入选《世界遗产名录》的遗产边界进行细微调整，则必须依照相关要求准备材料，并于2月1日以前通过世界遗产中心向委员会递交申请。在征询相关专业咨询机构的意见之后，委员会或批准该申请，或认定边界修改过大，足以构成边界重大修改行为，应适用在后一种情况下的新申报程序。

2. 边界重大修改

如某缔约国提出对已入选《世界遗产名录》的遗产边界进行重大修改，应将之视为新申报并提交申请（包括事先纳入《预备名录》的要求）。新的申报材料应于2月1日以前递交，并根据所列流程和时间表接受周期为一年半的评估。该规定同时适用于对遗产边界的扩大和缩小。

3. 名录入选依据标准的修改

当某缔约国希望增加、减少入选标准或选择不同于原入选标准的其他标准，将遗产选入名录，该国应将之视为新申报项目提交申请（包括事先纳入《预备名录》的要求）。再次申请应于2月1日以前递交，并根据所列流程和时间表接受周期为一年半的评估。所推荐遗产将只依照新的标准接受评估，即使最后对补充标准不予认定，该项遗产仍将保留在《世界遗产名录》上。

4. 世界遗产名称的修改

缔约国可提请委员会批准对已入选《世界遗产名录》的遗产名称进行更改。更名申请应至少在委员会会议前三个月递交世界遗产中心。

（七）申报过程

总申报时长为一年半，从第一年的9月份开始，到第三年的世界遗产大会开始时结束。

第一年9月30日：世界遗产中心收到各缔约国自愿提交的申报材料草稿的最后期限。

第一年 11 月 15 日之前：世界遗产中心就申报材料草稿完整与否答复申报的缔约国，如不完整，注明要求补充的信息。

第二年 2 月 1 日：世界遗产中心收到完整的申报材料以便转交相关专业咨询机构评估的最后期限。申报材料必须在格林尼治时间 17 点以前到达，如当天为周末则必须在前一个星期五的 17 点（格林尼治时间）以前到达。在此日期后收到的申报材料将进入下一轮审议周期。

第二年 2 月 1 日—3 月 1 日：世界遗产中心对各项申报进行登记，向申报的缔约国下发回执并将申报内容编目。世界遗产中心将通知申报的缔约国申报材料是否完整，不完整的申报材料不予转交相关专业咨询机构进行评估。如材料不完整，相关缔约国将被通知于翌年 2 月 1 日最后期限以前补齐所缺信息以便参与下一轮周期的审议。完整的申报材料由世界遗产中心转交相关专业咨询机构进行评估。

第二年 3 月至第三年 5 月：专业咨询机构对申报材料进行评估。

第三年 1 月 31 日：评估期内，相关专业咨询机构会要求申报的缔约国递交补充信息最后通知期限。

第三年 3 月 31 日：申报的缔约国经世界遗产中心向相关专业咨询机构转呈其要求的补充信息的最后期限。向世界遗产中心呈交的补充信息应依照要求进行准备。为了避免新旧文本的混淆，如所递交的补充信息中包含对申报材料主要内容的修改，缔约国应将修改部分作为原申报材料的修正版提交，修改的部分应清楚地标出，新文本除印刷版外还应附上电子版。

第三年世界遗产委员会年会开幕前六周：相关专业咨询机构向世界遗产中心递送评估意见，由世界遗产中心转发给世界遗产委员会及各缔约国。

第三年世界遗产委员会年会开幕前至少两个工作日：申报的缔约国更正材料事实性错误的最后期限。相关缔约国可在年会开幕前至少两个工作日致信大会主席，附寄致专业咨询机构的复印件，详细说明他们在专业咨询机构对于其申报的评估意见中发现的事实性错误。

第三年世界遗产委员会年会（6 月或 7 月）：世界遗产委员会审议申报材料并做出决定。

第三年世界遗产委员会年会结束后：凡经世界遗产委员会审议的申报，将由世界遗产中心通知申报的缔约国有关委员会的决定事宜。在世界遗产委员会决定将某处遗产选入名录之后，由世界遗产中心书面通知该缔约国及遗产管理方，并提供入选名录区域的地图及突出的全人类价值声明，并注明入选标准。

第三年世界遗产委员会年会结束后：世界遗产中心随即公布最新的《世界

遗产名录》。

世界遗产委员会年会闭幕后一个月：世界遗产中心会将世界遗产委员会全部决定的公布报告转发各缔约国。

从要求重报到最终入选的萨珊王朝考古景观

第43届世界遗产大会上，伊朗以符合标准（ⅰ）（ⅱ）（ⅲ）（ⅳ）（ⅴ）为由申请将法尔斯地区的萨珊王朝考古景观（Sassanid Archaeological Landscape of Fars Region）选入《世界遗产名录》，而在专业咨询机构的评估报告中，虽然认为该项目符合标准（ⅲ）和（ⅴ），但因缺乏证据性的比较研究，且监测管理体系、真实性和完整性并未达标，最终建议"重报"。在世界遗产委员会审议中，西班牙、澳大利亚、匈牙利等大部分委员会成员国都认为，该提名作为萨珊王朝的诞生地和王朝权力的象征，具有重要突出的历史见证价值，同时也是独特的考古遗址景观，对填补《世界遗产名录》文化主题和地区空白有所帮助，一致同意将重报决议更改为入选。最终，法尔斯地区的萨珊王朝考古景观以标准（ⅱ）（ⅲ）（ⅴ）入选名录。

在委员会与专业咨询机构意见背离的讨论中，专业咨询机构建议不予入选的项目成为关注的焦点。被专业咨询机构评定为不予入选的项目，一般是专业咨询机构认为通过比较研究的结果或物质遗存无法论证遗产项目满足任何一条突出的全人类价值标准，即遗产价值本身受到质疑，是价值代表性或突出性不足的项目。将这样价值未得到专业咨询机构认可的项目选入名录，被认为是无视专业技术意见的表现，将威胁到《世界遗产名录》的可信度。

资料整理来源：清源文化遗产. 第42届遗产大会申报审议热点（6月30日）及"世界遗产保护近期趋势——学术观点研讨"边会快讯[EB/OL].[2018-07-01]. https://www.sohu.com/a/238737587_170361.

二、世界遗产预审评估

为了提高世界遗产申报评估机制的效率；加强缔约国和专业咨询机构——国际古迹遗址理事会及世界自然保护联盟——之间的交流对话；推动申报项目

质量的提升，世界遗产委员会于 2021 年提出了世界遗产预审评估程序。申报名额限制和优先性原则同样适用于预审评估。每个缔约国每年仅能提交 1 个预审项目，跨国预审项目占用其中一国名额，世界遗产中心每年接受 35 项预审，超过 35 项将以《操作指南》中规定的优先性原则进行项目筛选。

每个正式申报项目都须经过预审评估和正式申报评估"两阶段"才能成功。新规则将从 2027 年 2 月 1 日后强制执行。即 2022 年—2025 年，每年世界遗产大会上审议的项目按照现有流程，不需要预审；2026 年—2028 年为过渡期，每年世界遗产大会上审议的项目可以走预审，也可以按照现有流程；2029 年及之后，世界遗产大会上审议的新项目都要先走预审评估。

预审评估的对象仅针对已列入预备名单一年以上的项目。预审评估文本需要包括：遗产认定；遗产描述；遗产价值；完整性；真实性（仅针对文化遗产项目）；比较研究框架；保护和管理；负责官方机构的联系信息等内容。预审评估申请可随时撤回。

承担预审评估的专业咨询机构仍为国际古迹遗址理事会（主要负责文化遗产）和世界自然保护联盟（主要负责自然遗产）。预审评估将以书面评估形式展开，不开展现场考察，评估重点关注遗产地潜在的突出的全人类价值、真实性与完整性。

预审评估结果主要针对申报项目是否具有潜在突出的全人类价值，并对申报准备工作予以建议。其结果暂时不予公开，仅告知申报国，由申报国最终确定遗产地是否进行正式申报。如果该项目进入正式申报程序，预评估结果将作为正式申报文件的附件，供专业咨询机构和世界遗产委员会参考。预审评估结果五年有效，如果项目在得到结果后第五年的 2 月 1 日前没有正式申报，则需重新预审。

加入预审评估后"最短"的申报程序周期（不包括预备名录）从以前的约一年半增加至约三年九个月。时间拉长后，虽然有助于加强申报国与专业咨询机构之间的对话，但客观上也会增加时间与资金方面的投入。

 导入案例

申遗增加预审程序，中国如何应对？

假设我国 2022 年 9 月 15 日前提交"辽代木构建筑"预审评估申报文件至世界遗产中心；10 月 15 日前世界遗产中心会告知相关文件是否完整，如完

整，专业咨询机构将进行书面评估，2023 年 10 月 1 日前，专业咨询机构将反馈评估意见，这个结果暂不公开发布，只会告知中国。我国可以在 2024 年 2 月 1 日之后至 2028 年 2 月 1 日四年内的任意一年选择正式申报，即占用从 2026 年—2029 年其中某一年世界遗产大会上的一个名额。因为预审评估和正式申报之间需要间隔十二个月以上，所以 2024 年 2 月 1 日前不能申报，最快就是 2025 年 1 月 31 日（因 2025 年 2 月 1 日为周六，所以截止日期提前至 1 月 31 日周五）前正式申报，才有可能在 2026 年的世界遗产大会上申遗成功。而预审的评估结果有效期只有五年，辽代木构建筑最晚必须在 2028 年 2 月 1 日前正式申报，2029 年世界遗产大会上审议。一旦错过有效期，申报就需要重新走预审，按照上面的流程重复一遍。

即使专业咨询机构的预审评估意见认为辽代木构建筑不具备潜在突出的全人类价值，理论上，我国还是可以选择正式申报辽代木构建筑。如果辽代木构建筑进入正式申报程序，此前预评估结果将作为正式申报文件的附件公开发布以供各方参考。

资料整理来源：唐志强，郭洋. 申报世遗门槛提高 中国如何应对[EB/OL]. [2015-07-07]. http://www. xinhuanet. com//world/2015-07/07/c ＿ 127993406 ＿ 3. htm? prolongation=1.

三、世界遗产预备名录申报

《预备名录》是缔约国认为其境内符合申报世界遗产条件的遗产的详细目录。缔约国应在《预备名录》中列出该国未来几年内要申报的，认为具有潜在突出的全人类价值的文化遗产和自然遗产的详细信息。如果缔约国提交申报的遗产未曾入选该国的《预备名录》，委员会将不予考虑。

世界遗产委员会鼓励缔约国在各利益相关方的广泛参与下编制其《预备名录》，利益相关方包括遗产地管理人员、当地政府、当地社区、非政府组织以及其他相关机构。如果遗产对当地居民的土地、领土或资源造成影响，缔约国应当通过当地居民的代表机构与之进行磋商，并与之真诚合作，以便在遗产入选《预备名录》之前，获得他们自愿的、事先的、知情的同意。

缔约国呈报《预备名录》至世界遗产中心的时间应比正式申报早至少一年。委员会鼓励缔约国至少每十年重新编制和递交其《预备名录》。缔约国需要采用附件 2A 及附件 2B（用于未来跨国及跨境遗产的申报）所示的标准格式递交英文或法语的《预备名录》，包括遗产名称、地理位置、简短描述以及其具有突出的全人类价值的陈述。

缔约国应将已签名的完整《预备名录》原件递交至法国巴黎联合国教科文组织世界遗产中心。收到缔约国提交的《预备名录》后，世界遗产中心将检查文件是否符合附件的要求，如果认为不符合，会将文件退回缔约国。如果所有信息均已提供，世界遗产中心会将《预备名录》登记并转呈相关咨询机构，每年都要向委员会递交所有《预备名录》的概要。世界遗产中心与相关缔约国协商后，更新其记录，将《预备名录》上已入选《世界遗产名录》和已否决入选的遗产项目删除。

缔约国提交的《预备名录》将由世界遗产中心发布在其官网上和工作文件中，以确保信息公开透明，有助于促进缔约国之间的和谐。

各国《预备名录》的内容由涉及的缔约国全权负责。《预备名录》的公开发表不意味着世界遗产委员会或世界遗产中心或联合国教科文秘书处就任何国家、领土、城市或地区或其边界的任何有意见和立场。

知识链接

《中国世界文化遗产预备名单》启动更新

2023年，我国国家文物局印发通知，启动《中国世界文化遗产预备名单》更新工作。本次工作将完善预备名单动态管理机制、预备项目培育工作机制，建立近期申报世界文化遗产预备项目梯队，提炼展示中华文明的精神标识和文化精髓，增强中华文明传播力、影响力。

据介绍，预备项目将向遗产类型较为稀缺以及跨省份、跨国联合申报世界文化遗产项目适当倾斜，并统筹考虑申报项目在保护、管理、研究、展示、利用等方面的工作基础。

通知提出，本次工作采取各地自主申报、逐级遴选、专业评审的方式实施。为规范申报工作，国家文物局制作了《中国世界文化遗产预备名单项目申请表》及填报说明。市（县）人民政府作为申报主体，负责填报申请表。省级文物行政部门负责初审遴选，形成推荐名单并上报。省级推荐项目数量原则上不超过2项。跨省份、跨国联合申遗项目不受数量限制，同时需要说明工作协调机制建立、运行等情况。

据悉，国家文物局将根据各地申报材料，综合考虑省级文物行政部门推荐和专家评审意见，更新发布《中国世界文化遗产预备名单》。

资料整理来源：赵晓霞.《中国世界文化遗产预备名单》启动更新[EB/OL].［2023-04-11］. http://www.xinhuanet.com/culture/20230411/4ea15c52236e4143bfab8c897e259c31/c.html.

四、全球重要农业文化遗产申报

（一）准备和提交提案

联合国粮食及农业组织成员国或其他各利益相关方可以在相关区域有效参与及其事先知情同意的情况下，编制提名全球重要农业文化遗产提案，即GIAHS提案。编制提案的费用应由申请人承担。世界遗产中心是了解全球潜在重要农业文化遗产提案的规则、程序和指导原则有关信息的第一入口。

提案应通过适当的政府渠道或国家委员会（如有）提交给世界遗产中心。提案应清楚地解释在拟议遗产地中表现出显著特征的农业实践方式和系统的独特性质和具体特征，包括但不限于：（ⅰ）粮食和生计安全；（ⅱ）农业生物多样性；（ⅲ）当地和传统知识系统；（ⅳ）文化、价值体系和社会组织；（ⅴ）陆地及海洋景观特征。

（二）接收和筛选提案

世界遗产中心接收提案并通过书面通知确认收到提案，然后检查提案，以验证提案符合相关要求，也可要求申请人修改提案，以符合要求或提供进一步信息。如果提案符合相关要求，世界遗产中心则将提交科学咨询小组进行评估。

（三）科学咨询小组评估和认定

科学咨询小组根据对提案的审查和专家对拟议遗产地的考察结果，起草一份评价报告。

现场考察由科学咨询小组指定的专家进行，由申请人提供便利和支持。现场考察应包括当地的参与。科学咨询小组可能会要求提供额外的信息来澄清提案中的疑点，并可能会向申请人提出修改后重新提交的建议。

科学咨询小组可以做出以下三种决策之一：认定遗产地；要求申请人修改后重新提交提案；通知申请人提案未获通过。

从科学咨询小组接收申请到决定的过程最好不要超过十二个月。科学咨询小组也可以制定其议事规则、指导方针和评价方法。

（四）认证与登记

遗产地的认定应通过颁发由联合国粮食及农业组织总干事签署的证书加以认证。

遗产地的认定也应记录在全球重要农业文化遗产系统登记册中，并在该系统的网站上公布。

（五）监测和评价

已认定遗产地的成员国应监测动态保护行动计划的落实进展情况，并向世界遗产中心定期报告监测的结果。监测评价标准应由科学咨询小组制定，该标准应考虑到发展中国家的能力和可行性。

第三节　世界遗产申报趋势

在全球范围内，随着世界遗产申报趋势的持续升温，影响申遗成败的因素变得更加复杂。世界遗产申报的成败，除了取决于遗产自身的突出的全人类价值、保护管理状况、可持续性等因素之外，还受到申报程序以及各国遗产保护管理体制、世界遗产代表性和平衡性等诸多因素的影响。

一、世界遗产全球战略

1994 年，世界遗产委员会发布了全球战略，旨在建立起一个具有代表性的、平衡的、可信的《世界遗产名录》。其基本目标有两个：①增强"具有突出的全人类价值"世界遗产种类的代表性；②保障世界遗产在全球各地区及各国的均衡分布，保证这个名录反映具有突出的全人类价值的世界文化遗产和自然遗产的多样性。2005 年 2 月，世界遗产委员会在《操作指南》中明确提出构建具有代表性、平衡性、可信的《世界遗产名录》的全球战略。

世界遗产全球战略希望通过识别《世界遗产名录》上代表性低的地区、类型、文化、时代和主题，纠正存在的不平衡问题，并协助缔约国都能有自己的世界遗产。因此，如果是目前还没有世界遗产的申报国，即使项目在专业咨询机构的评估中并未建议入选，在大会审议时还是会获得较宽容的处理。历年来首次申报世界遗产的国家几乎都较能顺利通过。

联合国教科文组织于 1989 年推出非洲优先计划，随后《2012—2022 年〈世界遗产公约〉实施战略行动计划》更将"非洲优先"作为实施世界遗产全球战略的重要措施。联合国《2030 年可持续发展议程》和非洲联盟《2063 年议程：我们希望的非洲》的通过，也为非洲世界遗产发展奠定了基础。虽然非洲地区世界遗产的代表性并未得到显著增强，保护管理状况亦未得到显著改善，但非洲在应对这些困难的过程中，世界遗产突出的全人类价值得到保护、当地的福祉得到了提升。

虽然世界遗产委员会制定的入选《世界遗产名录》的标准是客观、可靠的，但由于不同国家对遗产的珍视、保护程度以及在参与国际行动的积极性上存在很大差异，使得世界遗产的分布存在不均衡性。世界遗产委员会发布的世界遗产全球战略，积极引导传统文化景观以及草原、湿地、苔原、寒漠和微型岛屿类遗产的申报。2000 年又通过《凯恩斯决议》，规定在《世界遗产名录》中已有项目的缔约国以后每年申报不超过 1 项，而没有项目的缔约国可以申报 2-3 项。

近十年来，加入《世界遗产公约》的东欧、中亚、东南亚、非洲、阿拉伯国家，以及加勒比海和太平洋岛国迅速增加，但《实施全球战略的外部评估报告》（2011 年）梳理了 2012—2019 年世界遗产的申报评估情况，指出《世界遗产名录》区域平衡性问题未能缓解，并建议世界遗产申报应聚焦于最杰出的遗产，从区域和主题角度构想新的认定与保护标准。

全球战略的实施主要依靠地区和国际会议、专题研究的结果，鼓励各国扩展、更新预备名录，优选代表性遗产不足的地区的提名。近年来，文化景观类的世界遗产提名逐年增加，这一概念是成功推广全球战略的范例，同时在提高世界遗产的地区均衡性方面也作出了一定贡献。

二、世界遗产申报限额政策

2021 版《操作指南》对《世界遗产名录》《濒危世界遗产名录》的建立和管理等内容，都作了明确的规定。其中，第六十一条重申了"一国一年一项"的提名限制，并且提出了每年申报项目总数从 45 项降至 35 项的限制要求，再次明确指出"该决议实施的影响将在 2022 年第 46 届大会上评估"。这是为了达成"全球战略"的相关规定，这项限制从 2000 年《凯恩斯决议》开始，屡有修订。

《凯恩斯决议》是 2000 年在澳大利亚凯恩斯召开的第 24 届世界遗产委员会会议上提出的，旨在改善《世界遗产名录》的代表性和平衡性，以及控制世界遗产委员会每年审议的新申报项目数。其核心内容是：限制已有较多世界遗产的国家申报数，一年只能申报一项；对没有世界遗产项目的缔约国的申报给予特别支持。这项决议的试行期为两年。时隔四年之后，包括中国在内的许多国家的专家都认为，这一决定并不能有效解决《世界遗产名录》的代表性和平衡性问题，它不利于对更多的世界遗产的保护工作。

2004 年，第 28 届世界遗产委员会对该决议进行了修订，指出"从 2006 年起，缔约国每年可申报两项世界遗产，提名总数方面亦作出增加，由 30 个改为 45 个，其中必须有一项是自然遗产，没有遗产入选《世界遗产名录》的缔约国可以申报 2—3 项"。大会通过了《苏州决议》，以此作为对《凯恩斯决议》的重要修订。根据《苏州决议》，从 2006 年起《世界遗产公约》的每个缔约国每年可至多申报两项世界遗产，其中至少有一项是自然遗产。世界遗产委员会每年受理的世界遗产申报数将增加到 45 个，包括往届会议推迟审议的项目、扩展项目、跨国联合申报项目和紧急申报项目。这一修订仍然是一个"试验性和过渡性"的措施。

最新的规定是在 2016 年通过并在 2018 年实施的："每一个国家每年仅能申报一个项目。"但稀缺的名额似乎更加刺激了缔约国成功申报的决心，许多缔约国往往花费更多的人力、物力和时间来准备遗产申报。此外，为了防止《世界遗产名录》无限扩张及降低审议难度，对每年受理的申报提案进行总量限制，上会审议的数量下降到 35 个。如果总申报数超过 35 个，没有世界遗产的国家，世界遗产数量在三项以下的国家，自然遗产、混合遗产，以及跨国遗产等将作为优先审议对象。

三、世界遗产重点关注类型

世界遗产的平衡性发展问题成为国际关注的焦点，世界遗产委员会大力提倡、鼓励遗产种类的多样化以及保证其平衡性。平衡性包括地区平衡、数量平衡、种类平衡。如 2004 年的苏州会议提出，到 2007 年以前，至少使所有缔约国中，缺乏代表性遗产和没有世界遗产的国家数量减少 30%，同时使濒危世界遗产的数量至少减少 20%。在世界文化遗产中，工业遗产、农业遗产、廊道遗产、文化线路、文化景观、跨国项目等成为世界遗产领域提倡并重点支持的项目。此外，公海遗产、近现代遗产等逐渐进入世界遗产的视野之中，成为新的申报趋势。

从《世界遗产公约》通过之日起，世界遗产委员会就一直强调自然与文化遗产保护的结合，推崇"自然与人类联合的工程"，文化景观、混合遗产、文化线路、历史性城镇景观等理念的提出，都充分体现了联合国教科文组织对自然与文化遗产结合的重视，以及文化和生物多样性保护的重视，这也是未来申报关注的重点。

联合国教科文组织在文化领域还有其他文化公约，如2003年的非物质文化遗产公约，2005年的保护文化表达多样性公约等。这些公约之间的互动、强强结合也将是世界遗产未来申报关注的重点，如物质文化遗产、非物质文化遗产、博物馆等多种形式的文化遗产保护和传承共生共融、有机结合，也是需要关注的趋势。

《世界遗产公约》作为与生物多样性保护相关的公约之一，加强各个公约之间的协调与合作，推动能力建设、发展共赢机制，也是国际社会正在努力的目标。例如2021年世界遗产大会通过的《福州宣言》，倡导遗产保护关注生物多样性丧失、生态系统退化、气候变化带来的一些负面影响，强调采取综合性的方法保护自然和文化遗产地，促进人与自然的和谐发展。

四、世界遗产的申报策略

（一）对遗产价值进行深入比较研究

《世界遗产名录》从1976年建立发展到今天，它所刻意关注的遗产目标已经发生了一些变化。一是随着世界遗产总数的不断增加，国际社会审视遗产的眼光越来越挑剔，因此要申报的项目必须是在世界范围内公认的、具有突出的全人类价值的项目。二是"凯恩斯-苏州"决议之后，为了使世界遗产的分布更具有平衡性，要求有20项以上遗产的4个国家少报或暂停申报，同时规定1个国家每年只能申报1个世界文化遗产。

近年来，世界遗产的概念与实践在不断发展，《奈良文件》确认了世界遗产对多元文化的尊重，2000年的《凯恩斯决议》提出新的提名政策并经由《苏州决议》部分修正后落实执行，以期贯彻世界遗产全球均衡战略，追求世界遗产所应具备的全球代表性和平衡性。甄选世界遗产时，要对真实性、完整性的原则进行认真把握。遗产地本身环境及其周边环境将会是未来遗产申报中最为关注的问题。

（二）对世界遗产的定义、标准及趋势进行认真研究

目前，世界遗产的申报和审定规则的变化，主要体现在两个方面：一方面是日益重视更具特质的遗产，如人类起源遗产、神秘遗产等。这些遗产虽然现在不能完全获知其来龙去脉，但因具有的特殊意义，能为一种已消逝的文明或文化传统提供一种独特的、至少是特殊的见证。另一方面是更关注一些新的遗产项目，如手工业遗产、线性遗产、文化景观等，特别是文化景观遗产越来越多地受到《世界遗产名录》的青睐。文化景观体现的是人与自然和谐共处的关系，它符合当代人的审美取向，与单纯的主要以考古、建筑物、遗迹构成的文化遗产相比，文化景观代表着人们对所生活世界认知的一种进步。

世界遗产申报方式已日渐多元化，具体表现为边界调整、扩展申遗、联合申遗、跨国申遗等项目逐渐增多。以遗产扩展项目和遗产边界变更的方式申报遗产，可以为遗产争取更大的空间发展尺度。边界的细微调整不占用缔约国一年一项的新申报项目指标，在征询专业咨询机构意见之后，委员会可在当年的世界遗产大会上批准该申请。系列遗产的申报，或原有的世界遗产申请拓展成为系列遗产，需占用缔约国一年一项的新申报项目指标，但可在一项指标中同时包含多个遗产组成部分，这也是应对当前遗产申报数量限制的途径之一。跨境遗产是近年来委员会和专业咨询机构倾向于支持的申报类型，旨在鼓励国家及地区间的深度合作。

知识链接

世界遗产保护的近期发展趋势

1. 世界遗产与可持续发展

联合国的《2030年可持续发展议程》连同其17个可持续发展目标和169个具体目标，构成了一个主要的政策框架，勾勒出更美好的未来愿景。通过让多层次的利益相关方——从政府、当地居民、民间组织、私营部门、高等院校到个人参与世界遗产的保护，以便更有力地促进可持续发展，从根本上关注世界遗产对可持续发展的贡献和引领作用。这些趋势也凸显二类机构参与世界遗产保护的重要性。《世界遗产公约》和《2030可持续发展议程》的关系是非常密切的，除了直接相关的第十一个目标，其他的主要目标也和世界遗产的保护相呼应。

2. 物质遗产和非物质融合、与其他文化公约互动

世界遗产保护发展趋势变化体现在物质遗产与非物质遗产之间，建立平衡、合理的包容性。例如，丽江古城是物质遗产，和丽江相关联的东巴文化又是非物质遗产，两者之间怎么互动？苏州古典园林是物质遗产，昆曲又是非物质遗产，这两者之间有没有关联？菲律宾"科迪勒拉山区的水稻梯田"中"伊富高（ifugao）人的哈德哈德圣歌"也入选了联合国教科文组织非物质文化遗产代表作名录，摩洛哥"马拉柯什的阿拉伯人聚居区"世界文化遗产又关联到"雅玛埃尔法那广场文化空间"非物质文化遗产，这些将来遗产的保护工作能怎样合作互动？

除了物质与非物质外，世界遗产与其他公约的联系与互动也值得关注。例如 2005 年《保护和促进文化表达多样性公约》所倡导的文化创意和文化产业应该如何与世界遗产保护相互补充，我们应该如何实现一种整体的遗产保护方案？在力求建立平衡的、具有代表性和可信的《世界遗产名录》的同时，是否需要考虑文化和生物多样性在不同历史、地理和自然条件下有不同的表现形式？

3. 对于城市遗产保护的关注

世界城市遗产项目是世界遗产委员会于 2001 年正式批准的六个专题计划之一。该项目分两个部分进行：一是发展城市遗产保护的理论框架，二是向缔约国提供培训和技术援助，以推广新遗产相关的方法和计划。事实上，入选《世界遗产名录》的文化遗产中有 70% 以上位于城市。近几十年来，从快速的城市化发展到气候变化和全球冲突，城市遗产正受到更多威胁。影响城市遗产的主要因素是管理计划不足、旅游开发过于迅猛以及法律法规不到位等。这些威胁不仅影响历史城市的建筑结构，而且影响其精神面貌。

自 2005 年起，在联合国教科文组织的协调下开启了历史性城镇景观项目行动。这是一个对现有的文化遗产保护国际准则文件进行审议和更新的过程，希望能找到一种适用于所有具有遗产价值城市的解决方法。2011 年《关于历史性城镇景观建议书》获联合国教科文组织第 36 届大会通过，该建议书也成为联合国各成员国在自愿基础上实施的"软性法律"。联合国教科文组织邀请会员国将保护和管理城市遗产的新方法纳入当下人类社会的机构组织和法律机制之内，在城市环境中保护文化遗产和自然遗产。它还鼓励会员国使用历史性城镇景观保护方法，将文化遗产纳入城市发展的战略和政策，同时采用这种整体方法时应兼顾不同文化背景的价值和传统。管理变化中的城市遗产是有意义的，但同样具有挑战性，因为既需要保护遗产价值，又要改善居住在这些城市

及其周围地区的人们的生活质量。历史性城镇景观项目行动的实施促进了城市遗产保护新政策的制定，并强调了以文化遗产为中心的发展理念。

4. 和其他生物多样性保护公约合作

《世界遗产公约》也是国际社会商定的 8 个生物多样性相关公约之一。除了之前提到的其他文化公约，《世界遗产公约》也与其他生物多样性保护公约，如《生物多样性公约》《湿地公约》《保护野生动物迁徙物种公约》等都有着密切的联系与合作。

5. 和气候变化联系

在气候变化的全球背景下，世界遗产委员会于 2007 年通过政策文件，希望建立世界遗产保护与《巴黎协定》之间的密切联系；自 2015 年以来，世界遗产委员会重视缔约国开展、落实《巴黎协定》的宏伟目标，减轻气候变化带来的风险，通过保护具有气候变化重要性的遗产（如海洋遗产），达到解决人类面临的全球共同挑战的目的。

资料整理来源：清源文化遗产.【讲堂实录】第 18 期：世界遗产保护的近期发展趋势｜景峰［EB/OL］.［2019 − 08 − 12］. https://mp. weixin. qq. com/s/k7x9GgIz − WvthXhuxyOcZg.

第四节　世界遗产监测与评估

监测与评估是《世界遗产公约》的重要内容，也是提升世界遗产管理水平的重要途径。1972 年，通过的《世界遗产公约》第二十九条规定："缔约国对世界遗产地的保护状况定期进行专业检查、审议和评估，并向世界遗产委员会提出详尽的报告。" 1994 年，世界遗产委员会修订的《操作指南》首次将"监测《世界遗产名录》内遗产的保护状况"明确列为世界遗产委员会的四大职责之一。1996 年，世界遗产委员会在《操作指南》中提出对"《世界遗产名录》内遗产保护监测"，明确要求缔约国政府开展系统的世界遗产监测工作，将监测作为日常保护管理的一项重要内容，且每五年（从 1998 年版《操作指南》开始，将定期报告的周期调整为每六年一次）通过世界遗产中心向世界遗产委员会定期递交本国世界遗产保护状况报告。对于出现威胁世界遗产保护的情况，世界遗产委员会将开展反应性监测。在 1997 年版的《操作指南》中，世界遗产委员会首次将监测列为世界遗产申报文本的内容。此后，在世界遗产委员会《操作指南》的历次修订中，均不断强化对监测工作的要求。

监测将反映出缔约国的遗产保护水平，关系到遗产所在地及其主权国的国际形象。建立完整的监测体系意味着缔约国认真承担国际义务，通过经常的检查、评议，随时解决问题，协调矛盾，以保障本国世界遗产持续、永久的保存。监测也意味着国际社会的合作和监督，意味着主权国不再仅仅把本国的世界遗产当作本国的遗产，而是尊重它的国际地位，接受国际公认的保护准则，承担对全人类所肩负的神圣使命。

监测和评估是世界遗产保护管理的重要手段，尤其是世界遗产可信度建设的重要保障。随着"系统性监测"需求的提出，以及"年度报告和定期评估机制"的实施，监测工作逐渐受到遗产地各利益相关方的重视。

一、世界遗产系统性监测

系统性监测是指由世界遗产地主权国每年主动进行的检查和评估工作，又称日常监测。如果主权国愿意，也可以邀请其他方面的专家做顾问。《操作指南》要求，缔约国每六年要向世界遗产委员会提交一份报告，就本国世界遗产保护状况作出详尽说明，还要求遗产地的管理者要对包括遗产的保存状况、主客观条件在内的，一些重大举措的性质、内容及后果等做出逐年、逐月甚至逐日的记录与说明。世界遗产委员会将根据情况报告提前一年决定把哪一个地区或哪一个国家的问题提交下一次会议讨论和审议。

世界遗产中心作为世界遗产委员会的秘书处将为这一工作准备详尽的资料和文件，并协调专业咨询活动。为便于世界遗产委员会及世界遗产中心更有效地开展工作，提交报告将尽可能分地区进行，把任务和责任首先落实到各个地区，世界遗产中心已设立了挪威办事处、亚太地区办事处。系统监测要达到的目标，对遗产地来说，就是提高管理水平，有超前的、稳妥的规划，尽可能减少迫不得已的紧急干预，以及通过预防措施尽可能减少不得不付出的代价；对缔约国政府来说，是要提高宏观政策水平和管理规划水平，提高管理与预防性保护水平；对世界各地区来说，如北欧、亚太地区，是针对其具体的、特殊的需要，从政策到具体项目都能更好地开展国际合作。

二、世界遗产反应性监测

在1994年的《操作指南》中，世界遗产委员会首次对反应性监测进行了定义。反应性监测是由世界遗产中心、联合国教科文组织的其他组织和咨询机构向世界遗产委员会就正遭受威胁的、特殊的世界遗产地保护状况的情况进行报告。

反应性监测是一种由外向内的监督机制，是一个由世界遗产中心、联合国教科文组织和专业咨询机构向遗产地发出情况征询，并尽可能派遣专家实地调查，形成报告提交给世界遗产委员会，由委员会形成整改意见，然后遗产地主权国家将整改情况向委员会进行反馈，委员会再作审议的反复过程。对缔约国来说，反应性监测实际上是一种被动监测。反应性监测的结果有可能促成为改善某一世界遗产地保护状况而进行的国际合作，但若整改结果仍未得到世界遗产委员会认可，也有可能导致委员会将某一遗产地选入《濒危世界遗产名录》，或将某一遗产地从《世界遗产名录》中删除。

目前反应性监测制度得到广大缔约国的重视和认同，该工作实际上已经成为世界遗产中心、相关咨询机构和世界遗产委员会一项十分重要的工作内容。

三、世界遗产定期报告

定期报告是一个周期性的监测世界遗产的方式。定期报告机制是第 11 届《世界遗产公约》缔约国全体大会和第 29 届联合国教科文组织大会决议规定的制度。它要求缔约国经由世界遗产委员会将其"为实施《世界遗产公约》而通过的法律和行政条款、采取的其他行动以及其领土内世界遗产的保护状况的报告"提交至联合国教科文组织大会。

（一）定期报告的目的

①评估缔约国《世界遗产公约》的执行情况；

②评估《世界遗产名录》内遗产的突出的全人类价值是否得到长期的保持；

③提供世界遗产的相关更新信息，记录遗产所处环境和保护状况的变化；

④就《世界遗产公约》实施及世界遗产保护事宜，为缔约国建构一种区域间合作以及信息分享、经验交流的机制。

（二）定期报告的程序

为了更好地实施定期报告制度，世界遗产委员会通过了报告的程序和格式，要求缔约国每六年提交一次定期报告，并按照阿拉伯地区、非洲地区、亚太地区、南美洲和加勒比海地区，以及欧洲和北美洲地区五大片区进行审议。

2003 年—2012 年，世界遗产委员会展开了两轮亚太地区的定期报告。2020年，亚太地区第三轮定期报告工作正式拉开帷幕。

（三）定期报告的格式

第一部分包括缔约国通过的法律和行政条款，为执行《世界遗产公约》采取的其他行动，以及在这一领域获得的相关经验的详细内容，特别是与《世界遗产公约》中具体条款所规定义务的相关情况。

第二部分阐述在缔约国领土内特定世界遗产的保护状况。本部分应完整说明每处世界遗产的情况。

（四）定期报告的作用

世界遗产委员会根据定期报告对遗产地保护状况作出评定，包括肯定与鼓励、情况通报、建议国际援助或合作，或把保护状况存在严重问题的世界遗产地选入《濒危世界遗产名录》等。

定期报告作为一种培训和沟通的工具，不仅能采集信息，提升能力建设，同时也能传播遗产知识、政策、技术方法，因为配合报告问卷还有详细的解释说明，成系统的工作手册、培训教材，以及结合填报的一系列培训交流活动。

定期报告具有制定计划、周期性回顾和更新计划的作用。定期报告的重要成果，是基于报告数据分析而制订的行动计划。由定期报告可以梳理出价值特征载体认定、保存状况评估、影响因素评估，便于结合目标制定行动计划。这并不是一般的按照近中远期制定的保护规划或者是简单的任务列表，而是将任务分主题按层次逐一落实细化的行动框架。

定期报告是《世界遗产公约》实施的重要工具，也是一种全球治理的重要工具。定期报告有助于缔约国在遗产领域更积极地参与全球治理，学习借鉴国际经验，同时输出自己的智慧，贡献自己的力量。

（五）定期报告的挑战

系统地回顾定期报告的三次发展，可以看到各方面的完善过程和背后的努力，但它仍面临很多艰巨的挑战。

①推动以价值为核心的工作逻辑，通过定期报告落实遗产地价值特征载体，仍然任重道远。遗产地价值特征载体的认定是否准确、是否充分，都会对世界遗产资源是否得到充分保护产生直接影响，而相关的案例分析和技术指南目前都有欠缺。对遗产地缔约国提交报告的判定也将是一项艰巨挑战。

②对很多缔约国、遗产地管理机构来说，近十年跨度往往意味着管理人员的新老更替甚至管理机构的变更。如果本身尚未建立完善的监测体系，管理目

标和管理方式屡经变化，甚至对遗产价值特征要素的认定都尚不清晰，将很难保证多轮定期报告提供的信息数据在评估视角、逻辑和数据来源依据等方面的一致性。处理不当，必然会影响下一轮未来十年数据的可信度。

③在定期报告机制背后，世界遗产项目的初心与实际动力之间在内在机制上有一定的自我矛盾，使得不均衡问题依然突出。一如名录在地区上的不平衡，长期没有明显改善一样。定期报告取得应有成效的背后，是对问题的认知和分析能力、机制创新的想象力、技术的解决能力、更有执行力的组织协调与合作能力的有效检验。除去专家或机构个体层面的贡献外，欧洲地区在这方面总是发挥着主导、引领和示范作用。对这一越来越庞大，越来越专业化、复杂化的系统项目来说，试图推进发展对其进行改进提升的意愿越强烈越急切，真正能提供有效及时支持的动力就越会来自于发展业已成熟并拥有丰富技术资源的地区，地区间的不平衡性就可能越大。

知识链接

中国积极完成世界遗产定期报告工作

我国自 1985 年加入《世界遗产公约》后，参加了亚太地区的第一轮定期报告（2003 年）和第二轮定期报告（2012 年）的编制。

在第一轮定期报告编制期间，我国组织专家对部分遗产地的保护状况进行了实地考察，对存在的问题采取了有针对性的措施，并将相关情况报与世界遗产中心。2000 年，我国通过了《中国文物古迹保护准则》（以下简称《准则》）。在此之前，《世界遗产公约》在文化遗产保护中所依据的《威尼斯宪章》代表的国际文物保护原则，与我国的专门法律所规定的不改变文物原状的基本原则之间存在观念上的差异，如何将国际理念在我国的法律框架下付诸实践是我国世界文化遗产保护面临的挑战。《准则》的出台解决了这一问题，将国际保护理论、我国的保护传统与实践进行了连接，为我国的保护实践，特别是世界文化遗产保护方面，提供了切实可行的行动框架。这一内容在 2003 年出版的亚太地区第一轮定期报告中得到了充分的表述。

在 2012 年结束的第二轮定期报告中，我国对此前成功入选《世界遗产名录》的全部 29 处文化遗产中 28 处的保护状况进行了评估（部分保护状况见表2-1），同时借助国家文物局委托相关机构开展了一系列培训，以全面提高遗产地的保护管理水平。在这期间，我国还编制完成了对全部 29 处遗产地回顾性突出的全人类价值的陈述和 11 处回顾性档案的提交，这一系列的活动都对我国遗产地的保护管理产生了积极影响，全面地摸查了遗产地的保存状况，为保护工作指明了方向。

表 2-1 中国部分世界遗产地保护状况报告所述威胁一览表

(1) 明清皇宫

威胁类型	出现次数/SOC 报告次数	主要问题
[1]	10/7	住房
[2]	6/7	旅游业/游客/娱乐业的冲击
[4]	8/7	管理系统/管理规划
[5]	2/7	——

1994 年

空气污染 [1]

(污染物的) 侵蚀与淤积/沉积 [1]

2003 年

商业发展 [2]

住房 (特别是南池子改造) [1]

当地人口和社区的身份、社会凝聚力及其变化 [5]

旅游业/游客/娱乐业的冲击 [2]

主要设备线路 [1]

管理行为 [4]

2004 年

交通基础设施利用带来的影响 [1]

住房 [1]

管理行为 [4]

管理系统/管理规划 [4]

2005 年

住房 [1]

旅游业/游客/娱乐业的冲击 [2]

法律框架 [4]

管理系统/管理规划 [4]

2006 年

住房 [1]

旅游业/游客/娱乐业的冲击 [2]

法律框架 [4]

管理系统/管理规划 [4]

2007 年

住房 [1]

旅游业/游客/娱乐业的冲击 [2]

管理系统/管理规划 [4]

2009 年

住房 [1]

旅游业/游客/娱乐业的冲击 [2]

其他威胁：缺乏文献资料和清晰系统的原则以指导保护工作 [5]

（2）武当山古建筑群

威胁类型	出现次数/SOC 报告次数	主要问题
[2]	1/5	——
[4]	6/5	管理系统/管理规划
[5]	2/5	火灾

1998 年

管理系统/管理规划 [4]

2003 年

管理系统/管理规划 [4]

其他威胁：火灾 [5]

2004 年

火灾（山野大火）[5]

非法活动 [2]

管理系统/管理规划 [4]

2013 年

管理行为 [4]

2014 年

管理行为 [4]

管理系统/管理规划 [4]

(3) 拉萨布达拉宫历史建筑群

威胁类型	出现次数/SOC 报告次数	主要问题
[1]	27/14	住房、主要的游客食宿及相关设施
[2]	10/14	仪式/精神/宗教和相关使用
[3]	10/14	相对湿度
[4]	22/14	管理行为、管理系统/管理规划
[5]	9/14	对遗产的有意破坏

1996 年

对遗产的有意破坏 [5]

住房 [1]

主要的游客食宿及相关设施 [1]

管理行为 [4]

管理系统/管理规划 [4]

相对湿度 [3]

仪式/精神/宗教和相关使用 [2]

1998 年

对遗产的有意破坏 [5]

住房 [1]

主要的游客食宿及相关设施 [1]

管理行为 [4]

管理系统/管理规划 [4]

相对湿度 [3]

仪式/精神/宗教和相关使用 [2]

1999 年

对遗产的有意破坏 [5]

住房 [1]

主要的游客食宿及相关设施 [1]

管理行为 [4]

管理系统/管理规划 [4]

相对湿度 [3]

仪式/精神/宗教和相关使用〔2〕

2000 年

对遗产的有意破坏〔5〕

住房〔1〕

主要的游客食宿及相关设施〔1〕

管理行为〔4〕

管理系统/管理规划〔4〕

相对湿度〔3〕

仪式/精神/宗教和相关使用〔2〕

2001 年

对遗产的有意破坏〔5〕

住房〔1〕

主要的游客食宿及相关设施〔1〕

管理行为〔4〕

管理系统/管理规划〔4〕

相对湿度〔3〕

仪式/精神/宗教和相关使用〔2〕

水（雨水/地下水位）〔3〕

2002 年

对遗产的有意破坏〔5〕

住房〔1〕

主要的游客食宿及相关设施〔1〕

管理行为〔4〕

管理系统/管理规划〔4〕

相对湿度〔3〕

仪式/精神/宗教和相关使用〔2〕

水（雨水/地下水位）〔3〕

2003 年

对遗产的有意破坏〔5〕

住房〔1〕

主要的游客食宿及相关设施〔1〕

管理行为〔4〕

管理系统/管理规划〔4〕

相对湿度［3］

仪式/精神/宗教和相关使用［2］

水（雨水/地下水位）［3］

2004 年

传统生活方式和知识系统的变化［2］

住房［1］

主要的游客食宿及相关设施［1］

管理行为［4］

管理系统/管理规划［4］

2005 年

对遗产的有意破坏［5］

住房［1］

主要的游客食宿及相关设施［1］

管理行为［4］

2007 年

住房［1］

主要的游客食宿及相关设施［1］

管理行为［4］

2009 年

住房［1］

展示和参观设施［1］

主要的游客食宿及相关设施［1］

管理行为［4］

2011 年

住房［1］

主要的游客食宿及相关设施［1］

管理行为［4］

2013 年

管理系统/管理规划［4］

2014 年

商业发展［2］

对遗产的有意破坏［5］

地面交通基础设施［1］

住房 [1]

主要的游客食宿及相关设施 [1]

管理系统/管理规划 [4]

资源来源：国家文物局，中国古迹遗址保护协会. 中国世界文化遗产 30 年 [M]. 北京：科学出版社，2017.

第五节　濒危世界遗产

世界遗产作为自然演化过程的结果和人类文明创造的结晶，仍然受到各种灾害的威胁，这些灾害包括了自然灾害，也包括了各种冲突和人类活动带来的危害。《濒危世界遗产名录》是针对遭受严重威胁的世界遗产而设立，以使之优先得到国际资金和技术援助的支持。从某个意义上讲，《濒危世界遗产名录》更符合《世界遗产公约》的精神。根据 2019 年版《操作指南》，当《世界遗产名录》上的某项世界遗产遭受严重而具体的威胁时，世界遗产委员会可考虑将该遗产选入《濒危世界遗产名录》。

一、濒危世界遗产入选条件

濒危世界遗产是针对已入选《世界遗产名录》的世界文化遗产、自然遗产以及混合遗产。世界遗产委员会依据检测结果进行评估，一旦该遗产地具备如下四个条件，则它可以被认定是濒危世界遗产。一是遗产地具备世界遗产的资格，即遗产地本身就是世界遗产。二是由于以下原因，面临被毁坏的威胁：①消失的变化加剧；②大规模公共或私人工程造成的威胁；③城市或旅游业迅速发展计划造成的消失危险；④土地的使用变动或易主造成的破坏；⑤未知原因造成的重大变化；⑥随意摒弃，无保护；⑦武装冲突的爆发或威胁；⑧灾害和灾变，如火灾、地震、山崩、火山爆发、水位变动、洪水、海啸等。三是有关该遗产保护的国际合作已经十分必要。四是要有本国濒危遗产地的援助申请，且这种援助必须是有效的。要求援助的申请可以由世界遗产委员会任何一名成员或世界遗产中心提出。

《濒危世界遗产名录》也同《世界遗产名录》一样，作为世界遗产委员会的正式文件，每年公布一次。入选这个名录，并不考虑这个国家是富有还是贫穷，而是提醒人们关注危险的现实继而进行保护。

二、世界遗产濒危的影响因素

世界遗产遭到破坏的因素主要有两类：一类是由不可抗拒因素造成的，这类因素并不在人类的控制中，大多数属于"天灾"，如火山爆发、地震、洪水等；另一类则是由人为因素造成的破坏，如战争、采矿，城市化和旅游业的迅猛发展等。但也可依据时间，分为以下两种。

（一）骤然的损毁

自然因素：地震、火山爆发、洪灾、暴风雨、飓风、雷击、冰雹、海潮、火灾。

人为因素：①公众方面，包括战争和暴乱的破坏、非法盗掘、盗窃、城市建设、公共工程规划；②专业方面包括不科学的发掘、决策失误、缺乏规划的项目、缺少相应技术、安全失控、没有可持续发展的观念。

（二）日积月累的破坏

自然因素：自然腐蚀、不正常的温度、盐碱腐蚀、污染、自然火灾、细菌繁殖、植物生长、昆虫破坏、啮齿动物破坏、粉尘腐蚀等。

人为因素：①公众方面，包括人们的忽视、旅游发展、人为的磨损和涂写、走私等；②专业方面，包括不合理的发掘、缺少交流、基础建设不足、遗产的不合理的展示和保护等。

先后曾有不少世界遗产被选入濒危名录，典型例子如下。

①德国科隆大教堂。1996 年作为文化遗产被选入《世界遗产名录》。后因科隆市在莱茵河沿岸兴建了多座高楼大厦，破坏了该教堂附近城市景观的完整性，因而在 2004 年，它被选入了《濒危世界遗产名录》。

②突尼斯伊其克乌尔国家公园。1980 年作为自然遗产入选《世界遗产名录》。后因其上游兴建两座水坝，使流入湖中的淡水量严重减少，湖水和沼泽地含盐量上升，湖边芦苇完全消失，迁徙鸟类减少。与此同时，商业化捕鱼，林业和农业开发也对该国家公园构成了威胁。1996 年，它被选入了《濒危世界遗产名录》。

③印度亨比古迹群。1986 年，它作为文化遗产被选入《世界遗产名录》。但连修两座吊桥破坏了自然环境，也威胁了该世界遗产的完整性，1999 年，

它被选入了《濒危世界遗产名录》。

被选入《濒危世界遗产名录》的世界遗产，如果当地保护工作富有成效，将脱离《濒危世界遗产名录》而再次回到《世界遗产名录》。上述提到的这些遗产由于出色的补救工作，已经于 2006 年成功"脱危"。

《濒危世界遗产名录》中的遗产项目，大部分是位于经济欠发达的国家和地区，但也有少数来自发达国家。2019 年，世界遗产在全世界范围多次出现严重损毁的问题。10 月 21 日，意大利都灵市中心皇家马厩与马术学院（世界遗产"萨伏依皇家建筑群"的组成部分）遭遇火灾，部分建筑损毁。10 月 31 日，日本冲绳首里城琉球王国宫殿遗址（世界遗产"琉球王国时期遗迹"的组成部分）遭遇火灾，3 座主要木结构建筑被烧毁。而更早，在 4 月 16 日，巴黎圣母院（作为"巴黎，塞纳河沿岸"世界遗产项目的重要组成部分，具有代表性的建筑杰作）遭遇火灾，整个中厅屋顶、中心尖塔遭到毁灭性破坏。

截至 2019 年 7 月，全球濒危世界遗产总量达 55 项，其中，濒危文化遗产占 67.27%，濒危自然遗产占 32.73%，无濒危双遗产。各地区世界遗产总量与其濒危遗产总量呈负相关，世界遗产数量越多的地区，濒危遗产数量越少。对全球濒危世界遗产威胁因素定量统计发现：武装冲突、管理不力、工程建设是世界文化遗产与世界自然遗产共同面临的三大威胁；世界文化遗产的主要濒危因素还包括城市发展压力、不合适的维修或重建等；世界自然遗产濒危因素则包括非法偷猎、过度捕捞，以及林业采伐、农业种植、放牧等农林生产活动等。

三、濒危世界遗产的争议

入选《濒危世界遗产名录》，虽然可以获得世界遗产委员会的资金、技术的援助，但实际上，也是世界遗产委员会对遗产地国家保护不力的明确批评。

对濒危世界遗产的评定，虽然是要充分考虑主权国的意见，但也不完全取决于主权国的意见。例如印度的马纳斯禁猎区，1992 年，马纳斯禁猎区在入选《世界遗产名录》后，世界遗产委员会决定把这一地区选入《濒危世界遗产名录》。这一要求并不是印度政府提出的，印度政府对此持有异议，但世界遗产委员会却仍旧坚持了自己的做法。世界遗产委员会的理由是，1992 年到1993 年期间，围绕这一地区的军事活动已经对公园的基础设施造成了很大破坏；政局不稳导致偷猎行为的增加，已经发生了约 33 头犀牛被偷猎的事件。1997 年 1 月，由印度政府和联合国世界遗产中心共同承担的监督委员会进一步确认，马纳斯禁猎区损坏的基础设施范围在扩大，野生动物的数量在减少，特别是独角犀牛数量减少。在其成为濒危世界遗产后，印度政府、阿萨姆邦政府和公园当局 1997 年开始实施了一个 600 万美元的恢复计划。

巴勒斯坦是通过主动入选《濒危世界遗产名录》而达到申遗目的，其做法更像是利用紧急受理规则的政治策略。根据《操作指南》第一百六十一条："如某项遗产在相关咨询机构看来毫无疑问地拥有突出的全人类价值，且因为自然或人为因素而受到损害或面临某种重大的危险，已经构成某种紧急状况，需要世界遗产委员会迅速做出决定以确保它的存在。这种情况下，其申报材料的提交和受理不适用通常的时间表和关于材料完整性的定义。这类申报将被紧急受理，对它的审核将被纳入下届委员会会议议程。这些遗产在被选入《世界遗产名录》的同时，它们应被选入《濒危世界遗产名录》。"换句话说，任何一个缔约国均可以遗产濒危为由，绕开正常评估流程，直接申请将本国的遗产选入《世界遗产名录》。

由世界遗产委员会代遗产地申请为濒危遗产的做法，通常也会引发各国的不同态度。有的国家将之与本国的名誉和主权联系在一起持反对意见，认为本国的世界遗产如被列为濒危遗产，政治影响不容低估。很多国家认为，入选《濒危世界遗产名录》非但不能帮助其改善遗产现状，更会令国家蒙羞，因此采取各种手段拒绝入选。甚至有些国家，还会主动介入其他国家申请选入濒危遗产项目的提议。尽管理由各自不同，但拒绝入选濒危遗产名录的行为，本质上也体现了国家的形象塑造和国际政治层面的诉求。

与《世界遗产名录》一样，《濒危世界遗产名录》也已经成为国家之间在世界遗产舞台上谋求利益的工具，与国家形象的塑造紧密关联。无论是积极寻求入选《濒危世界遗产名录》，还是拒绝进入《濒危世界遗产名录》，其背后都隐含着深刻的国际政治背景，与国家所寻求的国际地位、国际社会互动交流、国内政治特征等都有着密切关系。

 知识拓展

美国黄石国家公园被世界遗产委员会选入濒危名录

有的国家的世界遗产主管机构或环保专家主张将自己无力有效管理的遗产选入《濒危世界遗产名录》，以促进本国公众和政府关注其状况，改善世界遗产的管理条件。曾引起轩然大波的美国黄石国家公园入选《濒危世界遗产名录》，就是这样一种情况。

1995 年 2 月，世界遗产委员会收到美国国家公园和保护协会的来信，信中代表美国非政府组织恳求委员会将黄石公园选入《濒危世界遗产名录》。世界遗产委员会写信给美国内务部副部长，并将协会的信转交给他，希望他对非政府组织提出的问题作出答复。美国内务部随即邀请世界遗产委员会派调查团前来调查。调查团对一家采矿公司在黄石公园上游开发采矿破坏遗产生存环境问题展开大规模调查时，美国国家公园机构合同采矿公司召开公众会议，非政府组织和当地民众也深入参与。会议和实地考察结果表明，人们对于威胁程度的认识带有强烈的分歧，反对者意见也十分强硬，认为世界遗产委员会是没有权力和责任干涉属于美国内政的事务。世界遗产委员会在履行了公约的"与缔约国协商"程序规定后坚持主张，于 1995 年 12 月柏林会议上，决定将黄石公园选入《濒危世界遗产名录》。

　　这个决定，在美国引起了轩然大波。在美国西部各州引发了有关世界遗产委员会的规定、权力以及此项决议是否侵犯了国家主权的公众大讨论。美国的环保组织欢欣鼓舞，认为这是六年以来 14 个美国环保组织联合为阻止开采金矿而斗争的结果。而美国的极端右翼主义分子和激进分子，甚至很有权势的资深国会议员，他们坚决反对任何限制公司和个人开发国家资源的努力，并且用激烈的口吻批评说，联合国派遣带着神秘使命的黑色直升机在黄石地区上空飞来去，已经完全控制了黄石国家公园，是对美国国家主权的公然侵犯。

　　美国黄石国家公园是全世界最早建立的国家公园，也是 1978 年最早入选《世界遗产名录》的项目，因而在 1995 年它被选入《濒危世界遗产名录》，引起世人关注是十分正常的。

　　黄石国家公园正式入选《濒危世界遗产名录》，迫使当时的克林顿政府作出史无前例的决定，即用联邦财产与金矿公司拥有的财产进行交换来阻止采矿。克林顿政府于 1996 年以 6500 万美元收购了采矿的私人土地，有效地解除金矿开采对黄石国家公园的威胁。

　　黄石国家公园一直到 2003 年 6 月仍旧没有从濒危名录除名，是因为世界遗产委员会认为，除了反对采纳提案的成功之处，其他所提到的各种威胁至今仍在持续。2003 年 7 月召开的第 27 届世界遗产大会上，在经过了激烈的争论后，黄石国家公园在《濒危世界遗产名录》上停留了八年后被有条件除名。

　　资料整理来源：刘红婴，王健民. 世界遗产概论［M］. 北京：中国旅游出版社，2003.

主动入选《濒危世界遗产名录》
——柬埔寨吴哥古迹与巴勒斯坦世界遗产

自《濒危世界遗产名录》设立以来，最成功的案例之一就是柬埔寨吴哥古迹以"濒危遗产"入选《世界遗产名录》，并在联合国教科文组织的协调下开展国际援助保护行动。该项目的成功取决于多方共同推动。一方面，柬埔寨在内战后将对外开放、接受国际援助作为国家基本方略之一，致力于吸纳各方力量重建国家，寻求各种机会尽快重回国际社会，柬当局还有凝聚和振奋民族精神的急迫需求，文化遗产保护是其重要途径之一；另一方面，联合国教科文组织在20世纪拯救努比亚文物行动之后，也亟需一个类似的案例，以期在更大范围内突出其宗旨和在全球事务中不可忽视的作用。

从1970年代开始的柬埔寨内战，使吴哥古迹遭受了严重破坏。西哈努克亲王在硝烟尚未散尽的第一时间便向国际社会呼吁共同抢救吴哥古迹，于是联合国教科文组织联合法国、日本、中国等国家施以援手。为了更有效开展抢救性保护行动，将吴哥古迹选入《世界遗产名录》的工作被很快提上日程。联合国教科文组织及国际古迹遗址理事会积极协助柬方编制申报文本。1991年11月，时任联合国教科文组织总干事的费德里科·马约尔访问柬埔寨。同月，柬埔寨加入《世界遗产公约》，启动吴哥古迹的申遗程序。1992年12月，吴哥古迹在第16届世界遗产委员会会议上入选《世界遗产名录》，考虑到该遗产所遭受的严重破坏和面临的持续威胁，以及对国际援助的急迫需求，世界遗产委员会决定将之同时选入《濒危世界遗产名录》，这也是柬埔寨政府的主动要求。

"濒危遗产"的身份为吴哥古迹的保护修复，乃至当地社会文化环境的恢复，起到了至关重要的作用。一方面，通过几十个国家和国际组织的援助，广泛吸纳国际资金和技术支持，吴哥古迹得到修复，有效带动了当地旅游业的复兴；另一方面，柬埔寨政府开放的姿态很好地促进了该国重新回到国际社会，获得相应的国际地位。因此，吴哥古迹入选《濒危世界遗产名录》并从中获益，应当理解为柬埔寨政府特定历史阶段的立国之道在文化领域的体现。在这样的路径下，"濒危"一词恰当地呼应了柬埔寨人的诉求，并为之所用。2004年，吴哥古迹从《濒危世界遗产名录》中移除，吴哥古迹保护国际行动取得成功，柬埔寨政府和国际组织各得其所。

2012年，巴勒斯坦提名"耶稣诞生地：伯利恒主诞堂和朝圣线路（Birthplace of Jesus：Church of the Nativity and the Pilgrimage Route, Bethlehem）"为世界遗产。但经过评估，认为该遗产地不具备突出的全人类价值，建议不予入选。于是，在当年的第 36 届世界遗产委员会会议上，巴勒斯坦临时改变策略，以该遗产濒危为由，要求按照紧急程序入选《世界遗产名录》。世界遗产委员会委员国成员争执不下，不得不进行不记名投票，最终该遗产以 13 票同意、6 票反对，2 票弃权的结果成功入选《濒世界遗产危名录》，巴勒斯坦的政治诉求得以实现。随后，在 2014 年和 2017 年，该国采取同样的方式先后将"橄榄与葡萄园之地：巴蒂尔南耶路撒冷文化景观"（Land of Olives and vines-Cultural Landscape of Southern Jerusalem，Battir）和"希伯伦老城"（Hebron/Al-Khalil Old Town）以"濒危遗产"的名义入选《世界遗产名录》。虽然国际古迹遗址理事会在评估"橄榄与葡萄园之地：巴蒂尔南耶路撒冷文化景观"时明确指出，该遗产既不具有突出的全人类价值，也没有濒危的情况。可见，此时的"濒危遗产"并不仅仅代表遗产保护的现状，而更多是基于巴以冲突政治背景的一个概念性工具。

无论是吴哥古迹，还是巴勒斯坦的三项世界遗产，相关缔约国都是积极主动申请入选《濒危世界遗产名录》，通过此种方式寻求进入国际体系，不仅最终获得了国际认可，以及相应的资金与技术援助，还以"濒危遗产"的身份取得了在世界政治舞台上塑造国家地位合法性的概念依据。如果将当代国家视作理性的个体，那么，它在国际体系中的行为模式应是充分考量成本和收益的基础上，依照国际语境和标准采取的行动。

资料整理来源：杨爱英. 濒危世界遗产：理论与实践的困局［J］. 中国文化遗产，2019.

第六节　世界遗产时空特征

自 1978 年第一批 12 个世界遗产诞生，至 2023 年第 45 届世界遗产大会在利雅得闭幕时，入选《世界遗产名录》的遗产地数量增至 1199 个，其中文化遗产 933 个，自然遗产 227 个，双重遗产 39 个。21 世纪初《凯恩斯决议》及其修正方案的出台，限制了缔约国每年申报世界遗产的数量。2016 年通过的《操作指南》修订版又将每年一个缔约国最多申报两项缩减为最多申报 1 项，同时全球申报上限由 45 项降低到 35 项。这些决议及其修订无疑使各国世界遗产申报难度进一步增加。

经过四十多年的发展，世界遗产在时空分布方面呈现出一定的特征，有学者以 2017 年《世界遗产名录》作为研究对象，分析了世界遗产的时空分布特征，具体如下。

一、世界遗产时间分布特征

（一）起步阶段（1978—1987 年）

该阶段世界遗产在探索中平稳起步。1972 年《世界遗产公约》正式通过后，依照国际惯例，公约必须有 20 个缔约国签署后才能生效。1973 年，美国第一个签署公约，第二年又有 9 个国家签署，到 1975 年 9 月签署国家达到了 20 个，《世界遗产公约》正式生效，但世界遗产评选标准尚未明确。1977 年第一届世界遗产委员会会议提出了公约的《操作指南》草案，提出了入选《世界遗产名录》的价值标准，涵盖了世界遗产的保护、管理、监测等内容，成为各缔约国申报与管理世界遗产的参考文件。1978 年，首批 12 个世界遗产诞生，随后，每年入选的世界遗产数量保持在 20－30 个左右，其中 1979 年和 1987 年甚至超过 40 个，说明世界遗产这项全球事业在发展初期就受到各个缔约国的积极关注。

（二）发展阶段（1988—2000 年）

该阶段每年入选的世界遗产数量在波动中快速增长。1988—1989 年受当时国际政治、经济形势影响，各国政府无暇顾及世界遗产的申报，导致世界遗产数量大幅下滑；20 世纪 90 年代以来，随着全球经济的复苏和政治的稳定，每年入选名录的世界遗产数量快速增长。除欧洲和北美洲外，亚太地区、南美洲和加勒比海地区也呈现较好的发展态势，这与 1994 年世界遗产全球战略的实施，世界遗产概念在国际共识上的加深完善，亚太地区、南美洲及加勒比海地区对世界遗产的关注提高有紧密关系。非洲地区和阿拉伯地区由于贫穷和战乱无暇顾及世界遗产的申报与保护，每年入选的世界遗产数量仍处于较低水平，该阶段其每年入选的世界遗产不足 5 个。这些情况反映了各地区世界遗产数量与世界遗产委员会的世界遗产政策、地区政治局势、社会经济发展水平、对世界遗产的重视程度等密切相关。

（三）成熟阶段（2001 年至今）

该阶段入选的世界遗产数量在波动中趋于稳定，且数量较之前有所减少。经过前两个阶段的发展，截至 2000 年，全球拥有了 690 个世界遗产。伴随着急速的申遗步伐，世界遗产的保护工作出现了一些问题，甚至某些世界遗产遭受了严重的破坏，受到世界遗产委员会的黄牌警告，面临入选《濒危世界遗产名录》的风险。为把更多的精力投入世界遗产的保护中来，许多国家减缓了世界遗产的申报速度。当然，这也与世界遗产委员会的相关文件限制世界遗产申报数量有关。2000年通过的《凯恩斯决议》，限制在《世界遗产名录》中已有项目的缔约国，以后每年申报不超过1项，而没有项目的缔约国可以申报2—3项。该决定导致了2001年和2002年入选的世界遗产数量显著下降，同时也缩小了欧美地区与其他地区世界遗产数量的差距，使世界遗产数量在地区分布上趋于平衡。2004年《凯恩斯决议》修正方案出台，规定"缔约国每年最多申报2项世界遗产，其中至少有1项自然遗产"，限制了其后的世界遗产数量，对平衡世界自然遗产和文化遗产的协调发展有一定的促进作用。2006年，世界自然保护联盟指出世界遗产申请成功数量下降的另外两方面原因：一方面，早期申报的遗产多属公认的高品质经典区域，而今这样的区域越来越少了；另一方面，现在的信息技术使资料掌握更全面，对比分析更充分，结论更明确。此外，该阶段欧美地区增长速度减缓，亚太地区增长速度逐渐抬升，其他地区处于较低水平的稳定状态。

二、世界遗产空间分布特征

（一）全球空间分布

根据联合国教科文组织官网中各项世界遗产的经纬度数据，截至2017年1052个世界遗产地分布在全球165个国家，其中文化遗产814个，约占世界遗产总量的77.38%，自然遗产203个，自然与文化双遗产35个。北半球有913个世界遗产，南半球仅有139个。目前，北半球国家的经济发展水平总体上高于南半球国家，有更多经济科技力量保护管理世界遗产。南半球国家经济发展较为落后，有的国家对世界遗产的开发利用以获取经济利益为主，保护意识相对不足，一些价值较高的潜在世界自然遗产和文化遗产因保护管理不当和不合理的开发利用遭到破坏。从纬度上看，全球世界遗产集中在陆地面积最大的低纬度地区，世界遗产数量与大陆面积呈正相关。绝大部分世界遗产分布在海拔高度不超过1000米且较为平缓的大陆近海地区，且集中在气候条件较为适宜人类居住的区域。如欧洲集中区在温带海洋性、地中海等气候温和的西欧和南欧平原地区，亚洲主要集中区在温带季风和温带大陆性气候区内海拔较低的东亚沿海地区，非洲则集中在较为湿润的热带雨林和热带草原气候区的撒哈拉沙漠以南的沿海地区。结合世界遗产的入选标准及发展历程，可见世界遗产分布受地形、地貌与气候的影响显著，良好宜居的自然环境和丰富多样的地貌类型是其产生发展的基础，尤其是文化遗产。这也体现出世界遗产是人与自然共同的杰作。

（二）全球文化区分布

将世界遗产和濒危世界遗产按联合国教科文组织划分的全球政治经济文化区进行统计，并分析对照各区的现存主导文化源地与遗产集中区，发现欧美地区世界遗产数量最多，占全球世界遗产总量的 47%；亚太地区第二，占 23%；南美洲与加勒比海地区次之，占 13%，非洲地区和阿拉伯国家较少，分别占 9% 和 8%。各地区的世界遗产均以文化遗产为主，主要集中区均与主导文化发源地相符。其中欧洲文化虽产生时间较晚，但通过一系列历史事件在其他文化基础上逐渐产生了持久、统一的文化意识，并随着欧洲历史上的对外扩张，传播到其他大洲，如今更是通过产品、技术、媒体、跨国组织等形式向全球扩散，而中华文化则以其悠久的历史和较强的包容性形成了丰富多元的以区域、民族之间特色交融，人与自然和谐共生，天人合一等为特点的文化内涵。在这两大文化影响下，欧美和亚太地区世界遗产数量约占全球总量的 70%。非洲地区世界遗产集中区与文化源地虽未重合，但其世界遗产类型多为非洲本土古人类文明与居住地或宗教活动场所，也可看出主导文化对世界遗产的类型影响较大。

（三）大洲和国家尺度上的分布

在大洲尺度上，世界遗产在欧洲最为集中，拥有 432 个世界遗产；亚洲其次，有 282 个；非洲次之，有 131 个；北美洲、南美洲和大洋洲较少，分别为 107 个、70 个和 30 个。洲际分布存在显著差异，亚欧地区陆地面积较大，地貌类型多样，有较长的人类活动历史，人与自然共同作用形成了更丰富的人文自然景观，且社会环境相对稳定，使这些景观得以保护和传承，较其他区域更具形成世界遗产的优势。

在国家尺度上，全球 1052 个世界遗产分布在 165 个国家和地区，拥有 40 项以上世界遗产的国家有 5 个，分别为意大利（51 个）、中国（50 个）、西班牙（45 个）、法国（42 个）和德国（41 个）；拥有 10—40 个世界遗产的国家有 22 个；其余 138 个缔约国均拥有不到 10 个世界遗产。世界遗产分布极不平衡，集中分布在亚欧地区的少数缔约国，全球 192 个缔约国中尚有 27 个缔约国没有世界遗产，38 个缔约国仅有 1 个世界遗产。总体表现为世界遗产数量较多的国家在全球或区域内经济发展中的能力较强，国内社会环境较为稳定，且对世界遗产的申报与保护较为重视。随着和平与发展主题的不断深入和国际合作的加强，以及《凯恩斯决议》等用于平衡世界遗产类型及世界遗产数量在全球的分布的相关文件的出台，各缔约国世界遗产数量差距将缩小。

综上所述，影响世界遗产数量空间分布的主要因素既与大陆面积、气候、地形地貌、海拔等自然基础密不可分，也与世界遗产中心的世界遗产策略、人类文明发展历史和文化类型、遗产所在地区经济发展水平和社会环境有关，这也体现了世界遗产的本质——"人与自然共同的杰作"。自然条件是构建自然遗产的骨架，人类与自然的相互作用形成双遗产的独特魅力，而区域文化特性则是成就文化遗产丰富内涵的关键，经济水平为各类世界遗产的保护、发展与认可提供保障，稳定的社会环境是世界遗产得以保护和传承的必要条件。各区域、国家之间在上述因素方面的差异性，是导致目前世界遗产在各尺度出现不平衡的重要原因。

三、世界遗产入选标准分析

依据 2015 年最新修订的《操作指南》，遗产入选《世界遗产名录》首要条件是具有"突出的全人类价值"。突出的全人类价值指罕见的、超越了国家界限的、对全人类的现在和未来均具有突出重要意义的文化和自然价值。世界遗产委员会规定了遗产入选《世界遗产名录》的 10 条标准。如果遗产符合其中 1 项或多项标准，委员会将会认为该遗产具有"突出的全人类价值"，满足入选《世界遗产名录》的关键条件。

世界遗产的 10 条标准适用于包括自然遗产、文化遗产、双重遗产在内的所有遗产的评选。对 1052 个世界遗产入选《世界遗产名录》所满足的评价标准进行统计可得出两个结论。

一方面从单个世界遗产标准来看，全球 1052 个世界遗产中符合标准（ⅳ）的数量最多，达 565 个，占世界遗产总量的 53.71%，这也是文化遗产满足最多的标准，即现有世界遗产中反映全球多样的建筑景观和多元的建筑文化的遗产数量最多。以标准（ⅵ）入选的文化遗产最少，仅有 234 个。该标准主要强调的是与遗产实体相关的非物质要素的价值，对人类文明的发展和见证具有重大意义，但自 1977 年入选标准发布以来历经多次修订，且被建议与其他标准一起使用，限制了其数量。238 个世界自然遗产中以标准（ⅹ）入选的最多，以标准（ⅷ）入选的最少。标准（ⅹ）体现了地区的生物多样性，可见以原生境生物多样性保护和濒危物种保护为目标的栖息地申报世界自然遗产已成为世界主流之一。标准（ⅷ）则体现了地球演化史中重要阶段的突出例证，以化石类遗产为主。我国幅员辽阔，地貌类型多样，化石遗址丰富，拥有关岭、兴义、盘州市三叠纪古化石群等化石遗址，在申报遗产过程中应多挖掘化石类遗产的突出的全人类价值，以填补世界遗产的空白。

　　另一方面从满足的世界遗产标准数量来看，符合1—3条标准的世界遗产数量占世界遗产总量的86.59％；符合4—5条标准的世界遗产占12.83％；符合6—7条标准的世界遗产仅占0.58％；无符合8条及以上标准的世界遗产。1052个世界遗产中大多仅满足少数几项世界遗产标准，许多遗产管理者仅依照入选《世界遗产名录》时满足的标准进行遗产保护，对世界遗产的其他价值保护力度不足，导致一些世界遗产的完整性遭到破坏。随着世界遗产数量的增多和世界遗产事业的不断成熟与完善，同时满足多重标准的世界遗产将日益受到关注。在世界遗产申报过程中应充分挖掘提名地的突出的全人类价值，丰富遗产价值内涵，从而使世界遗产拥有的突出的全人类价值得到足够的重视和及时有效的保护

　　世界遗产数量的变化受到政治、经济、文化、社会、自然灾害等多种因素的影响，不能简单地依据线性趋势预测未来的世界遗产数量。随着全球对世界遗产关注度的提升和国际共识的逐步深化，以及限制世界遗产数量文件的相继出台，世界遗产在数量上将会继续增加，但增加幅度会有所下降，每年入选的世界遗产数量在波动中趋于稳定。

　　世界遗产主要分布在北半球经济和文化都比较繁荣的西欧国家，其次是亚太地区包括中国和日本等在内的东亚国家，这与该类地区复杂多样的地形地貌和气候类型、悠久的土地开发历史、独特的地域文化、较高的经济发展水平和相对稳定的社会环境有关。随着《凯恩斯决议》等用于平衡世界遗产类型和世界遗产数量在全球分布的文件相继出台，欧美地区世界遗产数量的增长速度将有所下降；多样的地形地貌和气候条件使亚洲和太平洋地区的世界遗产数量有较大的增长空间，但增长速度将处于相对平稳的状态。随着世界遗产事业国际共识的深入与合作的进一步开展，以及发展中国家经济、社会的不断发展，欧美地区和亚太地区的濒危遗产数量将逐渐减少，其他地区濒危遗产数量的减少有赖于和平与发展的时代主题不断深入，国际合作机制的不断加强。

　　随着全球世界遗产数量的增加和世界遗产入选制度的不断完善，许多国际公认的经典高品质区域将被不断挖掘并入选《世界遗产名录》，现代信息技术的迅猛发展使世界遗产价值的对比分析更加充分，仅满足单一标准的世界遗产

入选《世界遗产名录》的难度增加，2004 年《世界遗产名录：填补空缺——未来行动计划》报告使填补《世界遗产名录》的空白和世界遗产内涵的多元化日益受到关注，同时满足多条标准的世界遗产提名地的认定与保护将成为世界遗产事业的重点。在世界遗产申报中应针对《世界遗产名录》的空白，深度挖掘世界遗产地的突出的全人类价值，增加其价值内涵。

第 45 届世界遗产大会（扩大会议）部分工作文件

本文件介绍世界遗产委员会在沙特阿拉伯王国利雅得第 45 届会议扩大会议上，2023 年 9 月 10 日至 25 日将审议的申报项目。

本次会议主要审查拟于 2022 年和 2023 年审查的《世界遗产名录》自然、混合和文化遗产的提名。

（1）总结

1. 在第 45 届扩大会议上，委员会将审议总共 53 项提名。预计 2022 年将审查 25 项提名，2023 年将审查 28 项提名。

2. 在 53 项提名中，有 40 项是以前未提交过委员会的新提名，6 项是重大边界修改，7 项是委员会在前几届会议上建议推迟提交。

3. 在这些提名中，国际古迹遗址理事会和世界自然保护联盟推荐了 30 项选入《世界遗产名录》提名。

（2）应缔约国请求撤回的提名

在编写本文件之前，下列提名已被撤回：意大利的 Civita di Bagnoregio；摩洛哥的 Area of the Ajgal Dragon Tree。

（3）第 45 届会议扩大会议未评估的提名

1. 由于新冠疫情或安全原因，咨询机构无法评估缔约国在 2020 年和 2021 年提交的以下两项提名，因此世界遗产委员会第四十五届会议扩大会议将不审议这两项提名：对 2020 年提交的乍得湖文化景观（喀麦隆、乍得、尼日尔、尼日利亚）提名地的评估因安全原因无法进行原因；2021 年朝鲜民主主义人民共和国提交的 Mt. Kumgang-Diamond Mountain 提名地的评估，由于该国的新冠疫情情况，在缔约国的要求下无法进行。

2. 如果健康或安全形势允许评估，这些申报将提交世界遗产委员会第 46 届会议审议，但不影响国家和总体申报的审查配额（见《操作指南》细则）。

其评估过程将按照《操作指南》中预计的时间框架进行。

3. 由于新冠疫情，以下两项提名的评估任务未能及时进行，便在第45届会议扩展会议上进行审查：巴丹吉林沙漠－沙山与湖泊群（中国）于2020年提交；黄海－渤海湾沿岸候鸟保护区（第二期）（中国）于2022年提交。

这两项提名的评估于2023年5月和6月进行，预计将由委员会第46届会议审议，但不影响国家和总体提名的审查配额（见《操作指南》细则）。其评估过程将按照《操作指南》中预计的时间框架进行。这一点也在相关文件的议程项目下做了报告。

在本工作文件中，在自然、文化和混合类别中，提名按英文字母和地区顺序排列：非洲、阿拉伯国家、亚洲及太平洋、欧洲和北美洲、拉丁美洲和加勒比。为便于参考，第3页和第4页按字母顺序排列了总表和建议索引，提名的提交顺序见第5页和第6页。

资料整理来源：孙燕，解博知. 机遇与危机并存——第45届世界遗产大会热点问题回顾[EB/OL].[2024-07-30]. https://mp.weixin.qq.com/s/mgFTFUpE_bX17KjyBkZkIQ.

本章小结

本章从世界遗产突出的全人类价值的概念和构成入手，介绍了世界遗产价值的认定方式、申报程序、申报趋势、濒危世界遗产的认定，以及世界遗产的时空分布特征。世界遗产的突出的全人类价值包括符合遗产评定标准、真实性、完整性验证和完善的遗产管理计划。遗产申报有完整复杂的程序，需要经过预备遗产提名、预审评估、正式申报等一系列环节，申报的内容、格式、时间是重点环节。遗产监测与管理是提升遗产保护质量的重要工具，包括系统性监测、反应性监测、定期评估报告等一系列内容。世界遗产监测是遗产管理的核心，它具有开放性、灵活性、专业性、协同性等特点。世界遗产委员会着力推广全球平衡战略，近年来对遗产项目进行限额申报，注重遗产价值的全球比较分析。濒危世界遗产形成的原因是多样的。全球世界遗产分布具有时间和空间特征，这种特征的形成与各地区的政治经济与社会文化有必然联系。

课后思考与练习

1. 如何理解世界遗产价值的真实性、完整性？
2. 概述世界遗产申报的程序流程。
3. 简述世界遗产监测管理的内容。
4. 结合相关知识，阐述世界遗产的申报策略。
5. 阐述濒危世界遗产的形成原因。
6. 简述世界遗产的时空特征。

第三章　世界遗产保护与利用

---- **教学目标** ----

通过本章的学习，熟悉世界遗产保护与利用的基本原则、基本方式，熟悉大遗址、遗产廊道的概念内涵，了解遗产旅游、文化旅游、研学旅游的基本特征，熟悉世界遗产教育的实施策略。

---- **教学要求** ----

知识要点	能力要求	相关知识
世界遗产保护与利用的原则	(1) 掌握真实性、完整性的概念 (2) 理解延续性、预防性的定义 (3) 熟悉社区参与、活化利用方法	(1) 真实性、完整性的基本要求 (2) 延续性、预防性的主要功能 (3) 社区参与、活化利用的价值
大遗址的保护利用	(1) 了解大遗址保护利用背景 (2) 理解大遗址的概念与特征 (3) 掌握大遗址的保护利用模式 (4) 理解国家考古遗址公园的功能分区	(1) 大遗址的概念 (2) 大遗址的类型 (3) 遗址公园的功能 (4) 国家考古遗址公园的功能
遗产廊道	(1) 理解遗产廊道的概念内涵 (2) 掌握遗产廊道的选择标准 (3) 熟悉遗产廊道的构建要素 (4) 掌握遗产廊道的规划要点	(1) 遗产廊道的概念 (2) 遗产廊道的特征 (3) 遗产廊道的标准 (4) 遗产廊道的要素
世界遗产旅游	(1) 理解世界遗产旅游的概念 (2) 熟悉世界遗产旅游的意义 (3) 了解国民游憩权的内容 (4) 理解国家公园与国民游憩关系	(1) 国民游憩权 (2) 国家公园 (3) 文化旅游 (4) 世界遗产旅游 (5) 民族文化认同
世界遗产教育	(1) 理解世界遗产教育的概念内涵 (2) 熟悉世界遗产教育实施策略 (3) 了解世界遗产教育相关活动	(1) 世界遗产教育 (2) 国际理解价值观 (3) 世界遗产教育策略

基本 概念

真实性　完整性　延续性　社区参与　预防性　遗产活化　大遗址　国家遗址公园　遗产廊道　遗产旅游　文化旅游　遗产教育　研学旅行　国际理解价值观

 **导入** 案例

"理想生活之城"
——法国卢瓦尔河谷丰泰罗王室修道院的活化利用探索

丰泰罗王室修道院建于公元 1101 年，是现存最大的欧洲中世纪修道院建筑群。它的创建者罗伯特·达尔毕塞勒是一个巡游的传教士，从修建之初，丰泰罗修道院便一直与"城邦"这个词息息相关。罗伯特想把它建成一个"理想生活之城"，一个深受法国和英国国王青睐的修道城。从 16 世纪开始，修道院由波旁王室的女修道院院长管理。从法国大革命爆发以后至 1963 年，这期间它变为关押和改造犯人的"感化之城"。1976 年，丰泰罗王室修道院作为一个促进和谐生活、交流和对话的平台，成为法国国际文化交流中心。

尽管丰泰罗王室修道院已经成为世界文化遗产，但曾经作为监狱的灰暗历史让当地很难将它作为令人自豪的文化遗产，对于当地游客而言这里只不过是一次性的历史教育参观地。由于卢瓦尔河谷区域面积大，大多外来游客会按照"顺路"原则，安排 2-3 天游览知名的城堡和城镇，而相比于卢瓦尔河谷的其他遗产而言，这处修道院确实"位置偏僻"，鲜有游客专程前往，这些问题都曾让管理者一度陷入困境。从 2005 年起，法国政府、卢瓦尔河大区政府及其合作伙伴开展了基于修道院最原始的身份——"理想生活之城"的开发项目，旨在将它建成一个朝气蓬勃的"理想生活之城"，使之转变成一个激发人们重

新思考"当代群居生活"的实验室。如今这座占地约 13 公顷的修道院每年已能够吸引 20 多万游客前往，其中还不乏进行深度游的外国旅客。

为了寻找更为适合的活化利用方式，当地的遗产管理者将"理想生活之城"的概念分解为"好客之城""创意之城""可持续之城"和"数字化之城"，这一举动正是将丰泰罗王室修道院的核心价值细化的过程。丰泰罗王室修道院对于"好客之城"的价值阐释是还原原始"理想生活之城"的概念，延续阐释了其历史价值，让如今的丰泰罗王室修道院如当年欢迎来自欧洲的修道者一样，依然是一处欢迎来自四面八方游客的场所。"创意之城"的价值阐释是在其音乐和舞蹈丰富过修女们生活的历史基础上，又通过现今修道院里提供的艺术形式给人们带来新的创意和思考。"可持续之城"和"数字化之城"的价值阐释则更多关注对当下"理想生活之城"的探索，是对遗产价值进一步延伸，让食用有机食物和借助数字化手段观展这样的新方式也出现在有着千年历史的修道院中。

资料整理来源：王珏. 基于价值为核心的遗产活化利用模式——以世界遗产卢瓦尔河谷为例［J］. 中国文化遗产，2020.

点评 遗产价值是一切活化利用的核心，也是评判遗产是否真正被"活化"的标准。

丰泰罗王室修道院从一处卢瓦尔河谷中"默默无闻"的遗产发展成今天接待众多国内外游客的热门文化旅游景点，很大程度上是因为它的管理者在其活化利用过程中紧紧围绕了建立"理想生活之城"这一最核心的遗产价值。人们希望通过丰泰罗王室修道院甚至丰泰罗这座小镇探寻"理想生活"的种种可能，而这种"理想"不仅仅是历史上的"理想"，更是现今社会乃至未来社会的"理想"。因此，在其活化利用的方式上，让我们看到了更多的价值延伸阐释。

第一节　世界遗产保护与利用的原则

世界遗产的保护与利用体现了人类情感、基本权益、文化多样性、可持续发展的遗产价值，表达了不同时代人们面对历史的态度、伦理观，以及对遗产干预时所遵循的道德守则。世界遗产保护与利用的原则多种多样，但最重要、最根本的原则是要体现出世界遗产传承人类文明、反映自然界演化的重要使命，真实性、完整性、预防性、延续性、当地参与、活化利用是世界遗产坚守过去、面向未来的发展原则。

一、真实性原则

真实性原则既是衡量世界遗产价值的标准，也是保护遗产关键的依据。"真实性"概念最早出现于1964年的《威尼斯宪章》，关于"真实性"的解释最初见于《操作指南》，比较详细的解释见于1994年的《奈良文件》。《奈良文件》指出："想要多方位地评价文化遗产的真实性，其先决条件是认识和理解遗产产生之初及其随后形成的特征，以及这些特征的意义和信息来源。真实性包括遗产的形式与设计、材料与实质、利用与作用、传统与技术、位置与环境、精神与感受。有关'真实性'详实信息的获得和利用，需要充分地了解某项具体文化遗产独特的艺术、历史、社会和科学层面的价值。"文化遗产真实性的保持还在于"不同的文化和社会都包含着特定的形式和手段，它们以有形或无形的方式构成了某项遗产"。《奈良文件》体现了从绝对的物质真实性到同时涵盖物质与非物质方面文化多样性的真实性观念的深刻变化。

世界遗产委员会在1997年的《操作指南》中指出，"入选《世界遗产名录》的文化遗产应符合《世界遗产公约》所说的具有突出的全人类价值的至少一项标准和真实性标准"，每个被认定的项目都应"满足对其设计、材料、工艺或背景环境以及个性和构成要素等方面的真实性的检验"。相对于先前的《威尼斯宪章》和《操作指南》，此次《操作指南》中将原来规定的真实性，即设计的真实性、材料的真实性、工艺的真实性和地点的真实性，扩展到"形式与设计、材料与物质、用途与功能、传统与技术、地点与背景、精神与情感以及其他内在或外在因素"。

二、完整性原则

"完整性"一词，来源于拉丁语，是指尚未被人扰动过的原始状态，主要用于自然遗产，如原始森林或野生生物保护区。完整性原则既保证了世界遗产的价值，同时也为遗产的保护划定了原则性范围。1997年的《操作指南》对自然遗产的完整性有如下的界定。

①对于表现地球历史主要阶段的重要实证的遗产，被描述的区域应该包括在其自然环境中全部或大多数相关要素。例如，一个"冰期"地区，应包括雪地、冰河以及切割地貌、沉积物和外来物（如冰槽、冰碛物、代表性植物等）；一个火山地区，应包括完整的岩浆系列、全部或大多数种类的火山岩和喷发物质。

②对于陆地、淡水、海岸和海洋生态系统，以及动植物群落进化和演变中重大的持续生态和生物过程的重要实证的遗产，被描述的区域应该有足够大的范围，并且包括必要的元素，以展示在生态系统和生物多样性的长期保护过程中发挥的关键作用。例如，一个热带雨林地区应包括一定数量的海平面以上的植被、地形和土壤类型的变化，斑块系统及其自然变化。

③对于有绝佳的自然现象或是具有特别的自然美和美学重要性的遗产，应包括具有突出的美学价值元素，并且包括那些对于保持区域美学价值起着关键作用的相关地区。例如，一个完整性价值体现在瀑布的遗产，应包括相邻集水区和下游地区，它们是保持遗产美学质量不可分割的部分。

④对于最重要和最有意义的自然栖息地，遗产应包括对动植物种类的生存不可缺少的环境因素。遗产的边界应该包括足够的空间距离，以使遗产免受人类活动和资源开发的直接影响。已有的或建议的被保护区域还可以包括一些管理地带，即使该地带不能达到《操作指南》提出的标准，但它们对于保证被提名遗产的完整性起着基础作用。如在生物储备遗产中，只有核心地区能够达到完整性的标准，但是其他地区（如缓冲地带和转换地带）可能对保证生物储备的全面性具有重要意义，本着完整性考虑，也应将之纳入遗产范围内。

知识链接

城市化破坏了泰山遗产的真实性和完整性

城市化是影响泰山世界遗产保护的重要因素。泰山的城市化表现在索道、宾馆、驻景区单位等多方面。泰山索道建设炸毁泰山山体，破坏了泰山的自然山体和植被，有违完整性原则。泰山现有中天门、桃花源和后石坞三条索道，它们的终点站均位于岱顶。中天门索道站位于月观峰，另两条索道位于北天街，三条索道以每小时 3150 人的运力，加剧了游人在山顶的集中。2004 年 5 月 3 日，泰山进山游客 3.3 万人，其中有 2.4 万人次乘坐了索道，远超出岱顶的饱和容量（1 万人）。超容量接待对岱顶脆弱的生态和珍贵的资源造成破坏，岱顶油松几近绝迹。岱顶的拱北石，与泰山日出一起构成泰山标志景点，也已出现很长裂痕。泰山景区内众多的宾馆和驻山单位进一步加剧了泰山的城市化。泰山景区内有50多家驻山单位，岱顶0.6平方千米的面积上，各种宾馆、饭店约有20家。此外，岱顶的气象站、电视台转播站等单位也变相、违规经营宾馆或招待所。1987年，《泰山风景名胜区总体规划》中明确提出严格控制岱顶游人量，限制安排游人，除规划规定拆改建项目外，不得有其他任何新工程上马。尽管有规划可循，但岱顶的状况却并未改善。应拆除的电视转播站及气象站，至今仍盘踞在泰山的顶峰。岱顶的许多新建筑也在规划实施后出现，如1991年建设的神憩宾馆（三星级），1995年建设的岱顶环幕电影院等。目前，环幕影院已经关闭，但建筑设施仍然存在，成为泰山消防支队的办公和住宿之地。

国际自然资源保护联盟是最早提出完整性原则的组织。1974年，其认定的国家公园标准强调要排除人为因素的干扰。标准指出，"具有优美景观、特殊生态和地形，有国家代表性，未经人类开发、聚居或建设""限制工业区、商业区及人类聚居开发"等。可见，排除人为干扰，避免城市化是完整性原则应用于遗产保护的基本体现。泰山商业化、城市化的现状与自然遗产的完整性原则格格不入。此外，泰山众多宾馆、索道等建设成果，其现代化的生活方式与泰山世界遗产的文化氛围不符，对岱顶资源的高消费，也与遗产地的性质完全不符。更重要的是，上述建筑物位于泰山核心区，在建设中存在施工破坏自然环境，建成后其排放的污染物和废弃物又会引起间接破坏，违背真实性原则。就文化遗产而言，古人在对泰山的祭祀朝拜中形成了"地府""人间""天堂"三重空间，岱顶是登山的最高意境，达到天庭，飘然欲仙。但目前岱顶众多的建筑物、因索道而快速集中在岱顶的大量客流，已使游客失去了与上天对话，享受神仙感觉的意境，也破坏了文化遗产的完整性。

资料整理来源：吴丽云. 真实性、完整性原则与泰山世界遗产资源保护［J］. 社会科学家，2009.

三、预防性原则

预防性保护是通过对遗产价值和结构破损规律的全面科学认识，识别和确定引起遗产损毁破坏的相关环境和风险因素，通过控制它们，降低或消除遗产的损毁风险，使之一直处于良好状态，最终实现全面保护。预防性原则是世界遗产委员会遗产监测和定期报告评估的重要内核。遗产保护的宗旨就是保存和延续遗产的生命，使之可持续发展。修复文物古迹的目的是把文物古迹既作为历史见证，又作为艺术品予以保护。文物的生命是有限的，但记录是永久的。从这个角度来讲，真实性的记录和保护甚至是更重要的。记录留档、原物保存、最少干预、日常维护都是预防性保护的重要内容。因此，预防性保护工作应在风险因素监测、控制及遗产价值评估基础上，科学建立遗产风险监测数字化信息平台，包括气候、温度、日照、地理位置、旅游开发、社区发展、文化宣传等自然和人文因素。通过定期监测收集风险信息，及时掌握遗产风险状况，进行全面的科学评估，在掌握其损毁规律基础上，对风险因素进行合理控制和干预，以达到保护遗产的目的。

四、延续性原则

延续性是继真实性、完整性、预防性之后，遗产保护的又一重要原则。"延续性"一词在一系列国际文件以及我国国内相关文件中均有所提及。特别是我国官方文件中将"历史真实性、风貌完整性和文化延续性"并列，足见其重要程度。延续性的核心是让活态文化传统在现代化和全球化浪潮中继续存活下去。遗产是承载人类情感、社会认同和文化精神的"在世存在"，它仍然处在动态演变的进程当中，可以说，它在各个时代不断地被影响、再阐释和重新使用。对延续性的把握在于提高遗产与过去尤其是与将来的联系，通过价值的建构与传递，让它在当代社会中仍充满活力，并生机勃勃地通向远方。当代文化遗产保护的侧重点逐渐从物质元素发展到"人""精神""意义"等非物质元素，保护对象不仅包含静止的现状，还包含它在发展过程中产生的变化。保护行动也更加重视为人类的共同未来管理遗产资源，强调置身于广阔的文脉语境中进行价值理解，维护或唤醒人们对遗产价值的回应，以保持其独特文化身份，并持续焕发生命力。这些改变，源于保护目标和视野，以及 20 世纪末哲学观念的演进，也使得延续性作为遗产与时间、社会关系的纽带得以推广。它以"活态的原初文化""演变的既有生活""复兴的文化意义""相容的当代功能"为主要表现形式，将历史复杂性提炼成与当代价值进行对话的方式，才能使有文化意义的物质载体持续不断传承至未来。

五、当地参与原则

当地参与一直是世界遗产保护的关注重点。1962 年，联合国教科文组织第 12 次大会通过的《关于保护景观和遗址的风貌与特性的建议》明确指出："景观和遗址的保护应通过使用以下方法予以确保：……⑥由当地获得遗址。" 1972 年，《世界遗产公约》也明确要求缔约国"通过一项旨在使文化和自然遗产在社会生活中起一定作用，并把遗产保护纳入全面规划计划的总政策"。咨询机构在审议世界遗产申报项目，以及在审查已经登录的世界遗产项目的保护状况时，"位于世界遗产范围内甚至周边的区域能否参与到遗产保护管理之中，可否从中受益"，已经成为世界遗产委员会从可持续发展角度审视遗产保护管理水平的普遍标准。在欧洲第二轮定期报告中，所提的十项核心建议第一条将以当地为核心的利益相关方的参与作为保护世界遗产突出的全人类价值的核心措施，确保所有的利益相关方都清楚世界遗产的状态并理解其内涵，强化在地推广战略并保证当地能分享世界遗产带来的收益。

遗产地居民作为利益相关方，可能会有提高生活质量、分享遗产保护利益的诉求，本来从权利的角度出发，遗产保护利用必须保障他们参与文化生活、享有自己的文化，保护、延续、发展自己文化的权利。当地参与包括告知、咨询、共同决策、共同行动、支持不同社区的利益等不同层次。但在实践过程中，很多"参与"只停留在告知与咨询层次，不能使其真正成为决策主体、行动主体。因此，需要通过充分宣传教育，使当地理解和尊重世界遗产，赋予他们参与世界遗产保护管理的权力并给予正确引导；同时在不损害世界遗产突出的全人类价值的前提下，尊重并帮助提升当地管理世界遗产地的传统方式，创造条件支持当地的可持续发展，特别是通过世界遗产的保护管理，为当地创造就业和发展机会，回馈收益将会正向刺激当地积极参与世界遗产的保护管理。

知识链接

本地社区作为遗产价值承载者

在一些遗产地，特别是对自然与文化遗产结合密切的遗产类型而言，本地文化是遗产的重要价值组成，在这些遗产地中，当地社区往往是遗产价值的承载者。而从遗产地本身可持续保护角度看，是否认可其保有的传统知识、技能、信仰等本地文化为遗产地突出的全人类价值的重要部分，从而在遗产地保护管理策略和规划中使承载上述文化的当地社区从中持续获益，进而增强世界遗产对抗全球化、商业化冲击时的"文化弹性"，这也将直接影响对世界遗产突出的全人类价值的可持续保护水平。

这类通常具有活态特征的遗产，当地社区是世界遗产保护管理的首要利益相关方，在遗产提名、申报、评估、保护管理、监测和报告中，其知情权、参与权、决策权均应得到充分保障。而在世界遗产申报与审议的实际操作中，这一条也被当作咨询机构和世界遗产委员会评估审议的标准之一。

第 39 届世界遗产大会上诞生的牙买加第一个世界遗产（蓝山—约翰·克罗国家公园）便是符合标准并在申报过程中充分保障了当地社区的知情权、参与权，进而得到咨询机构和世界遗产委员会认可而成功申报的典型案例。蓝山—约翰·克罗国家公园位于牙买加东南部崎岖广袤的森林地带，这种地形先为逃避奴隶制的泰诺人（Tainos）提供了庇护，之后又为已经被奴役的马卢人（Maroons）提供了庇护，原住民在逃避欧洲殖民体系过程中，在这一与世隔绝的地区留下了一系列的踪迹，包括躲藏地和定居点，这些形成了"南茜村遗产线路"（the Nanny Town Heritage Route）。这一区域的森林提供了马卢人生存所需的一切，也因此马卢人和其所处山脉环境形成了强烈的精神联系，这一精神联系至今仍然能够通过宗教仪式、传统医药和传统舞蹈等非物质元素得以证明。

此外，这一遗产同样也是加勒比群岛生物多样性的一个代表，其拥有众多的植物种类。在 2011 年第 35 届世界遗产大会上，蓝山—约翰·克罗国家公园曾经按照标准（ix）和（x）申请世界自然遗产。当时咨询机构和世界遗产委员会给出了"推迟入选"的决议，认为缔约国在申请文件中对马卢人与山脉之间精神联系，以及留存下来的躲避奴隶制的文化遗存的文化价值阐释不足，在管理中对当地马卢居民代表的参与权保障不足。在委员会决议中要求缔约国牙买加"深化比较研究以确定此项申报遗产地的突出的全人类价值与马卢族相关载体的见证关系"，"要求将马卢居民的代表纳入到管理框架之中"。四年后的第 39 届世界遗产大会上，牙买加再次将这一项目提交到了咨询机构和世界遗产委员会，并按照标准自然遗产（iii）（vi）（x）得以顺利入选名录。

资料整理来源：徐桐. 世界遗产保护中"社区参与"思潮给中国的启示［J］. 住区，2016.

六、活化利用原则

活化利用是指在正常功能运作的动态环境中，对遗产进行真实性保护的同时，可适度地加以改造以与新的需求相协调。活化利用对世界遗产、文物的保护，以及历史文化名城名镇名村、传统村落、历史街区的保护都具有重要意义。活化利用的目的是既要使文化遗产的生产、生活、生态等社会发展正常进行，又要适当改善和提升人居环境质量，同时还要保证对其真实性、完整性的文化特征不能造成伤害或破坏。

遗产的价值应是一切活化利用的核心，也是评判遗产是否真正被"活化利用"的标准。2002年，我国修订的文物保护相关法律规定"文物工作贯彻保护为主、抢救第一、合理利用、加强管理的方针"，将"合理利用"写进法律，也标志着文物保护工作的方向已从单纯的"保"向合理的"用"转变。遗产的利用是为了"对其价值做出真实、完整、准确地阐释"，"赋予文物古迹新的当代功能必须根据文物古迹的价值和自身特点，确保文物古迹安全和价值不受损害"。2008年2月，香港特别行政区政府推出"活化历史建筑伙伴计划"，该计划致力于"活化善用这些历史建筑，为它们注入新生命，供市民大众享用"。"活化"概念的出现，赋予了"利用"更为形象的表达。随着实践工作的不断探索，活化利用不再局限于历史建筑单一的遗产类型，而是向更多类型延伸。工业遗产、考古遗址、大遗址、历史街区、传统村落等诸多遗产类型的活化利用都成为遗产保护与可持续发展的新实践。

知识链接

遗产活化应为未来留下遗产

我们要创造未来的遗产，不能天天用老祖宗的遗产来赚钱。要通过今天的建设，缔造未来的遗产。活化是一种积极的保护理念，保持经济使用功能是遗产活化的重要手段之一。活化的目标首先就是让文化遗产被看到、被读懂，其次是可参与、要能碰，最后要品牌化，延伸制作各种文创产品。所以遗产活化要多学科参与、游客参与、当地参与、资本参与。

遗产活化目前中国做得不够好，国际上许多遗产不排斥多种用途。比如土耳其的棉花堡是世界文化遗产，古罗马人在那洗澡、泡温泉，现在游客还在那里泡着，但杨贵妃和李隆基当时泡温泉的华清池现在只能干巴巴放在那里。西澳大利亚州唯一一座世界文化遗产弗里曼特尔（Fremantle）女子监狱，被改造成为青年旅馆，游客可住在布满铁丝网的"牢房"里。世界文化遗产城市卑尔根木屋古街布里根（Bryggen）基本上都在商业经营，一点儿也不会影响文物保护和当地的可持续发展。

1. 遗产活化中的原真性理论

理想化的遗产活化有三种理论，分别是客观主义原真性、建构主义原真性、恋地主义原真性。

第一种理论，客观主义原真性，即考古遗址原样重建，重点在于客观主义的原真性的呈现，即在历史信息保存较完整的条件下，要求原址、原材料、原工艺、原功能重建，如台风后重建的浙江泰顺廊桥——文兴桥，将完全按照原貌重建的巴黎圣母院。

第二种理论，建构主义原真性，即价值观表达与风貌再建一致，重建旧构，再现物质景观，基本轮廓和主题风格可考，不必原材料原工艺，允许、鼓励新功能加入，如洛阳隋唐古城定鼎门保护罩。

第三种理论，恋地主义原真性，即忠于原址与新构创建，重点在于原址呈现历史空间信息，历史地段符号化、舞台化，提供现代功能，居民与游客参与，应用建筑新风格、新科技和创新的材料工艺。

2. 遗产活化强调的原址地方感

为什么必须原址重建？因为文物的原址地方有早期场景价值。原址包含的历史事件、历史场景与场所精神，比建筑本身更重要。原址所携带的场所基因和精神价值，要远远大于文物建筑本身的价值。同时我们在原址的变化与历史场景呈现中，重建、再建、创建，也难以做到修旧如旧。例如，厚重体态的六和塔必须直面汹涌钱江潮，重点是反应钱塘江口杭州湾大潮的风水意义；唐宋元明多次原址重建的黄鹤楼必定矗立于江面狭窄的龟蛇二山之间，因为地处长江岸边龟蛇二山之间最狭窄江段，流速湍急，航行的人看到黄鹤楼在，心里就更踏实。武汉的黄鹤楼其实历史上多次重建，规制、规模各不相同。

3. 建立新的遗产观

今天的活化利用需要解决三个问题：产权、资本、品质。一是重视物权，保护产权，提高精品建设积极性；二是提高投入，没有资本参与不可能有精品留史；三是慢工出细活，不要赶工只求快速建设。

我们要建立新的遗产观：与历史对话，为未来留史。那么我们今天的旅游开发，对待传统文化，不要老想着利用，要先设计好，然后找到好的参与方，来做一个真正的流传后世的遗产。

资料整理来源：吴必虎. 文化遗产的形成机制与主要动力［EB/OL］.［2019－07－02］. https：//baijiahao.baidu.com/s?id=1637906637792795010&wfr=spider&for=pc.

第二节　大遗址的保护利用

大遗址是我国独有的概念，专指我国文化遗产中规模较大且文化价值突出的遗址，包括遗存本体和其相关的环境载体。这一概念始于 20 世纪 80 年代，故宫、汉长安城都属于大遗址范畴，其中部分大遗址已成为世界文化遗产。大遗址与其他文物一样，都是各个时代留给子孙后代的历史文化遗存，具有不可再生性。

一、大遗址的构成与特征

大遗址是综合体现中华民族和中华文明起源与发展的重要物化载体，包括聚落、城镇、宫室、建筑群（含园林）、寺庙（含石窟）、手工作坊、工程设施、陵寝和墓葬群等不同类型。它具体可分为三个类别：一是大尺度建筑、构筑物的具体遗迹及其包含物群体，特别是道路、桥梁、沟渠、运河、农田、都市、港口等工程设施遗迹；二是大型古遗址、古墓葬区等文物保护单位；三是以古遗址、古墓葬区为主的不同时代和类型的文物保护单位组合（可跨省、市、区域）。

大遗址具有丰富多元的遗产价值。一是历史文化价值，大遗址是人类发展史的历史见证，是对自身所携带的历史信息和见证的历史事实的真实展示。二是社会文化价值，大遗址是古代社会政治、经济、文化的物化载体，涉及人类社会生活的各个方面。三是科学艺术价值，大遗址是当时社会生产力发展水平、科学技术水平以及人们的创造力、审美艺术水平的反映。

大遗址通常规模面积大，保护区范围内文化遗产分布较为分散，人类活动及自然环境影响破坏较为明显，可能有以下情况：群众生产活动对遗址造成的破坏，如平整土地、修建水利设施、修建道路、乡镇企业建设；群众日常生活对遗址造成的破坏，如宅基地改扩建、用土取土、生产生活垃圾堆放；国家大型基础设施建设，如高速公路、铁路等建设；遗址所在地及其周边乱搭乱建、违章建筑等造成的破坏。

大遗址承载着丰富的科学信息、历史记忆、文化精神和社会认同等价值，其保护利用应兼顾主体和客体的双重需求，体现包容性、多元性、适宜性的展示特征。

二、大遗址保护利用模式

（一）国外保护利用模式

大遗址虽然是我国特有概念，但在国际上，对类似大遗址的保护利用形成了较为成熟的模式，如欧洲模式、日本模式、美国模式。

1. 欧洲模式

欧洲是近代考古学的发源地，早在 16 世纪就已经产生了遗址保护的理念，到 19 世纪末逐渐系统化、科学化。欧洲模式主张保护遗址现状，以保护遗址的真实性与完整性为目的。例如，希腊为保持雅典卫城的原始风貌，对城市的建筑高度、城市密度、城市色彩都做了严格规定，使遗址保护与城市发展达到完美契合。

2. 日本模式

日本大遗址保护理念在亚洲范围内具有一定的影响。其保护对象不但有物还有人，并通过遗址公园的建设扩大到遗址周边环境。他们使用复原设计和重建手段再现历史场景，在保护大遗址的同时，追求文化遗产的可观赏性，以此带动文化旅游业的发展，化解遗址保护与城市发展之间的矛盾。

3. 美国模式

美国模式的特点在于遗址保护主体的多元化。美国建立起由联邦政府、州政府、地方政府、民间团体与私人共同参与并紧密相连的保护体制。美国的大遗址保护强调以市民为主体，通过建立完备的法律体系与政府相关机构，在景观控制、环境教育展开多方面的保护活动，实现遗址功能的转化与可持续发展。

（二）国内保护利用模式

国内对大遗址保护工作的探索和实践起步较晚，最初采用的是传统的保护模式，即对遗址本身进行保护，对遗址周边进行控制，这也将大遗址与周边环境割裂开来。2005 年《西安宣言》使保护理念逐渐科学化，开始把大遗址与周边环境作为整体，一同纳入保护范围，开启了大遗址保护利用的新时代。在我国国家文物局印发的《大遗址利用导则（试行）》中，明确提出把大遗址利用分为"价值利用"和"相容使用"两部分，并强调以价值利用为主。其中，价值利用是基于文物本体、文物环境、出土文物、价值内涵和相关信息等资源开展的利用活动。相容使用是依托文物所在区域的土地、生态等资源开展的利用活动。

国内大遗址的保护利用分为整体和局部两种类型。其中，整体保护与利用方式是：①将整个遗址区建成遗址公园；②将遗址区与风景区结合，建成旅游景区；③将整个遗址区建成森林公园；④将遗址保护与现代农业园区结合，建成遗址历史文化农业园区。局部保护与利用方式是：①将部分遗址建成遗址展示区。②将部分遗址建成遗址博物馆。

处于城市中心大遗址，可考虑城市发展需求，承担城市公共绿地或公共文化服务功能，通过考古遗址公园、遗址博物馆、城市公园绿地、步道以及特定环境景观等建筑设施，促进大遗址融入当代生活，成为特色公共文化空间。以大遗址为核心整合周边环境资源，结合城市更新、旧城改造、文化形象提升等方式，发展遗产旅游，进行创意产品研发，形成区域经济发展的带动点，促进城市历史文脉传承。

还处在考古发掘阶段的大遗址，应以现状保护为主，做好科学研究、宣传教育、环境改善等基础性工作，辅以小规模陈列馆或适当的文物本体展示。在交通可达性好、周边资源丰富、地方发展水平较高、财政保障条件较好的情况下，可建设遗址博物馆、考古工作站等设施，作为大遗址考古、科研、保护和展示工作平台。

根据遗址的类型、价值和遗址周边的地理环境特征，结合区域的社会文化特点，可将遗址保护利用模式分为遗址博物馆、遗址公园和遗址历史文化园区等类型。

1. 遗址博物馆

通过遗址博物馆的空间展示手段，可以使人们对遗址本体的历史环境、文化氛围有良好的感知，并从中了解到更为丰富的历史文化知识。这种形象与意境的构建拉近了遗址与人们现实生活的距离，但这种模式主要是在封闭性空间里的陈列型展示，表现方式较为单一。

2. 遗址公园

遗址公园是将大遗址保护与公园设计相结合，将已发掘或未发掘的大遗完整保存在公园里，运用保护、修复、重新整合、再生等一系列手法对有效保护下来的大遗址进行展示，是目前对大遗址进行保护、发掘、研究、展示、利用的一种较好模式。

3. 遗址历史文化园区

遗址历史文化园区一般以大遗址为依托，采取大遗址保护区与文化产业园区相结合的方式，将遗址的考古文化成果转化为文化产业，从而产生良好的经济效益和社会效益。这种模式以大遗址保护与利用相互促进、协调发展为出发点，配套多个文化产业园区，从不同角度发展文化产业，以实现遗址保护的可持续发展，在我国也具有较为广泛的适用意义。

知识链接

遗址公园的类型

1. 城市类遗址公园

此类公园以城市的整体或局部遗址为主体，包括古代城市中遗存下来有代表性或特殊纪念价值的城市组成部分，如城垣、护城河、园林、宫室、陵寝、道路等。其中城垣遗址主要指遗留的古代城墙，也包括城门、城楼、角楼、马面、水关、涵闸和瓮城等相关设施，此类遗存在现存城市型遗址中数量大，保护情况较好，并具有一定历史价值，适宜以公园的形式进行保护和开发。

2. 自然类遗址公园

该类公园通常围绕自然科学界中具有重要价值的遗迹，功能上集科普、休闲游憩等综合活动为一体。这些相关活动的融入，将有利于保护活动多样化、充分挖掘遗址潜能。自然遗址在全国各地分布较广，开发潜力较大，建设时应体现鲜明的主题，以此挖掘相关功能，形成综合性的活动场所。

3. 文化类遗址公园

该类公园往往是在主体遗址纪念物在整个公园中主体地位不明显或并不现实存在，因此需要更多地突出遗址本身的文化价值，遗址本身略显牵强，但形成了一系列相关的游览活动，也为城市文化作出了一定贡献。

4. 事件类遗址公园

这一类型遗址公园是表现某一具体的历史文化事件，并依托一定的物质遗存而形成的空间场所。其价值重在发掘和探寻历史事件本身的构成要素，包括时代背景、实践主体、历史意义等，而遗址只起到载体功能。事件本身是非物质性的，而作为事件见证者的遗址是物质性的，对其进行的保留和修复需要联系历史事件中的特殊意象，以提炼内在的精神含义。

资料整理来源：杜金鹏. 大遗址保护与考古遗址公园建设［J］. 东南文化，2010.

三、国家考古遗址公园

国家考古遗址公园，是指以重要考古遗址及其背景环境为主体，具有科研、教育、游憩等功能，在考古遗址保护和展示方面具有示范意义的特定公共空间。自 2005 年开始，我国国家文物局相继公布了"十一五""十二五""十三五"大遗址保护专项规划，并建立了国家大遗址保护项目库，其中 11 处已被选入《世界遗产名录》，36 处被选为国家考古遗址公园。

国家考古遗址公园具有国家性、公共性、整体性、未知性和学术性等特征，是国家所有、国家管理和全民共享的遗址公园。国家考古遗址公园是操作性强、现实意义大的一种大遗址保护利用方式。

国家考古遗址公园应包括核心区、节点区、生态廊道、边缘区等功能空间。其中，核心区保持遗址的"真实性"和"完整性"，加强对文化资源保护利用研究，在确保历史文化保护的前提下，可开展考古、研究、学习和展示参观等活动。节点区可以形成类似文化休闲广场、文化体验广场、文化创意园等旅游景点和类似节庆、演绎等文化创新形式的旅游项目。生态廊道是一种线状或带状的景观单元，是遗址保护的缓冲区域，兼顾经济价值和自然生态系统的平衡。边缘区是指与周边的城市或地区文化产业的合作发展，将遗址文化融入企业经营和企业文化之中产生的物质和精神结晶，如影视城、文化艺术团、文化音像中心、文化科技游乐中心、艺术团、商城、古玉坊、青铜街等文创项目，或生产高品位的艺术品和旅游纪念品，或制作深受广大观众喜爱的影视和文学作品，或为群众提供游乐项目。

知识链接

国家考古遗址公园核心遗产价值的转化路径

核心遗产价值的提炼、阐释和转化，要经历一个"实—虚—实"的过程，其中最难的是"从虚再入实"这一步。当前在核心遗产价值的转化过程中存在展示模式单一、复建破坏真实、文旅产品同质、后续连接乏力等问题，其背后既存在遗址本身与资方预期的落差，考古工作的重点与普通大众的兴趣的差异等客观原因，同时也存在核心遗产价值提炼的缺失、阐释的错位、新兴技术手段介入延迟、产品创新力度不足等主观原因。

要突破以上制约核心遗产价值转化的瓶颈，应从原生路径——文明的重现（历史意义），次生路径——公众的需求（现实意义），再生路径——精神的升华（未来意义）入手。例如，在原生路径可利用"VR＋互联网"和"AR＋现实"等技术手段创新游览模式和展示方式，实现遗址本体及周边环境虚拟性重建，打造充满趣味性的虚拟考古活动，在实现多元化展示的同时避免对遗址真实性造成破坏，让大众在线上和线下都能够有沉浸式体验，从视听层面增进对核心遗产价值阐释的认知与理解；在次生路径可从时装、美食、酒店和生活用品等衣食住行层面入手，加大相关文旅层面的融合，在实现经济效益的同时架起核心遗产价值阐释与公众日常生活之间的桥梁；在再生路径可从娱乐项目、实景演出、庆典活动等实体互动模式入手，结合报刊、书籍、影视等传统媒体渠道，利用好"两微一端"和短视频客户端等新媒体资源，加深核心遗产价值阐释在人们内心深处的印象，推动人民实现文化自信和文化认同的精神升华。

资料整理来源：张冬宁. 国家考古遗址公园如何阐释和转化其核心遗产价值[EB/OL]. ［2024－09－27］. http://kaogu. cssn. cn/zwb/ggkg/202005/t20200520＿5131693. shtml.

第三节　遗产廊道

遗产廊道是大型遗产区域性、整体性保护与开发的新理念、新方法，起源于 20 世纪后期的美国。它是对较大范围内的遗产保护的一种有益探索。作为一种系统性保护措施，遗产廊道主要包括物质性的遗产区域、功能多样的游览路径、沟通性的解说系统以及生态性的绿色廊道。在具体的文化遗产资源活化应用中，它注重对遗产资源的保护和恢复，反对大拆大建；尊重现存的自然社会景观，通过取材、设计等相互协调；合理开发遗产资源，分区域、分时段开放。

一、遗产廊道概念与标准

遗产廊道是一种线性的文化景观，既可以是具有文化意义的运河、公路、铁路等，也可以是通过适当的景观整理措施，将单个的遗产点联系起来而形成的具有一定文化意义的绿色通道。遗产廊道对遗产保护采取整体而非局部的概念，包括了多种不同的遗产、多种生态系统。它将动植物的栖息地、湿地、河流同文化遗产和乡土文化景观一起通过连续的廊道连接，进行整体性的解说和展示，实现游憩、生态和文化保护等多功能，是一种在大范围内保护历史文化的新措施。遗产廊道将历史文化放到首位，选择拥有特殊文化资源结合特点的线性景观，同时强调经济价值和自然生态系统之间的平衡。遗产廊道与文化线路最大的区别在于它能实现文化遗产保护、经济发展、生态保护的多赢。

（一）遗产廊道的概念内涵

遗产廊道是一个与绿色廊道相对应的概念，是"拥有特殊文化资源集合的线性景观。通常带有明显的经济中心、蓬勃发展的旅游、老建筑的适应性再利用、娱乐环境改善的特点。"

遗产的形式和内容是很多样的，其中河流、峡谷、运河、道路以及铁路都是文化遗产的重要表现形式，也可以是一种线性廊道。它们多代表了早期人类的活动路线，并体现着一地文化的发展历程。

20世纪60年代以后，绿色廊道的概念在美国逐渐成熟，green代表绿色，表明存在自然或半自然植被的区域；way表示是人类、动物、植物、水等的通道，这是绿色廊道的两个重要特征。顾名思义，绿色廊道就是绿色的、中或大尺度的线性开放空间。同时，美国历史文化保护理念本身也向整体化发展，开始有了更新的遗产区域保护的概念。作为绿色廊道和遗产区域的综合，一种新的遗产保护形式——遗产廊道就此诞生，为线性遗产的保护提供了新思路。其具有以下三个特点。

1. 线性景观

这决定了遗产廊道同遗产区域的区别。一处风景名胜区或一座历史文化名城都可称之为是一个遗产区域，但遗产廊道是一种线性的遗产区域。它对遗产的保护采用整体而非局部的概念，内部可以包括多种不同的遗产，甚至可以是长达几十上百千米的线性区域。

2. 尺度可大可小，但多为中尺度

遗产廊道既可指某一城市中一条水系，也可是跨几个城市的水系或道路或铁路。例如，美国宾夕法尼亚州"历史路径"（The Historic Pathway）是一条长约为2.41千米的遗产廊道，而美国得克萨斯州格兰德河地区的遗产廊道长度则达到338千米。

3. 包含自然、经济、历史文化的综合保护措施

这体现了遗产廊道同绿色廊道的区别。绿色廊道强调自然生态系统的重要性，它可以不具有任何文化特性。而遗产廊道将历史文化内涵放到首位，同时强调多方面的平衡。例如，格兰德河区域的遗产廊道包括 2 个州立公园、3 个不同的生态系统、30 个博物馆、1 个动物园、1 个国家海滨公园、2 个野生生物保护地以及许多具有历史或艺术重要性的构筑物。

（二）遗产廊道的选择标准

1. 历史重要性

这指的是遗产廊道内应具有塑造地方或国家的历史事件和要素。评价历史重要性要了解当地景观代表的社会、宗教和民族重要性事件以及一地的居住模式或社会结构是否影响着当地社会。

2. 建筑或工程上的重要性

这指的是遗产廊道内的建筑应具有形式、结构、演化上的独特性，或是特殊的工程建造技术。要考虑哪些建筑具有地方重要性，哪些建筑是当地所独有的，哪些建筑是全国都普遍存在的形式。

3. 自然对文化资源的重要性

遗产廊道内的自然要素是人类居住地形成的基础，同时也是影响整个廊道的重要因素。评价廊道内的自然重要性要了解以下几点：当地自然景观在生态、地理、水文学上的重要性；所研究的区域是否具有完全、基本未被破坏的自然演化史；当地环境是否由于人类活动而改变；哪些自然要素决定着区域独特性景观的主体。

4. 经济重要性

这指的是保护遗产廊道是否能增加地方的税收、促进旅游业和经济发展等。

二、遗产廊道规划要点

遗产廊道的保护规划注重整体性，从系统的整体空间组织着手，保护遗产廊道边界内所有的自然和文化资源，增加当地娱乐生活和经济发展的机会。

遗产廊道主要有四个主要的构成要素：绿色廊道、游览路径、遗产资源、解说系统。绿色廊道、游览路径和遗产资源之间相互嵌套，解说系统则是对三

者的综合和具体解释。遗产廊道的规划也主要是围绕这四部分展开。

（一）解说系统的组织

解说系统的作用在于向别人解释遗产廊道内遗产资源的内涵和历史重要性。对景观要素、构成，及其历史资源精确而积极的解释将大大提高公众对遗产保护策略的全面认识。良好的解说系统应着重考虑以下两方面的内容：

1. 确定遗产廊道不同解释性主题或解释内容

不同遗产廊道具有不同的历史文化遗产，应该突出强调的具体主题内容各有不同，甚至同一廊道中，不同地段之间解释性主题也应有所差别。

美国的黑石河流域国家遗产廊道位于马萨诸塞州和罗得岛州内，多年以来，一直与人类的发展相依相生。这个大于 10 万公顷的独特区域目睹了人们定居、城镇工业化和去工业化的整个过程。黑石河流域国家遗产廊道规划强调了该流域内重新复兴文化和历史的主题。它的解说系统包括如下 13 个主题：工业发展、去工业化、交通、科技、劳动管理、移民、宗教、早期定居点、社区开发、社会变革、商贸、农业和美国本土居民。这一解说系统为旅游者提供了多种可探讨的主题，以不同的形式展现了当地的风貌。

2. 构建丰富的解说手段

良好的解说系统应具有多样化的解说手段，包括举办参与性活动、各种幻灯片展示、展览、多种媒体的宣传、自助型游览规划和故事性宣传等，并应制定有关解说系统位置、形式、内容等具体原则。黑石河国家遗产廊道中的伯塔基特，每年都有成千上万的人到曾经的制造工厂场地参加劳动和反种族歧视节典，美国国家公园局的员工每天在现场讲解制造工厂日常对乘独木舟者和河边路人感受的破坏性影响。

（二）绿地系统组织

遗产廊道内绿地系统的规划设计应以绿色廊道为基本模板。它主要强调的是对自然环境的保护及保证绿色廊道对其内部文化遗产的衬托和联系。其规划应在细致系统的场地调查之后，由多学科工作人员合作进行。规划和设计应包含以下内容。

1. 连续性

从生态的角度看，绿色廊道是物质、能量和物种流动的通道，生态学家普遍承认，连续的廊道有利于物种的空间流动和本来是孤立的斑块内物种的生存和延续。而对于遗产廊道的保护而言，连续的绿地系统有助于为廊道沿途散布的文化遗产形成统一连续的基底背景。具体地段的绿色廊道宽度的设定可根据当地土地利用现状的要求，在不同地区应因地制宜。

2. 关键区

关键区指的是保持生物多样性及廊道连通性最关键的地区或者是最脆弱的地区以及遗产核心附近的区域。例如比较独特的自然地形和植被带、土壤不稳定的地带、桥梁通过地带、与居民点交界的区域、遗产节点周围环境等。

3. 植被结构

规划设计中，植被结构设计最为重要，它是保持水土、改善环境以及营造适当历史氛围的基础。植物种类应首先选择本土种类，这样最有利于保护廊道内部的生物多样性。具体地段植被的处理手法应结合当地的历史文化背景，分别采取保育、放任或更替的方式。

保育主要适用于具有重要历史文化价值的植被，如原有的名树古木、特色植物等。放任就是保证当地景观群落的自然演替不受干扰，任其自然生长，主要适用于对整体环境氛围和人文景观能起到烘托作用的群落。更替是指用一种生物种群替换另外一种生物种群，被替代的种群应是那些破坏整体环境氛围、或其生长对区域内人文景观的结构或外形造成损害的种群。例如，在某一滨水花园内铺设草坪，替代原来花卉和杂草混生的形式，更能充分展示地形并唤起人们的空间意识。

（三）游览路径

游览路径是指对遗产廊道保护、管理、旅游等有重要作用的慢速交通线，它可以在水中也可在陆地，其功能具有多样性。

1. 游览路径的类型

遗产廊道内的游览路径大致可分为三种类型：一是历史性路径，但现在已不再发挥原有运输功能，如历史上就存在的游览路径、铁路、公路、运河等；二是连接廊道内各重要组成部分的游览路径；三是遗产廊道与周围区域之间必要的慢速连接交通线路。无论是哪种类型的路径，其功能都集中于一点，即便于人们出行，进而体验、了解遗产廊道的内涵。

2. 游览路径的选线原则

游览路径的选线要综合考虑自然和文化遗产两方面的内容。自然方面，游览路径的选择应适应自然的地形水文条件，不破坏重要的自然景观并能够让人欣赏体验优美的自然环境。文化方面首先应充分利用和改造原有的历史性路径，其次应实现各主要遗产节点之间的连接，让人们能在移动中体味历史。

3. 游览路径的设计原则

一个成功的游览路径系统，需要考虑几个因素：游览路径的使用者；使用者的类型及其安全；游览路径与自然环境的关系；游览路径选择位于陆地或水域，对游览路径的形式和功能起着关键影响作用；应力求将游览路径整合进已有的自然景观。主要的具体求是游览路径的功能、路面的类型和宽度等。

4. 游览路径的功能

游览路径作为一种慢速交通路线，可用于步行、跑步、骑自行车、溜冰、划船等一系列静态和动态的娱乐活动。另外，游览路径应尽可能同区域内基础设施一同进行建设，以方便维护。

（四）具体遗产资源

具体遗产资源包括整个遗产廊道内的财产、构筑物、建筑及其他历史文化遗存。其保护应多手段综合利用，包括整治、建设、恢复、保存、改变以及重新利用等。应主要遵循这些因素：最好是保护和恢复，而不是破坏和重建；恢复应该同现存的历史痕迹以及周围建筑景观的形式相一致；新建构筑物的用材、技术和设计应该尊重现有建筑景观和环境的特点和价值；并不是所有的历史地点都应该完全向公众开放。

知识链接

构建北京长城文化带

1. 构建北京长城文化带的必要性

借鉴遗产廊道理论构建北京长城文化带，先要对构建的价值意义、面临的主要问题和资源情况做全面梳理，确认长城文化带构建的必要性与紧迫性。

构建北京长城文化带的价值意义。北京长城文化带构建对长城及其周边资源整体保护开发有重要价值。北京长城一直是历代王朝的军事要塞，至今仍遗存大量的历史文物。它弥补了历史文字记载的不足，对于研究中国古代北方军事活动有重要的历史价值。例如，北京长城保留着中国古代的建筑构造工艺及材料，其附属的古村落部分保存着中国古代的生活习俗和非物质文化技艺。这些都有助于研究中国古代北方的文化习俗。北京长城地处城市西部和北部山区，是北京城乡空间布局结构中自然生态系统的重要组成部分。其所处的山脉是构建北京生态涵养系统的理想依托。开发较为成熟的八达岭长城可以为北京长城其他段落的开发提供经验，从而促进北京旅游业的整体发展。北京长城作为国内外的知名地标，成为很多展会的首选，如电影发布会、音乐会等。这促进了北京长城周边地区的经济发展。

构建北京长城文化带面临的主要问题。构建北京长城文化带面临诸多问题，主要是缺乏统一规范，管理模式不一。在规划管理上，缺乏整体展示系统和统一的旅游规划。北京长城多以点状分散展示和攀岩观光为主，长城深层的综合防御体系、地域文化特色及历史文化价值等方面难以被大众熟知。比如明代建立的九边重镇中蓟州镇东、中、西三段防守系统，以及戚继光在负责蓟州军事防务时进行的改良，这些历史文化价值都没有得到整体而有效的展示。在管理模式上，有区级政府为主导的模式，如八达岭长城；有旅游公司为主导的模式，如古北水镇（司马台长城）；还有大量以涉及村镇为主导的模式，如响水湖风景区。不同的模式在管理水平上有较大差异，这直接导致北京长城"旅游极化现象"突出。以北京长城中的"名牌"——八达岭长城为例，2016年1月至10月，最大日承载量超过10万人次，共接待游客量超过800万人次。相比之下，司马台长城、黄花城水长城等景区游客则相对较少。如此不均衡的游客分布，不利于北京长城景区的可持续发展。

同时，北京长城文化带的资源有两个显著特点：一是遗存相对丰富，二是对资源的统计较为完整。北京长城文化带区域涉及长城的景区有34处，其中八达岭、慕田峪被评为国家5A级景区。此外，北京长城还有大量的"野长城"属于非开放区域，但也受到了很多旅游和摄影爱好者的追捧。北京长城沿线的140多处古村落，大多发展为民俗旅游区域，成为当地经济的重要支柱。这些展示资源由官方进行了完整的调查，为后续的北京长城文化带构建工作奠定了基础。

2. 构建北京长城文化带的具体路径

对于北京长城文化带的构建实践，应明晰相关行动主体的权责与义务，要政府、非政府组织、公众三者之间的配合协作。政府作为北京长城文化带的设计者应做好规划和组织工作，设立相关机构进行专门管理，合理配置资源，统筹文化带构建。非政府组织应在资源的深度挖掘、生态保护、旅游服务等方面发挥应有的作用，积极吸纳包括志愿者在内的广大民众，形成文化带共建、共享的局面。同时，北京长城文化带要重视时间和空间的动态性、系统性。有学者在借鉴美国国家遗产廊道的动态管理模式基础上，提出"整体观照，区域管理""推进公众参与、伙伴制管理""加强监督、监测管理"等思路，这都有助于推进长城文化带的构建。

精准评估——分层判别。在北京长城文化带资源评估方面，有学者提出以"功能相关、空间相关、历史相关"为准则，划分遗产的保护层次并构建其价值评价体系。或者针对"点、线、面"提出不同层级的保护策略及专项措施，从理论上有效指导相关遗产的保护与管理实践。通过对资源的探勘与汇总，形成对北京长城文化的初步认识。对已知资源进行精准评估，确定资源种类，进行分层判别，为下一步的资源深度挖掘奠定基础。政府要合理规划，最大限度展示北京长城文化带各区域的价值，从而增加整体的附加值。

资源挖掘——景观规划。北京占据全国长城资源的 5.38%，除已开发的八达岭、慕田峪、司马台、居庸关等部分长城外，还有大部分未开放的"野长城"集中在欠发达的偏远地区，这些资源都值得进一步深入挖掘。具体而言，要在前期评估和分类基础上，设计资源挖掘流程和路线，同时结合当地城市景观规划进行系统选择。北京开始准备设立北京长城国家公园试点区。八达岭长城区域作为第一批入选单位，主要分为五大类，包括世界遗产、自然保护区、风景名胜区、地质公园、森林公园类。例如世界文化遗产明十三陵、八达岭—十三陵风景名胜区（延庆部分）、密云雾灵山自然保护区、北京八达岭国家森林公园、中国延庆世界地质公园八达岭园区等。国家公园体制作为遗产廊道的重要体现，有助于将生态、经济、文化三方面的价值进行统合，与北京长城文化带构建形成有机合作。

解说展示——系统设计。对于遗产廊道而言，解说系统是最后的呈现，国内不同学者对其研究的侧重点和组织体系有所不同。有人从遗产的地点和内容出发，设计了包括静态的展览、图片展示和动态的幻灯片放映，自助型解说设备，讲解员解说和参与性活动等解说系统。有人按照时间顺序，将遗产资源进行主题分类，同时对解说系统的线索与主题提炼，形成解说系统。还有学者从解说主题的层次出发，借鉴美国伊利运河国家遗产廊道的经验，构建核心解说主题、次级解说主题、解说主题和代表区域组成的解说框架，将层级解说系统分为解说框架、解说媒介、标示系统三个部分。北京长城文化带应以核心主题统合各子主题，形成一个特色鲜明、规划科学的解说框架。根据解说框架选择相应的解说媒介，既可以使用传统的视听媒介，也可引入新型的 VR、AR 等媒介形态，拓展传播样态。建构具体的长城文化带标示内容，设计相应文字、图片、视频等视听材料，全方位展示北京长城文化带的历史演变、文化内涵和民俗特色。

加强公共服务基础设施建设。作为一种现代化的遗产保护策略，遗产廊道理论注重对基础设施的建设，尤其是交通系统与原有文化遗产的有机融合。北京长城文化带的游览路径按照距离远近，大致可以分为短途的公路汽车路径，中途的"铁路＋公路"路径和远程的空中路径。依托北京作为首都的区位优势，三条交通路径都相对较为便利。但长城多处于北京北部、西部山区，地势起伏不定，交通设施相对不便。应把这些"边缘地区"纳入全市交通网，打通"最后一公里"。坚持定制化思维，根据前期调研情况，合理配置相应设施的规格与数量，因地制宜建设医疗卫生、娱乐等基础设施，避免用"一刀切"思维进行布局。

资源来源：景俊美. 遗产廊道与北京长城文化带构建［J］. 前线，2019.

第四节　世界遗产与旅游

世界遗产与旅游有着天然的联系，旅游是传播世界遗产价值的最佳载体，通过旅游，世界遗产得以更好地展示其突出的全人类价值，旅游者得以更好地感受历史的价值、生命的意义以及不同文化间和平相处的沟通之道。联合国教科文组织和其咨询机构国际古迹遗址理事会对旅游的态度也经历了转变，由开始的"禁止""限制""监督"转向"管理""规划""负责任的推广"，如在1997年通过的《国际文化旅游宪章》中，不再将旅游视为"禁止"对象，而是提出要关注旅游发展的正面影响，并建议"促进和鼓励保护遗产各方和旅游业之间的对话"。世界遗产通过国家公园、文化旅游、遗产旅游等途径融入国民的游憩行为。

一、国家公园游憩

（一）国民游憩权

国民游憩权来源于福利主义游憩观。福利主义游憩观认为，休闲游憩应当是社会权利的一部分，国家应当保障民众的基本游憩权。第二次世界大战后，福利国家扩展了公共物品和服务的范围；社会福利政策也更加泛化。欧洲国家在经济和政治上做出发展国家福利的承诺。作为基本权利的一部分，处于福利权顶端的休闲游憩也被认定为社会福利的一部分，政府部门需通过提供游憩机会来提高国民的生活质量。国民游憩权的实施表现在两方面，一是通过法律保障游憩时间供给。二是通过设立城市公园或国家公园保障公共游憩空间的供给。

我国高度重视国民的福利保障，先后出台了若干促进旅游发展的政策意见和法律法规，不断完善旅游公共服务职能，人们的旅游权利得到了切实维护。

（二）国家公园的主体功能

国家公园是具有国家意义的公众自然遗产公园。它是为人类福祉与享受而划定，由国家最高权力机关行使管理权，面积足以维持特定自然生态系统的保护地。游客到此观光需以游憩、教育和文化陶冶为目的并得到批准。

国家公园的功能包括保护环境、保护生物多样性、公众游憩、繁荣地方经济、促进学术研究及国民环境教育。

其中，生态服务功能是国家公园极其重要的主体功能，一是保护生态系统的完整性和维护生物多样性，二是为人类提供基于原生自然环境的休闲游憩服务。

我国国家公园现阶段主要包括国家级自然保护区、世界文化自然遗产、国家级风景名胜区、国家森林公园、国家地质公园等。

在国家主体功能区的划分中，国家公园是被划定为国家层面的重点生态功能区，其主体功能是为国民提供生态服务产品。在空间管制中，国家公园允许开发的是以保护为前提的国民环境教育为主导的旅游产品。

（三）国家公园与国民游憩的关系

国家公园是在工业化、城市化推动的现代文明进程中，为人类福祉与享受而划定的公众公园。1872 年，美国国会通过法案规定黄石地区为公众公园，在土地私有化的美国划出了一块土地向全民提供环境保护和游憩体验的公共场所，全球首个国家公园诞生。在游憩权逐渐被纳入国家的福利体系以及生态保护理念全球扩散的背景下，国家公园的理念得到了全球范围的响应，其数量出现了高速增长。

从国家公园的命名设置、维持与维护、管理与监督等环节上看，中央政府都发挥着不可替代的核心作用，以实现人类福祉与享受为根本目标，中央政府向国民提供持续的自然资源、美好的原生体验环境、独特的自然文化遗产、典型的科研实验地，为国民提供一个游憩、休闲与旅游的享受空间。

（四）发达国家国家公园的管理方式

1. 确保公益性价值取向

发达国家国家公园建设与管理在福利主义游憩观的影响之下，国家公园都以公益化为发展取向，强调国家对维护国民游憩权、环境和遗产资源保护的公共价值。中央财政给予了强大的支撑。为保障游憩权的实现，发达国家普遍采用低门票或免门票的方式向全民开放国家公园。

2. 门票运营管理方式

一是最高限价法。以人均国民收入水平为定价标准确定公园的进入费。譬如，意大利规定其国家公园的门票价格不得高于国民人均收入的1%。按照最高限价法得到的门票价格可以保障社会多数人对国家公园的可进入性，有利于实现公共福利。

二是采用差别定价法。根据社会公平、市场反应和管理策略等要素来确定国家公园的入园价；对儿童、老人、社会救济人员等弱势群体实行折扣价；根据市场需求定价，高峰期征收更高的门票；根据区位和接待设施条件的不同，推行不同价格；对外国游客征收更高的门票。

（五）中国国家公园经营管理现状与出路

当前，我国的国家公园经营管理更关注的是旅游者的需求而非普通游憩权，突出表现在公园入园费的高涨和国内大量经营性项目的开发，结果是国家公园的门票收入不断增多，公园所依赖的原生自然环境质量下降，国家公园对大多数国民而言成为"奢侈的消费"，与国际普遍认同的国家公园概念有偏离的趋势。

就我国国情而言，国家公园不仅是国家政府在维护游憩权的必需空间，也是减轻城市政府的公共福利供给压力，解决城乡居民不平衡的公共福利供需局面，提高国民凝聚力和推动环境保护进程的重要手段。

二、文化旅游

文化旅游是古老的一种旅游形式，古罗马人到希腊和埃及的宗教朝圣，或者中国古代文人游历名山大川，都可以视为一种文化体验形式。联合国世界旅游组织将文化旅游定义为：人们为了获取新的信息和体验以满足自己的文化需求而为其常住地之外的城乡文化吸引物所做的（空间）运动，以及人们为常住国之外的城市遗产地、艺术与文化展示、艺术与戏剧等特定文化吸引物所做的（空间）运动。文化旅游从本质上来说是指受文化动机驱动的人们对文化吸引物和文化活动的参观访问。

文化旅游依赖于目的地的文化遗产并将它们转化成可供游客消费的文化产

品。文化旅游包括了许多产品类型和活动体验，如艺术工艺品作坊、民间艺术品购买、美食旅游、工业遗产博物馆、农业遗产公园、作为大型盛事组成部分的文化节事、文化演艺活动。

文化游客类型多样，根据文化活动在整个旅行决策过程中的重要性，以及游客所获得的体验深度，可以将之划分为目的型、观光型、意外发现型、随意型、偶然型等。目的型文化游客：文化旅游是其访问某一目的地的首要动机，伴随深刻的文化体验。意外发现型文化游客：并非出于文化旅游的原因而旅行，但参加之后，最终却获得了深刻的文化旅游体验。而其它类型的游客，无论是否出于文化旅游的动机，其体验都比较肤浅。

文化旅游与其他形式的旅游一样，都是一把双刃剑，既可能给东道主带来经济利益，也可能对那些能被转化为旅游产品的文化遗产造成破坏。因为旅游从本质上是受利益或受政府实现其经济目标的愿望而驱动的商业活动。旅游对文化遗产的兴趣在于其所具有的使用价值而非存在价值。因此，联合国教科文组织制定了宪章、条约与行为守则，以对世界遗产相关的文化旅游进行控制和引导。

游客对文化遗产有着不同程度的了解，其所获得的文化体验的不同深度取决于他们所参访的遗产类型。世界级文化遗产虽然能够吸引大量游客，能在他们心中激发起敬畏之情，但却无法激发起游客深度的个人共鸣。国家文化遗产是一个社会共同记忆的象征，在很大程度上是反映民族自豪感的国家图标，有助于游客通过其所体现的稳定价值来表达自己的身份，国内游客在访问这些地方并瞻仰那些代表其共同身份的国家象征物的时候，或许会体会到一种朝圣感。

同时，游客越来越希望体验地方性的遗产，从而创造他们自己独特的关于目的地的旅游体验。而当地人的多样化服务能为游客提供他们所期望的那种体验，游客通过自己的体验与记忆来实现这种互动的、自我创造的旅游目的。

文化旅游具有强大的经济发展能力，能创造就业岗位、吸引投资，为社区注入新的活力。当地居民可以通过掌握的旅游资源，经营零售店、宾馆、餐饮店、民宿，提供本地导游服务，制作工艺品、艺术品和纪念品出售给游客。

文化旅游还能通过适应性的再利用，为建筑遗产保护以及当地的社会结构保护提供经济支撑。这些建筑的适应性再利用和历史商铺的修复，使当地居民重新获得了自豪感，也能起到地域身份表达的作用。

文化旅游可以利用文化遗产来宣传民族身份，营造共同的归属感，文化旅游在民族形象塑造中所发挥的作用在许多方面比产生经济回报更为重要。例如博物馆、历史遗产之类的地方，能够在某种轻松而又令人兴奋的氛围中向游客呈现民族性的核心要素。

文化旅游还能为当地带来一些直接或间接的收益，为特殊目的建造的文化吸引物、特别设计的遗产区域和重新活化的历史街区提供了多种多样的休闲、娱乐、进餐、购物的消费机会。

知识链接

吴哥工匠复制石刻雕像

吴哥工匠计划是世界遗产所在区域能力建设和工艺活化的典范。它最初由欧盟发起，旨在帮助柬埔寨的年轻工匠（其中不少在连年内战中变成伤残人士）在自己的村子里找到工作，为他们提供一个进入社会，发挥自己作用的机会。这些年轻人接受制作吴哥窟工艺复制品的技术培训，由此而产生的一项额外好处是为游客提供了文物替代品，游客不再需要通过非法渠道去获取寺庙的残片或其他的考古遗物，这些残片与考古遗物目前部分被用于寺庙修复。吴哥工匠计划还取得了别的一些效果，包括在丝绸制作、石木雕刻、漆器制作和绘画方面保存高棉传统技术。另外，销售仿真复制品也有助于停止或至少减缓非法的工艺品交易。

资料整理来源：希拉里·迪克罗，鲍勃·麦克彻. 文化旅游（第二版）［M］. 朱路平，译，北京：商务印书馆，2003.

三、世界遗产旅游

世界遗产旅游是指以被选入《世界遗产名录》的文化遗产、自然遗产、文化与自然双重遗产作为旅游吸引物的旅游形式。《世界遗产名录》中的世界遗产都是各国精心挑选具有突出的全人类价值的代表性景点。许多人们耳熟能详的各大洲、各国家、各地区的著名旅游名胜，几乎都能在《世界遗产名录》中找到。

世界遗产旅游是人们了解人类文明和获取认同感的一种方式。每一处世界遗产，都从不同角度诠释了某种突出的全人类价值，这些价值常常使游客感受到平日生活无法触及的超然之美。在世界遗产地，千年以纪的人类历史、万年以纪的地质变迁、璀璨的历史遗存、瑰丽的自然美景，常常会引发游客对"人生意义"的思考。世界遗产不是单纯的游客观景、疗养、休闲的场所，而是游客学习传统智慧、产生新思想、表达身份认同的重要载体。作为科研、教育、游览和启智等功能于一体的活动场所，世界遗产是人与大自然的精神联系、人与历史对话的理想之地，以旅游方式向社会公众开放，既是一种趋势，也是一种社会责任。

世界遗产与游客的精神与情感体验密切关联。世界遗产本身熔铸的是一种高度凝练的人类智慧，游客在世界遗产旅游时，应做好有关地方知识的储备。丰富而多样的遗产解说是实现游客与遗产互动的重要途径。导游在阐释世界遗产地的突出的全人类价值方面以及遗产地的环境保护方面都扮演着重要角色。随着时代的发展，环保的概念逐渐成为时代对每个人的基本要求。游客到世界遗产地旅游，应明白自己所担负的环境保护、遗产保护的重任，倾注对世界遗产的热爱和敬仰。因为文化背景不同，许多文化遗产对于游客来说是陌生的，但不能以听不懂、看不懂等理由对异国文化、异族文化持排斥态度。例如许多非物质文化遗产，如杂技、歌曲、舞蹈和滑稽戏，表演上辅以面具、服装、道具等，我们不能尽情领略其中的美感与奥妙，但我们应该明白，这是人类的伟大创造，具有博大精深的文化内涵。

旅游让人们结识世界遗产，世界遗产让人们的旅游更增趣味。无论是历史寻古，还是饱览自然，不论是了解不同的文明建树，还是体验与现实生活相去甚远的生存环境，世界遗产都给了游客丰富多样的选择。旅游者也不是单纯地遗产价值传播的对象，相反他们是世界遗产价值传播的主体。在游客求知的过程中，了解不同的文化与自然以及一般意义上的丰富个人知识是他们进行遗产旅游的主要动机，他们从平民化视角，对世界遗产的独特价值进行理解、欣赏和传播，使世界遗产更大众化，更生动，更有活力。

世界遗产旅游可以有力地促进了旅游业和地方经济的发展。当地居民也不再仅仅是旅游产品和服务的生产者，更是与世界遗产一起共同为游客创造别具一格的体验氛围。2000 年，当时我国国家旅游局全面推出的世界遗产世纪游，就以中国的世界遗产为招牌，吸引海外游客，取得了良好的效果，也获得了较高的经济收益。世界自然保护联盟专门编辑了《管理世界遗产地的旅游业——遗产地管理者实用手册》，探讨了从缔约国、国家有关部门、遗产地管理者到旅游从业者、游客与当地居民协调利益等各方面进行合作的途径。

导入 案例

中国证明世界遗产保护可以与旅游业发展相辅相成

2023 年 8 月，联合国教科文组织驻华代表处代表夏泽翰撰文称，截至 2023 年 7 月，全世界共有 1157 项世界遗产，分布在 167 个国家，其中多处世界遗产已经成为旅游胜地。中国历史悠久，文化遗产丰富，是联合国教科文组织的世界遗产宝库。

1. 世界遗产与旅游业相辅相成

文章指出，世界遗产凭借对全人类的突出价值而获得高度认可，它们可以创造就业，增加收入，促进旅游业可持续发展。世界遗产与旅游业相辅相成，世界遗产是主要的旅游景点，而旅游业又可以向公众展示世界遗产，并提升公众对世界遗产重要性的认知，进而获得经济效益。国际和国内游客大幅增加，这给世界遗产地及其周边社区同时带来了机遇和挑战。

促进旅游业发展、提升游客参与度以及增进文化交流，对世界遗产地大有裨益，有助于推动相关的保护和研究、促进基础设施建设、增进当地福祉、提升全球对其重要性的认识。然而，在认可度和知名度不断提升的同时，世界遗产地也面临着一系列威胁，包括过度开发、污染、遗产完整性和真实性受损以及非法的文物贸易。

若不能进行适当管理、采取可持续措施，快速发展的旅游业所带来的威胁可能会对世界遗产的独特价值造成不可逆转的损害。很显然，只有推动旅游业可持续发展，才能在可利用和保护遗产之间达成平衡。

旅游业可持续发展应在游客、环境以及当地居民之间构建和谐关系，缓解传统旅游业的负面影响，这对世界遗产而言至关重要。为确保旅游业可持续发展以及妥善管理游客流量，景点管理者必须与所有相关的公共机构进行有效合作。

2. 联合国教科文组织发挥重要作用

文章进一步表示，联合国教科文组织就世界遗产与可持续旅游项目推出了一种以利益相关方之间的对话和合作为中心的新方法，旨在将旅游规划和世界遗产管理相结合，在促进旅游业发展的同时，保护好自然资源与文化资源。

世界遗产与可持续旅游项目创建了国际合作框架，推动各部门协调行动以保护遗产、促进经济可持续发展。此举对于保护这些独特的自然遗产和文化遗产的完整性至关重要，这些遗产代表了人类的过去，呈现了人类发展的现在，属于我们所有人。

中国历史悠久，文化遗产丰富，是联合国教科文组织的世界遗产宝库。从长城到安徽黄山，从四川九寨沟到甘肃莫高窟，这些遗产不仅具有重大的历史、文化和自然意义，还吸引了来自世界各地的数百万游客。

中国的诸多世界遗产位于脆弱的生态系统中，容易受到环境影响。联合国教科文组织携手甘肃省以及世界银行，加强当地机构在文化遗产同创意方面的能力与技能建设，促进地方创意经济发展，建设具有韧性、包容性且极具活力的城市。

总而言之，世界遗产是人类共同遗产，是维系过去、现在和未来的纽带。保护自然遗产和文化遗产不仅仅是在保存我们过去的共同遗产，也有助于构建一个更加可持续的未来。

资料整理来源：严玉洁. 联合国教科文组织驻华代表：中国证明世界遗产保护可以与旅游业发展相辅相成［EB/OL］.［2023－08－07］. https://china. chinadaily. com. cn/a/202308/07/WS64d0930ca3109d7585e48390. html.

第五节　世界遗产教育

世界遗产教育对于世界遗产的保护、传承、利用和可持续发展至关重要。1972 年通过的《世界遗产公约》第二十七条要求缔约国应该通过一切适当手段，特别是教育和宣传计划，努力增强本国人民对世界遗产的欣赏和尊重，并使公众广泛了解对世界遗产造成威胁的因素和根据公约开展的活动。联合国教科文组织专门编写了《世界遗产与青年》教程，我国在苏州特别建立了相应的世界遗产研究教育中心，每年开办青年学生参加的夏令营活动。世界遗产地是世界遗产教育功能发挥的物质载体，是对社会公众特别是青少年人群进行真、善、美教育的最佳场所。

一、世界遗产教育目标

世界遗产教育是以世界遗产的相关知识为内容，以保护遗产、传承文化为目的，使青少年形成保护世界遗产的意识和能力。世界遗产教育是实现国际理解的重要文化载体，国际理解是世界遗产教育的核心价值目标。

1994年，世界遗产中心正式发起了旨在鼓励公众参与世界遗产保护和发展的世界遗产教育计划。该计划被界定为联合国教科文组织旗下一项"特殊工程"，由世界遗产中心领导，联合国教科文组织联系学校项目网络协助，通过与外派机构、国家委员会及其他相关机构的密切合作来开展工作。其目的是鼓励"未来决策者"——青少年——了解《世界遗产公约》的重要性，并学会表达关切，探索对自然遗产和文化遗产的保护；开发利用有效的新技术、新手段、新材料，同时在教育界、遗产专家、环保专家、缔约国政府、遗产管理机构和其他利益相关方之间创新协作。

世界遗产教育应聚焦青少年群体。一般而言，青少年群体指年龄介于13—28岁的适龄人群。处于这个年龄段的人群正值由儿童期向成人期过渡的重要阶段，生理与心理呈现快速发展态势，人生观、世界观、价值观趋于稳定的同时，也更易受到外部因素的影响。青少年群体是未来世界遗产问题与挑战的研究者、解决者，更是政策法规制定者、实施者。因此，世界遗产教育必须要抓住青少年这一重中之重的群体，通过多种方法、各种途径进行教育和宣传，让他们充分领略遗产魅力，自觉参与保护行动。

世界遗产教育强调政府作为。政府在推进世界遗产教育方面具有巨大的影响力。政府对世界遗产教育的重视程度和投入程度直接决定了教育的深度和效果。一般而言，成立专门的遗产管理机构、制订专业的遗产教育纲领计划、打造高素质的人才队伍，将有效促进遗产教育的良性发展。特别是在博物馆、遗产主题公园等遗产教育阵地，政府扮演着上级管理、业务指导、合作伙伴等重要角色，在经费来源、宣传推介、公共配套等方面对遗产教育给予正向影响。

世界遗产教育注重环境营造。遗产地作为主体教育环境，是一个需要强调的重要因素。在不同的环境中，人们的感情与行为会受到不同的影响。世界遗产教育应特别着重于良好环境的营造，这种环境应包括但不限于文化氛围营造、教育阵地建设、社区常态互动等。在遗产地及周边地标建筑、公共设施、城市小品等建设中融入遗产元素，打造遗产专题博物馆、文化艺术中心、旅游服务中心，构建遗产展示教育阵地，引导社区群众围绕遗产主题，参与或自行组织开展文化、艺术、体育活动，都将为深化遗产教育效果树立起良性的外在影响标杆。

二、世界遗产教育活动

（一）区域性世界遗产保护项目

该项目由世界遗产中心及学校项目网络于 1994 年联合发起，其核心内容是将世界遗产教育纳入学校项目网络的教学课程中。为此，世界遗产中心推出了一项"中期特别项目（1996-2001）"，为该教学活动和世界遗产青年论坛的开展制订配套教材计划。迄今为止，已组织编写了多种教材及资料：有 37 种语言版本的通用教材《世界遗产与年轻人》；以卡通形象出现的"世界遗产青少年保卫者"帕特里莫尼托为主角的 13 集卡通系列片"帕特里莫尼托的世界遗产之旅"。此外，还有《世界遗产教育项目手册》《现在和未来：与年轻人一起》等。

（二）教师培训研讨班与传媒流训练营活动

研讨班始于 1999 年，迄今为止，将近 1200 余名老师和教育工作者通过约 40 个国家级、次区域级、地区级及国际的研讨班和工作营受训。2013 年开始，世界遗产中心开始重视世界遗产的传媒推广。从 2013 年开始连续推出了三届传媒交流训练营，旨在通过相关的世界遗产活动传授特定技能，从而加强青少年及青少年组织的能力建设，并且帮助参与者们建立工作联系。

（三）世界遗产青年论坛

自 1995 年第一次世界遗产青年论坛在挪威举办以来，迄今为止已经组织了将近四十余次国际及地区层级的世界遗产青年论坛，吸引了 1600 余名年轻人参加。

（四）世界遗产志愿者项目

自 2008 年推出以来，有 1900 余名志愿者参加了在 29 个国家开展的 126 个青年工作营。2008 年，世界遗产中心在"世界遗产教育"项目框架内正式推出世界遗产志愿者行动倡议，以协助国际志愿服务协调员会，动员年轻人和青少年组织参与世界遗产的保护与推广工作。该行动旨在提升青少年、志愿者、当地社区和相关机构保护和宣传世界遗产的意识；帮助青少年参加具体的世界遗产保护相关项目，从中学习到新技能并学会表达，给青少年提供学习遗产保护和修复技术的机会；促进青少年组织、社区、遗产管理机构和当地政府之间的合作；确定最好的活动方式，开发非正式教育手段，以方便利益相关方参与到世界遗产教育之中。自 2008 年起，世界遗产中心每年都会组织青少年参与诸如遗产工作营形式的世界遗产志愿者活动。

近年来，世界遗产中心意识到网络信息技术的迅猛发展对于遗产保护及推广的重要性，开始组织青少年传媒训练营。2015 年 2 月，在中国世界文化遗产福建土楼举办了为期五天的中国世界遗产传媒训练营，该项目旨在有效加强青少年及青少年组织的能力建设，加深他们关于世界遗产保育、修复及推广方面的知识。

三、世界遗产与研学

世界遗产青少年教育是保护世界遗产不可或缺的部分，人类不可再生的世界遗产的未来掌握在今天和明天的青少年手中。把保护遗产的理由告诉青少年，让更多的青少年加入保护人类共同的文明财富的行动，是推行遗产教育计划的目的。源自童年的正面经历可以在人们长大以后唤起他们故地重游的愿望，这种怀旧之情可以促使人们前往与自己有着密切关联的景点：可以使人们产生爱国主义情结和民族自豪感的景点；可以使人们对历史人物和事件产生敬畏感的景点。由于怀旧动机的存在，如果使人在孩童时代就更多参与世界遗产有关的活动，将有利于他们成长为负责任的遗产地游客。因此，联合国教科文组织一直致力于世界遗产文化在年轻人中的普及教育。

针对孩子的世界遗产教育方式，活泼生动的研学活动是适合他们的年龄特点。例如联合国教科文组织在全球范围内发起了青少年参与世界遗产保护的活动——世界遗产历险动画片脚本绘画比赛。2010 年，中国的青少年首次参加了这项比赛，苏州中心从 400 多幅作品中，共评选出 14 幅优胜作品，作者年龄从 9 岁至 13 岁不等。孩子们笔下的"世界遗产历险记"充满了想象力，如香格里拉建水电站使其生态环境面临破坏，卧龙大熊猫栖息地竹子突然开花影响熊猫生存，还有秦始皇陵被盗、敦煌壁画遭遇鼠害……一个个故事鲜活生动脚本都是由 9—19 幅图画构成。

许多世界遗产地也非常重视对年轻人的教育和培养，如美国西部的约塞米蒂国家公园由当地保护组织资助，2011 年开展了一系列"年轻人在约塞米蒂"的研学活动。活动通过在公园中学习有关野生动植物的知识、体验人生中的首个荒野之夜、协助维护公园步道等，使年轻人与自然相联系，并有更多机会成长为未来环境的守护者。

世界遗产研学以研究性学习、综合实践课、单独的选修课、学科教学课程、主题活动、实地参观考察等方式，结合参与性、互动性、趣味性的活动，让受众感受到形式更为丰富、体验更为深入、文化更有温度的遗产教育，实现青少年世界遗产国际理解的核心目标。例如世界遗产丹霞山，专门为世界遗产教育设计了相关的研学活动项目，如表3－1所示。

表3－1　丹霞山世界遗产教育概况

世界遗产教育项目	内容梗要	活动类型	对应利益相关方
丹霞山科普志愿者活动	招募全国高校师生到丹霞山接受遗产教育，包括丹霞地貌、丹霞生态等。	世界遗产教育活动	遗产地管理机构
丹霞山野生植物辨认大赛	邀请社会公众参赛，设专业组、公众组和亲子组，鼓励参与者到实地辨认遗产地植物。	世界遗产教育活动	遗产地管理机构
百年丹霞地貌·百场公益科普课	面向社会公众开放，每年举办100场在地的丹霞地貌主题的科普教育活动。	世界遗产教育活动	遗产地管理机构
丹霞科普大讲堂	邀请地质地貌、生态、考古等领域专家不定期面向社区授课。	世界遗产教育课程	遗产地管理机构
丹霞山·红石头的故事	包括丹霞地貌的演变、物质成分、地貌类型等。	世界遗产教育课程	遗产地企业
绘画丹霞·色彩缤纷	丹霞山相关的油画创作、景观构图技巧、色彩搭配等。	世界遗产教育课程	遗产地企业
丹霞飞羽	丹霞地貌生境的鸟类观察。	世界遗产教育课程	社区居民
丹霞铁皮石斛	丹霞地貌土壤与石斛种植的关联。	世界遗产教育课程	社区居民

本章小结

　　本章从世界遗产保护与利用角度，介绍了世界遗产保护利用的原则、方式和实施路径。世界遗产保护与利用原则包括真实性、完整性、延续性、预防性、当地参与、活化利用。大遗址是中国特有的一种遗址类型，包括遗址博物

馆、遗址公园、遗址历史文化园区，国家考古遗址公园是中国遗址综合体保护利用的独特有效的方式。遗产廊道是文化线路保护利用的新理念，通常带有明显的经济中心、蓬勃发展的旅游、老建筑的适应性再利用、娱乐环境改善的特点。遗产廊道由绿色廊道、游览线路、遗产资源、解说系统四个要素构成。世界遗产与旅游有着天然联系，旅游是传播世界遗产价值的最佳载体，游客可以更好地感受历史的价值、生命的意义以及不同文化间和平相处与沟通之道。世界遗产教育是促进国际理解价值观形成的重要途径，世界遗产教育应聚焦青少年群体，强调政府作为，注重环境营造，通过多样化的活动推动遗产青少年教育目标的实施。

课后思考与练习

1. 简述世界遗产保护的基本原则。
2. 简述大遗址的基本特征与类型。
3. 简述遗产廊道概念与构成要素。
4. 阐述世界遗产与旅游的关系。
5. 简述世界遗产教育的实施措施。

延伸阅读

材料 1

国际花园节
——卢瓦尔河畔肖蒙庄园的活化利用实践

1. 肖蒙庄园概况

卢瓦尔河畔肖蒙庄园（Domaine de Chaumont sur—Loire）是卢瓦尔河谷沿岸的一处重要遗产。2007 年，在法国国家政府将国有资产移交给地方政府的大潮中，卢瓦尔河谷大区成为卢瓦尔河畔肖蒙庄园新的管理者。2008 年 1 月起，这里成为"文化合作公共机构"，这个占地约 32 公顷的公共机构由三个不同部分组成：城堡（法国历史上许多的著名人物，如凯瑟琳·德·美第奇、黛安·德·波迪耶等都曾是它的主人）；艺术与自然中心（自 2008 年起，每年都会委托 10—15 名来自世界各地的艺术家以自然为主题进行创作）；国际花园节（创立于 1992 年，成为世界花园艺术新风尚的实验室和展示平台）。

2. 肖蒙庄园的活化利用

国际花园节（Festival International des Jardins）的创始人让－保尔·毕迦（Jean－Paul Pigeat）于 1974 年就职于巴黎蓬皮杜艺术中心，曾参与多个展览项目。1988 年，他成为当时的法国文化部长雅克·朗（Jack Lang）实施"国家花园和景观更新"政策的顾问。毕迦有着丰富的实践经验，他在国家政策背景下，探索了肖蒙庄园与众不同的价值，创办了第一届国际花园节。国际花园节每年会接受大约 150 名来自世界各地、不同年龄的园林艺术家的参展报名。他们大多在前一年的 10 月左右按照特定的主题递交设计方案。大区评委会在收集上来的 300 多个项目中，挑选出 25 个用于展出。评选工作通常于前一年年底结束，来年的 1—4 月则留给园林艺术家充足的时间进行创作。2007 年大区政府接管肖蒙庄园，桑妲·杜蒙（Chantal Dumond）被任命为该地区的文化合作公共事务管理处主任。不同于毕迦先生，杜蒙女士曾任职法国文化部国际交流司司长的背景让她更加注重国际交流。艺术与自然中心的成立正是国际交流的重要产物之一，与其他艺术展览空间不同，肖蒙庄园的展览永远围绕"自然"这一永恒的主题邀请世界各地的艺术家前来命题作文。有了对自然的深入理解与思考，花园节的主题也开始更多聚焦现代花园带来的思考，如2010 年的"花园——身体与灵魂"，2016 年的"未来世纪之园"，2018 年的"思想的花园"等。这一相互促进的举措再一次提升了肖蒙庄园的国际影响力，每年 4—10 月国际花园节和艺术展举办期间，会有数十万观众前往参观。

3. 肖蒙庄园的价值阐释

肖蒙庄园通过"国际花园节选择最精美的园林艺术作品用于展出""国际花园节邀请世界各地的园林艺术家在肖蒙庄园的花园中进行设计，并让观众沉浸其中""为艺术家提供创作实验的园区空间与法国家庭花园的大小差不多"和"成立'艺术与自然中心'"这四种不同的活化利用方式，一一对应了肖蒙庄园的四点遗产价值："花园的艺术价值""人与环境的和谐互动""欧洲设计的启蒙""欧洲思想的启蒙"。在这些遗产地管理者对肖蒙庄园进行活化利用的过程中，既能看到他们延续了历史上对于这处遗产的价值阐释，如继续延续花园在欧洲社会中作为让人赏心悦目场所和展现艺术美感的历史作用；同时，也能够看到他们基于历史之上延伸的新的价值阐释，如历史上肖蒙庄园的主人在花园中只有基础的园艺，而今国际花园节的艺术作品则能给观众带来听觉、嗅觉和触觉的多方沉浸式体验。

卢瓦尔河谷拥有众多闻名世界的城堡，如宏伟壮丽的香波堡、柔美秀丽的舍农索城堡、匠心独具的布洛瓦堡等。而国际花园节却让肖蒙庄园在卢瓦尔河谷的众多遗产中脱颖而出。究其原因，是管理者对这处庄园的独特价值进行挖掘，延续其历史上的价值阐释，并延伸出新的价值阐释，在活化利用的过程中一直坚持以遗产价值为核心。类似的欧洲城堡及庄园大多几经易手，物是人非，参观者前来也只能了解其过去历史的只言片语，这样的方式我们可以称之为对遗产的保护，但终究略显单薄和无力。而肖蒙庄园遗产地管理者的精明之处就在于深度挖掘和定位遗产的特有价值，以此为活化利用的标准，将焦点放在卢瓦尔河谷沿岸人与花园、人与环境、人与自然的新型相处模式上，再现肖蒙庄园的昔日价值，使其精髓真正被激活起来。具体各种细节措施见表3-2。

表3-2　肖蒙庄园四种活化利用方式价值阐释细节表

活化利用方式	遗产价值		价值阐释
国际花园节选择最精美的园林艺术作品用于展出	花园的艺术价值	历史阐释	在欧洲社会中，花园就如同中国的园林一样，一直以来都是使人赏心悦目的场所
		延续历史阐释	如今的花园依然是肖蒙庄园里的艺术风景，展现其园林的艺术美感
		延伸阐释	花园艺术不仅局限法国及欧洲，更有来自世界各地的作品
国际花园节邀请世界各地的园林艺术家在肖蒙庄园的花园中进行设计，并让观众沉浸其中	人与环境的和谐互动	历史阐释	历史上，肖蒙领地的花园便是其历代主人娱乐和探索的实验乐园
		延续历史阐释	国际花园节期间，来自世界各地的园林艺术家便是新的"主人"，他们继续围绕"现代花园"的主题探索与实验
		延伸阐释	肖蒙城堡的花园艺术作品不仅给观者视觉上的享受，还能带来听觉、嗅觉和触觉等多方感触，让游客沉浸其中并与艺术作品、与这处环境产生互动

活化利用方式	遗产价值	价值阐释	
为艺术家提供创作和实验的园区的空间与法国家庭花园的大小差不多，为的是让观众找到适合自家花园的设计灵感	欧洲设计的启蒙	历史阐释	无论是建筑还是景观，都很大程度体现了文艺复兴和启蒙运动时代的设计理念
		延续历史阐释	如今的国际花园节依然启发着法国及欧洲的设计理念
		延伸阐释	国际花园节的座右铭：欢迎前来偷去我们的创意，游览者在花园节期间获取灵感，回去设计自家的花园，共同掀起现代花园的新潮流和新风尚
成立"艺术与自然中心"，促进国际花园节的主题向深度化思考探索	欧洲思想的启蒙	历史阐释	卢瓦尔河谷作为法兰西文化的土壤，孕育着欧洲的早期思想
		延续历史阐释	如今的艺术与自然中心依然启发着法国及欧洲的艺术思想
		延伸阐释	花园不仅作为赏心悦目的场所，也蕴含着设计者的思考，促进当代人对花园艺术的深入理解，形成新的思想

资料整理来源：王钰. 基于价值为核心的遗产活化利用模式——以世界遗产卢瓦尔河谷为例［J］. 中国文化遗产，2020.

材料2

"水城"威尼斯或将入选《濒危世界遗产名录》

千年小城威尼斯正面临着迫在眉睫的生存压力，持续增长的游客和过度开发的旅游业给这座历史悠久的城市带来一系列危机。在联合国教科文组织发布的报告中指出，正是"由于人类的干预，包括持续开发资源、气候变化的影响和大规模旅游，威尼斯的突出的全人类价值有可能发生不可避免的变化"。后建的高大建筑破坏了原有的城市景观，而因为海水上涨，游客只得在积水中观光。因此联合国教科文组织的相关专家正考虑将威尼斯选入《濒危世界遗产名录》。

这不是威尼斯第一次展现其脆弱性。在2019年，威尼斯就遭受到五十多年来最高浪潮的打击，洪水淹没了这座城市的基座，众多经典景点均有部分没入水中。针对洪水，政府修筑了移动水闸，以隔离潟湖和海水，然而，随着全球变暖，海平面持续上升，这座城市也正不断下沉，水闸和抬高地基等措施并不能在根本上解决问题，威胁还在持续发生。

威尼斯当局并非完全没有开展保护工作。事实上，早在1973年，威尼斯就开始实施《威尼斯特别法》，其旨在保障威尼斯市及其潟湖的景观、历史、考古和艺术遗产；而在威尼斯被入选《世界遗产名录》之后，当局各部门和机构批准了《世界遗产管理计划》，这项管理计划包含有防洪、宣传教育等一系列措施，其中"可持续旅游"就是优先事项。然而，作为"水城"的威尼斯，如何平衡旅游、防洪和遗产保护并不是一件简单的事情，在更多时间，旅游业的扩张成为其实质主要发展方向，联合国教科文组织相关专家在报告上称这"缺乏战略眼光。"

资料整理来源：栾若曦. 这个城市要被列入《濒危世界遗产名录》？〔EB/OL〕.〔2023-08-02〕. https://www.bjnews.com.cn/detail/1690962457129136.html.

第四章　不同大洲的世界遗产

通过本章的学习，了解不同地区世界遗产的类型特征、代表性遗产项目，理解不同地区世界遗产的保护成效，了解世界遗产项目的遗产描述、遗产评价，理解世界遗产遴选依据标准阐释细节。

教学要求

知识要点	能力要求	相关知识
亚洲世界遗产	（1）了解亚洲世界遗产特征 （2）理解世界遗产依据标准阐释细节 （3）熟悉世界遗产信息构成要素	（1）遗产描述 （2）遗产评价 （3）遗产信息
欧洲世界遗产	（1）了解欧洲世界遗产特征 （2）理解世界遗产依据标准阐释细节 （3）熟悉世界遗产信息构成要素	（1）遗产描述 （2）遗产评价 （3）遗产信息
美洲世界遗产	（1）了解美洲世界遗产特征 （2）理解世界遗产依据标准阐释细节 （3）熟悉世界遗产信息构成要素	（1）遗产描述 （2）遗产评价 （3）遗产信息
非洲世界遗产	（1）了解非洲世界遗产特征 （2）理解世界遗产依据标准阐释细节 （3）熟悉世界遗产信息构成要素	（1）遗产描述 （2）遗产评价 （3）遗产信息
大洋洲世界遗产	（1）了解大洋洲世界遗产特征 （2）理解世界遗产依据标准阐释细节 （3）熟悉世界遗产信息构成要素	（1）遗产描述 （2）遗产评价 （3）遗产信息

完全认识到文化和自然遗产对人类价值、认同和记忆以及社会与经济可持续发展的至关重要性；以充分的决心利用文化遗产作为对话和相互理解的力量，本着《联合国教科文组织宪章》的精神，促进对共同历史的认同感和人类理性与道德的团结一致，以此作为和平的长久基石。

——世界遗产委员会第 40 届大会《世界遗产保护伊斯坦布尔宣言》
2016 年 7 月 11 日

 基本 概念

亚洲地区　欧洲地区　美洲地区　非洲地区　大洋洲地区　标志性遗产遗产信息　遗产描述　遗产评价

 导入 案例

50 国标志性世界遗产，请你投票！

2022 年 11 月 16 日是《世界遗产公约》诞生五十周年的大日子，特别推出 50 国标志性世界遗产 50 选。五十年来，世界遗产已发展成为联合国教科文组织最具知名度、参与度最高的代表性项目。1154 项世界遗产广泛地分布在五大洲 167 个国家，我们从中挑选了 50 个国家，请读者投票选出了其中 42 国最具标志性或者最能作为国家象征的世界遗产或遗产点（其余 8 个国家的标志性世界遗产较为明确，未进行投票）。

50 个国家的选取主要综合了地区、世界遗产数量（≥3 个）等因素，选取了亚太地区 14 国，欧洲及北美洲 18 国，非洲、阿拉伯地区、南美洲及加勒比海地区各 6 国。当然这样也有不足之处，如非洲人口第一大国尼日利亚因为世界遗产只有 2 项落选；也因为南美大国哥伦比亚世界遗产相对"冷门"而选择了智利替换。新西兰世界遗产只有 3 项，但在大洋洲已经位居第二，因此入选。

资料整理来源：爱世界遗产. 50 国标志性世界遗产，请你投票！[EB/OL]. [2022−10−28]. https://new.qq.com/rain/a/20221028A071U000.

点评 世界遗产都是各国精心挑选具有突出的全人类价值的代表性景点。

世界遗产历经岁月的涤荡，见证了古老地球缔造的一个又一个自然造化的奇观；也见证了悠久人类文明创造的一个又一个社会历史的奇迹，同时，也见证了人类为延续文明和保持进步而努力的一段又一段思想发展的历程。它们彰显了大自然的鬼斧神工，承载了人类的智慧和想象，是全世界人民共同拥有的物质和精神瑰宝。世界遗产，特别是文化遗产，蕴含了特定民族、国家或地域人们独特的创造力和宝贵的精神财富。世界遗产是了解地球与世界的窗口，是传承思想与文化的标志，是启迪智慧与创造的灯塔。一个国家拥有的世界遗产，是这个国家悠久的历史、灿烂的文明、丰富的想象力和创造力的见证。

第一节　亚洲世界遗产

亚洲拥有悠久的历史和广袤的土地，以此孕育出诸多灿烂的文化，各种文明在这片土地上交融、汇聚。从中国的长城到印度泰姬陵，从柬埔寨的吴哥窟到越南的下龙湾，这些世界级文化遗产，是历史留给全人类共同的财富。

一、亚洲世界遗产特征

亚洲意为"东方日出之地"。亚洲地域辽阔，从巍峨耸立的喜马拉雅山到茫茫的沙漠，从东南亚神奇的热带雨林到太平洋星罗棋布的小岛，亚洲拥有丰富多样的气候、地形、生态系统和风土人情。数千年来，各个民族互相融合、彼此影响，创造出了多种多样的土地利用方式和生产技术，创建了最早的农业灌溉系统。

亚洲文明历史悠久，世界四大文明古国的中国、印度和古巴比伦都位于亚洲。世界三大宗教——基督教、佛教、伊斯兰教都诞生于亚洲。多个古老文明的交流与传播，不仅造就了各地不同的文化风俗，也留下丰富多样的文化遗产。作为世界第一大洲，亚洲东濒太平洋，南临印度洋，北濒北冰洋，西至大西洋的属海地中海和黑海，从深邃的海沟到高耸的世界屋脊，囊括了草原、沙漠、河谷、山岳、高原、海岛等丰富多样的自然地理景观。

亚洲享誉全球的世界遗产主要为宏伟而杰出的建筑与考古遗址，历史城镇和宗教圣地。

作为一个有着悠久历史的东方文明古国，中国的自然景观、人文风貌极富东方风韵。五十万年前的周口店北京人遗址；两千多年前开始修建的万里长城；形态各异的秦兵马俑；栩栩如生的佛教石窟造像；北京的故宫、天坛；西藏的布达拉宫；苏州的古典园林；九寨沟的人间仙境……每一处景观都是文化的精粹、自然的瑰宝。尤其是灵性的自然与悠久的历史密切结合，造就了中国独特的山水文化。

印度作为四大文明古国之一，曾经创造了人类历史上著名的恒河文明，佛教、婆罗门教、伊斯兰教和基督教在不同时期的繁荣与更替，使得印度与宗教相关的文化遗产最为著名。例如泰姬·玛哈尔陵，是印度莫卧儿王朝国王沙贾汗为他的爱妃泰姬·玛哈尔修建的白色大理石清真寺，为世界遗产中最"浪漫"的杰作。其他的宗教寺庙如桑吉佛教古迹、克久拉霍古迹、胡玛雍陵墓，也是印度建筑艺术最高水平的代表。

在中亚的阿曼，可以感受到由大海、棕榈树、古老堡垒、白袍白帽所构成的中东风情。通过叙利亚的大马士革古城、巴尔米拉古迹和伊拉克的亚述古城可以感受古阿拉伯文明的辉煌。举世闻名的耶路撒冷城是犹太教、伊斯兰教和基督教三大宗教的圣地。柬埔寨的吴哥窟历经千年风雨，数不清的寺庙、城堡、宫殿与花园是了解神秘东南亚文化的最佳地点。

除人文景观之外，亚洲还有众多著名的自然遗产，以及文化与自然双重遗产。自然遗产中尼泊尔的高海拔系列国家公园非常有代表性，其中萨加玛塔国家公园位于世界最高峰珠穆朗玛峰脚下，雄伟的山峰、美丽的冰川和险峻的峡谷呈现了独具特色的自然景观。在自然与文化的结合方面，菲律宾的科迪勒拉水稻梯田，已有两千年历史，高地上的水稻田一直依山开垦，一代又一代的耕作传统和自然生态相平衡，形成一道美丽景观，充分表现了人类和环境之间的和谐。

二、亚洲世界遗产例证

（一）伊朗：波斯波利斯

1. 基本资料

遗产名称：波斯波利斯。

英文名称：Persepolis。

入选时间：1979 年。

遴选依据：文化遗产（ⅰ）（ⅲ）（ⅵ）。

遗产编号：114。

2. 遗产描述

波斯波利斯，又称塔赫特贾姆希德，是波斯帝国大流士一世（公元前522年—公元前486年在位）即位以后，为了纪念阿契美尼德王国历代国王而建造的都城。波斯波利斯是古代阿契美尼德帝国的行宫兼仪式之地，兴建于大流士一世在位时的公元前518年。整个古城巧妙地利用地形，依山造势，将自然地理形貌和人类艺术精华完美地融会在一起。

1979年，根据文化遗产遴选标准（ⅰ）（ⅲ）（ⅵ），波斯波利斯被联合国教科文组织世界遗产委员会批准作为文化遗产入选《世界遗产名录》。

遴选依据标准（ⅰ）：波斯波利斯的露台有双层通道楼梯，墙壁上覆盖着不同层次的雕刻装饰板。巨大的有翼公牛雕塑和大厅的遗迹，组成了一个宏伟的建筑杰作。屋顶的照明设计，以及对木门楣的巧妙使用让阿契美尼德建筑师能够在开放区域使用最少数量的细长柱子（直径1.60米，高度约为20米）。两头跪着的公牛的前躯背靠背放置，直接在天花板横梁的交叉点下方伸展它们的耦合脖子和双头。

遴选依据标准（ⅲ）：这个雄伟的，由巨大的楼梯、王座室（阿帕达纳）、接待室和附属建筑组成的建筑群被认为是世界上最伟大的考古遗址之一，见证了最古老文明的独特内涵。

遴选依据标准（ⅵ）：波斯波利斯的露台是阿契美尼德君主制的具象化代表。雕塑中国王的形象不断出现，作为怪物的征服者，人们抬起了他的宝座，以及一长串战士和卫兵、政要和贡品持有者像是在无休止地游行。

3. 遗产评价

波斯波利斯是古代阿契美尼德王国的首都，兴建于公元前518年。在美索不达米亚平原的诸多都城的启发下，大流士一世在一块广大的半人工半天然台地上修建了一座拥有众多宫殿的建筑群。波斯波利斯古城遗址提供了许多关于古代波斯文明的珍贵资料，具有重要的考古价值。

（二）叙利亚：大马士革古城

1. 基本资料

遗产名称：大马士革古城。

英文名称：Ancient City of Damascus。

入选时间：1979年（2011年扩展范围）。

遴选依据：文化遗产（ⅰ）（ⅱ）（ⅲ）（ⅳ）（ⅵ）。

遗产编号：20。

2. 遗产描述

大马士革古城位于叙利亚西南部、外黎巴嫩山东麓，建在雄伟的克辛山的山坡上。历史上是宗教、政治、贸易中心，现为叙利亚的首都。这座城市已经存在了四千多年，是亚洲也是世界上最古老的城市之一。大马士革古城建于公元前 3 世纪，在源于不同历史时期的 125 个纪念性建筑中，以公元 8 世纪的大清真寺最为壮观。大马士革清真寺，建于公元 705 年倭马亚王朝时期，故又有倭马亚清真寺和五麦叶清真寺之称。大马士革古城被一道有城门的防卫城墙包围，其布局保持了自倭马亚王朝哈里发时期形成的风格。城市设计保留了一些古罗马和拜占庭时期的规划结构（如按照四个方位基点定向的街道）。有篷市场、旅行车队驻地、宫殿、光塔、顶塔等，都证明了大马士革古城与伊斯兰教关系深厚的历史。在众多古建筑中，记载古城不同时期发展历程的大清真寺是朝圣者的首选，它也是伊斯兰教最神圣的地点之一。

1979 年，根据文化遗产遴选标准（ⅰ）（ⅱ）（ⅲ）（ⅳ）（ⅵ），大马士革古城被联合国教科文组织世界遗产委员会批准作为文化遗产入选《世界遗产名录》。

遴选依据标准（ⅰ）：大马士革古城见证了创造它的文明所取得的独特审美成就。大清真寺是倭马亚王朝建筑的杰作，它与其他不同时期的主要纪念物如城堡、阿兹姆宫殿、伊斯兰学校、公共浴室和私人住宅一起展示了这一成就。

遴选依据标准（ⅱ）：大马士革古城作为倭马亚王朝哈里发国的首都——第一个伊斯兰哈里发国——对后来阿拉伯城市的发展至关重要。这座城市的大清真寺位于城市规划的中心，该规划源自希腊—罗马的风格，亦为后来的阿拉伯世界提供了典范。

遴选依据标准（ⅲ）：历史和考古资料证明大马士革古城起源于公元前3000 年，大马士革被广泛认为是世界上最古老的持续有人居住的城市之一。无与伦比的大清真寺是一座罕见且极其重要的倭马亚王朝的纪念碑。现在的城墙、城堡、部分清真寺和坟墓是中世纪遗留下来的，城市的大部分建筑遗产，包括宫殿和私人住宅，可以追溯到 16 世纪初奥斯曼帝国征服之后。

遴选依据标准（ⅳ）：倭马亚大清真寺，又称大马士革大清真寺，是世界上最大的清真寺之一，也是自伊斯兰教兴起以来持续进行祈祷仪式的最古老地点之一。因此，它是一个重要的文化、社会和艺术发展历史的见证。

遴选依据标准（ⅵ）：这座城市与众多重要的历史事件、思想、传统紧密相关，特别是来自伊斯兰文明的。这些都有助于塑造这座城市的形象，以及展现伊斯兰历史和文化的影响。

3. 遗产评价

大马士革古城建于公元前 3000 年左右，是中东地区最古老的城市之一。中世纪时期，大马士革是繁荣的手工业中心，专长于刀剑和饰带的制作。在它源于不同历史时期的 125 个纪念性建筑物中，以公元 8 世纪倭马亚王朝哈里发时期的大清真寺最为壮观，大清真寺建在古亚述国的一块圣地上。

（三）巴基斯坦：拉合尔古堡和夏利玛尔公园

1. 基本资料

遗产名称：拉合尔古堡和夏利玛尔公园。
英文名称：Fort and Shalamar Gardens in Lahore。
入选时间：1981 年。
遴选依据：文化遗产（ⅰ）（ⅱ）（ⅲ）。
遗产编号：171。

2. 遗产描述

拉合尔古堡和夏利玛尔公园位于巴基斯坦东部文化名城拉合尔。这座古堡的前身是泥筑的堡垒，始建于公元 1021 年。城堡为长方形，东西约 380 米，南北约 330 米。城垣全用巨大的红褐色岩石筑成。巴德沙希清真寺坐落在拉合尔城堡对面，由莫卧儿王朝第六代皇帝奥朗金布于 1673 年建造，号称世界上最大的清真寺，可同时容纳六万人做祷告。夏利玛尔公园位于拉合尔城东 3 千米处，是距今 300 多年前的莫卧儿王朝的沙贾汗于 1642 年下令修建的，系皇家公园，占地 42 公顷。夏利玛尔公园采用波斯园林建筑形式，呈长方形，周围有高墙环绕。园内分高低三层，缀有大理石亭阁、喷水池、人工瀑布等，共有 400 余个人造喷泉。

1981 年，根据文化遗产遴选标准（ⅰ）（ⅱ）（ⅲ），拉合尔古堡和夏利玛尔公园被联合国教科文组织世界遗产委员会批准作为文化遗产入选《世界遗产名录》。

遴选依据标准（ⅰ）：在拉合尔古堡内保存的 21 座纪念碑是莫卧儿帝国从阿克巴王朝到沙贾汗王朝建筑艺术和美学的杰出典范。夏利玛尔公园由沙贾汗在 1641—1642 年设计建设，体现了莫卧儿花园设计的最高水平。这两种情况结合在一起后，可以认为它们是人类天才创造力的杰作。

遴选依据标准（ⅱ）：拉合尔古堡和夏利玛尔公园的风格、图案和设计既受到其他莫卧儿帝国领地创新设计的影响，也对随后几个世纪整个印度次大陆的艺术和美学的发展产生了巨大影响。

遴选依据标准（ⅲ）：拉合尔古堡的纪念碑和夏利玛尔公园的花园设计是莫卧儿文明在16世纪至17世纪艺术和美学成就巅峰的独特证明。

3. 遗产评价

辉煌的莫卧儿文明的艺术和美学在沙贾汗统治时期达到顶峰——包括建有宫殿的要塞，用马赛克和镀金饰品装饰起来的清真寺。在拉合尔城附近的园林都建在三层平台上，带小屋、瀑布和巨大的装饰水池，这些园林的优雅和美丽无与伦比。

（四）斯里兰卡：锡吉里亚古城

1. 基本资料

遗产名称：锡吉里亚古城。

英文名称：Ancient City of Sigiriya。

列入时间：1982年。

遴选标准：文化遗产（ⅱ）（ⅲ）（ⅳ）。

遗产编号：202。

2. 遗产描述

锡吉里亚古城在斯里兰卡首都科伦坡东北约170千米处，位于高约200米的"狮子岩"上，以锡吉里亚壁画闻名于世。锡吉里亚壁画是斯里兰卡历史上唯一流传下来的非宗教题材壁画。锡吉里亚古城的历史可以追溯到7000年前的远古时代，从公元前3世纪起，这里就成了位于山间的修道院，有依靠佛教信徒的捐赠精心打造的石窟；公元477—495年，修道院又建起了城市花园和宫殿，在这之后一直到14世纪，这里都是僧侣们的生活起居之地。锡吉里亚古城是千年来亚洲保存最为完好的城市中心之一，斯里兰卡传统建筑风格在这里表现得淋漓尽致：林荫下的花园、小径与水榭楼台交融；对称和非对称的建筑元素相得益彰；变化多端的平面、轴线和半径被设计完美地结合在一起；古城中心矗立的高达200米的巨石；城东和城西，两条护城河和三面城墙环绕着两个矩形城区。

1982年，根据文化遗产遴选标准（ⅱ）（ⅲ）（ⅳ），锡吉里亚古城被联合国教科文组织世界遗产委员会批准作为文化遗产入选《世界遗产名录》。联合国教科文组织世界遗产中心网站未提供锡吉里亚古城遴选依据标准的材料细节。

3. 遗产评价

锡吉里亚古城是弑亲的迦叶波一世在位时所建国都的遗址。锡吉里亚古城遗址位于有着陡峭的斜坡，高达 180 米的花岗岩山峰峰顶"狮子岩"上，这里人们可以从四面俯视整个丛林。用砖和灰泥修筑的长廊和台阶从巨狮口中延伸而出，通向锡吉里亚古城遗址。

（五）印度：泰姬陵

1. 基本资料

遗产名称：泰姬陵。

英文名称：Taj Mahal。

入选时间：1983 年。

遴选依据：文化遗产（ⅰ）。

遗产编号：252。

2. 遗产描述

泰姬陵，全称为"泰姬·玛哈尔陵"，又名泰姬玛哈，是印度知名度最高的古迹之一，在距今印度新德里 200 多千米外的北方邦的阿格拉城内，亚穆纳河右侧，是莫卧儿帝国第 5 代皇帝沙贾汗为了纪念他已故皇后阿姬曼·芭奴（即泰姬·玛哈尔）而建的陵墓，被誉为"完美建筑"。作为莫卧儿王朝最伟大的陵寝，它既是印度最著名的建筑，也是印度文化受不同传统影响的体现。泰姬陵是印度伊斯兰艺术最完美的瑰宝，是世界遗产中令世人赞叹的经典杰作之一。

1983 年，根据文化遗产遴选标准（ⅰ），泰姬陵被联合国教科文组织世界遗产委员会批准作为文化遗产列入选《世界遗产名录》。

遴选依据标准（ⅰ）：泰姬陵因完美和谐的精湛工艺，代表了所有印度伊斯兰风格墓葬建筑中最高的建筑艺术水平。在建筑的构思、处理和建造方面，泰姬陵堪称是一座建筑杰作。它在平衡、对称以及各种元素和谐融合方面具有独特的美学特质。

3. 遗产评价

泰姬陵是一座由白色大理石建成的巨大陵墓清真寺，是莫卧儿皇帝沙贾汗为纪念他心爱的妃子于 1631 年至 1648 年在阿格拉城修建的陵寝。泰姬陵是印度伊斯兰艺术的瑰宝奇葩，是世界遗产中令世人赞叹的经典杰作之一。

（六）也门：萨那古城

1. 基本资料

遗产名称：萨那古城。

英文名称：Old City of Sana'a。

入选时间：1986 年。

遴选依据：文化遗产（ⅳ）（ⅴ）（ⅵ）。

遗产编号：385。

2. 遗产描述

萨那古城位于也门首都萨那东部，坐落在也门共和国西部海拔 2350 米的高原盆地中。这一区域地处穿越也门山脉的主要交通线，与非洲之角遥相呼应。红海与印度洋在此汇聚，这是古代阿拉伯人生活的心脏地区。

萨那古城拥有优美的自然景色和众多的名胜古迹。这里气候宜人、四季如春，素有"阿拉伯明珠""春城"的美称。萨那古城是伊斯兰阿拉伯建筑风格的典型代表，古城内的建筑保存完好。整个古城看上去如同雕塑和绘画作品一般，极具风韵。在公元 7 世纪至 8 世纪，萨那古城变成了伊斯兰教的重要传播中心，遗留的政治和文化遗产包括 106 座清真寺，12 座哈玛姆寺和 6500 间会所，全部建于公元 11 世纪前。萨那古城的多层塔楼和庙宇增添了城市的美丽色彩。

1986 年，根据文化遗产遴选标准（ⅳ）（ⅴ）（ⅵ），萨那古城被联合国教科文组织世界遗产委员会批准作为文化遗产入选《世界遗产名录》。

遴选依据标准（ⅳ）：萨那古城提供了一个典型的同类建筑的整体例子，在部分保存良好的内城，它的设计和细节见证了自伊斯兰早期以来一直受到尊重的空间布局特征。

遴选依据标准（ⅴ）：萨那古城的房屋是一个传统人类居住区的杰出范例，并由于当代社会的影响而变得脆弱。

遴选依据标准（ⅵ）：萨那古城与早期伊斯兰教传播的历史直接有形地联系在一起。萨那大清真寺是在麦加和麦地那之外的第一个清真寺。萨那古城通过也门的重要历史人物，对也门、阿拉伯世界的历史作出了贡献，发挥了重要作用。

3. 遗产评价

萨那古城坐落于海拔两千多米的山谷里，人类在那里的居住历史已超过两千五百年。在公元 7 世纪至 8 世纪，此城成为伊斯兰教的主要传播中心。其政治和文化遗产包括数千栋建筑物，全部建于公元 11 世纪之前。

（七）中国：长城

1. 基本资料

遗产名称：长城。

英文名称：The Great Wall。

入选时间：1987 年 。

遴选依据：文化遗产（ⅰ）（ⅱ）（ⅲ）（ⅳ）（ⅵ）。

遗产编号：438。

2. 遗产描述

长城是中国也是世界上修建时间最长、工程量最大的一项古代防御工程。自公元前 8 世纪开始，延续不断修筑了两千多年，分布于中国北部和中部的广大土地上，总计长度达两万多千米，被称之为"上下两千多年，纵横四万余里"的伟大工程。如此浩大的工程在世界上，也是绝无仅有的，因而在几百年前就与罗马斗兽场、比萨斜塔等一起被列为中古世界七大奇迹。

1987 年，根据文化遗产遴选标准（ⅰ）（ⅱ）（ⅲ）（ⅳ）（ⅵ），长城被联合国教科文组织世界遗产委员会批准作为文化遗产入选《世界遗产名录》。

遴选依据标准（ⅰ）：明长城是绝对的杰作，不仅因为它体现的军事战略思想，也是因其完美的建筑工艺。长城分布于辽阔的大陆上，是建筑融入景观的完美范例。

遴选依据标准（ⅱ）：春秋时期，中国人运用独特的建造理念组织空间模式，在北部边境修筑了防御工程，修筑长城而进行的人口迁移使各区域民俗文化得以相互传播。

遴选依据标准（ⅲ）：保存在甘肃，修筑于西汉时期的夯土墙和明代令人赞叹、闻名于世的砖砌城墙同样是中国古代文明的独特见证。

遴选依据标准（ⅳ）：这个复杂的文化遗产是军事建筑群的突出、独特范例，它在近两千年中服务于单一的战略用途，同时它的建造史表明了防御技术的持续发展和对政治背景变化的适应性。

遴选依据标准（ⅵ）：长城在中国历史上有着无与伦比的象征意义，其建造过程的艰难困苦，成了许多中国古代文学的重要题材。

3. 遗产评价

约公元前 220 年，一统天下的秦始皇，将修建于早些时候的一些断续的防御工事连接成一个完整的防御系统，用以抵抗来自北方的侵略。在明朝，又继续加以修筑，使长城成为世界上最长的军事设施。它在文化艺术上的价值，足以与其在历史和战略上的重要性相媲美。

（八）泰国：素可泰历史名城及相关历史城镇

1. 基本资料

遗产名称：素可泰历史名城及相关历史城镇。

英文名称：Historic Town of Sukhothai and Associated Historic Towns。

入选时间：1991 年。

遴选标准：文化遗产（ⅰ）（ⅲ）。

遗产编号：574。

2. 遗产描述

素可泰历史名城及相关历史城镇是世界上最引人注目的建筑遗址之一。古城中耸立的高塔，带着尖塔的圆屋顶连同巨大的雕像一起矗立在丛林中。这种高塔在印度被称作佛塔，而在泰国被称作圣骨塔，它的原意是圣骨匣的意思，也有一些其他的塔，有的是圣区中心周围的纪念性建筑物，有的是一些环绕圣骨塔的建筑结构。总之，此外建筑物风格奇特，令人赏心悦目，流连忘返。矗立在城墙和护城河旁边的建筑物是神殿、寺庙和修道院。这里几乎所有的建筑物都由同样的建筑部件构成，只不过组合的方式千变万化。

1991 年，根据文化遗产遴选标准（ⅰ）（ⅲ），素可泰历史名城及相关历史城镇被联合国教科文组织世界遗产委员会批准作为文化遗产入选《世界遗产名录》。

遴选依据标准（ⅰ）：素可泰历史名城和相关历史城镇是第一个代表了独特的暹罗建筑风格杰作，反映在城镇规划方面，有许多令人印象深刻的民居和宗教建筑，以及城市基础设施和复杂的水力系统。

遴选依据标准（ⅲ）：素可泰历史名城和相关历史城镇代表了暹罗艺术和建筑、语言和文学、宗教和法律有迹可循的第一个时期。

3. 遗产评价

素可泰是 13 世纪至 14 世纪暹罗第一王国的首府，这里矗立着许多引人注目的纪念性建筑物，它们反映了泰国初期建筑的艺术风格。素可泰王国时期逐步形成的灿烂文明吸收了各种文化成分，并结合当地的古老传统，以此形成现在所谓的"素可泰风格"。

（九）印度尼西亚：婆罗浮屠寺庙群

1. 基本资料

遗产名称：婆罗浮屠寺庙群。

英文名称：Borobudur Temple Compounds。

入选时间：1991年。

批准依据：文化遗产（ⅰ）（ⅱ）（ⅵ）。

遗产编号：592。

2. 遗产描述

婆罗浮屠寺庙群包括了三座佛教寺庙：婆罗浮屠佛塔、孟督寺和巴旺寺。婆罗浮屠寺庙群是位于印度尼西亚中爪哇省的一组大乘佛教佛塔遗迹，位于中爪哇省的梭罗市以西86千米，离日惹特区首府日惹市西北40千米，是公元9世纪世界上最大型的佛教建筑物。

婆罗浮屠作为一整座大佛塔，从上往下看就像佛教金刚乘中的一座曼荼罗，同时代表着佛教的大千世界。整个建筑分为三层，基座是五个同心方台，是角锥体；中间是三个环形平台，呈圆锥状；顶端是佛塔。四周围墙和栏杆饰以浅浮雕，总面积2500平方米；围绕着环形平台有72座透雕细工的印度塔，内有佛龛，每个佛龛供奉一尊佛像。婆罗浮屠寺庙群在联合国的援助下于1970年得以重建，现已经成为印度尼西亚最著名的景点之一。

1991年，根据文化遗产遴选标准（ⅰ）（ⅱ）（ⅵ），婆罗浮屠寺庙群被联合国教科文组织世界遗产委员会批准作为文化遗产入选《世界遗产名录》。

遴选依据标准（ⅰ）：婆罗浮屠塔由其阶梯、无顶塔、十个叠置的露台组成，顶部有一个巨大的钟形圆顶。其建筑群是佛塔、寺庙和山地的和谐结合，是佛教建筑和纪念艺术的不朽杰作。

遴选依据标准（ⅱ）：婆罗浮屠寺庙群是8世纪初至9世纪末印度尼西亚艺术和建筑的杰出典范，对13世纪中叶至16世纪初印度尼西亚的建筑风格复兴产生了相当大的影响。

遴选依据标准（ⅵ）：婆罗浮屠寺庙群参照佛陀的圣莲花形式布置，是本土祖先崇拜的核心思想与佛教涅槃概念融合的集中反映。整个结构对应菩萨在成佛之前必须达到的各个阶段。

3. 遗产评价

婆罗浮屠寺庙群作为著名的佛教圣殿区，建于公元8世纪—9世纪，位于爪哇岛中部。整个建筑分为三层：体现了佛教的世界观，基础部分代表欲界，五层方台代表色界，三层圆形台和中央大塔代表无色界。该遗址在联合国教科文组织的援助下于 20 世纪 70 年代得以重建。

（十）越南：下龙湾

1. 基本资料

遗产名称：下龙湾。

英文名称：HaLong Bay。

入选时间：1994 年（2000 年扩展范围）。

遴选依据：自然遗产（vii）（viii）。

遗产编号：672。

2. 遗产描述

下龙湾位于越南广宁省下龙市附近北部湾西北海岸，距离越南首都河内 150 千米。在 1500 平方千米的海面上，山岛林立，星罗棋布，姿态万千。岛屿和山峰的数量尚未精确统计，据估计约有 3000 多座，仅命名的山峰和岛屿就有 1000 多座，其主要为伸出海面的锯齿状石灰岩柱，以及一些洞穴和洞窟，共同组成了一片潮湿热带风味的如画景致。水域和热带森林中有各种稀有的海生及陆生哺乳类、爬行类、鱼类，也可以在这里看到丰富的鸟类踪迹。由于下龙湾中的小岛都是石灰岩的小山峰，造型各异，景色优美，与桂林山水有异曲同工之妙，因此曾到过这里旅游的中国游客都亲切地称下龙湾为"海上桂林"。下龙湾比较有名的山峰有诗山、青蛙山、斗鸡山、马鞍山、蝴蝶山、香炉山、木头山等。欣赏下龙湾美景最适合方式是乘坐观光船在岛与岛之间往来，游客会发现每个岛有不同的形状，像一座座天然的楼台，嶙峋的山石和幽暗的山洞是产生神话故事与优美传说的地方。海面上突兀的奇形怪状的"岩石雕刻"和沿岸而建的法式建筑以及随处可见的舢板及帆船，更为景观增色不少。

1994 年，根据自然遗产遴选标准（vii）（viii），下龙湾被联合国教科文组织世界遗产委员会批准作为自然遗产入选《世界遗产名录》。

遴选依据标准（vii）：下龙湾由大量的石灰岩岛屿和从海上升起的石灰岩柱组成，大小形状各异，呈现出美妙的、未被破坏的自然景观，是大自然雕刻的壮观海景。该遗产保持了高度的自然状态，包括雄伟高耸的石灰岩柱子和相关的缺口、拱门和洞穴，是世界上同类景观中状态最好的。由于地势陡峭，大部分岛屿无人居住且没有受到人类活动的干扰。此地秀美的自然风光与生态价值相辅相成，交相辉映。

遴选依据标准（viii）：作为世界上最广泛和最著名的海洋侵入塔式喀斯特

地貌典范，下龙湾是世界上最重要的峰丛（锥形峰群）和峰林（孤立塔式特征）喀斯特地貌区之一。丰沛的湖泊占据着洼地，是峰丛喀斯特地貌的显著特征，其中一些从外观上看具有一定潮汐影响特征。由于海侵塔式喀斯特的过程，下龙湾洞穴地貌具有丰富的多样性。洞穴主要有三种类型：潜水洞穴、古老的喀斯特山脚洞穴和海蚀洞穴。该地还展示了在漫长地质时期内完整的大规模喀斯特地貌的形成过程，为未来了解复杂环境中地质气候历史和喀斯特地貌演变过程提供了独特丰富的资料。

3. 遗产评价

下龙湾在地质历史时期经历了长期的变化，在当地热带湿润季风气候的共同作用下，形成了独特的喀斯特地貌景观，并发展出了丰富的生物多样性与繁荣的古代文化，后来成为越南古代兴建商业港口与近代抗击列强侵略的重要地点，在越南社会经济与国防安宁的发展事业中有重大战略地位，至今还保留着其独特丰富的文化本色。

（十一）菲律宾：科迪勒拉山水稻梯田

1. 基本资料

遗产名称：菲律宾科迪勒拉山水稻梯田。
英文名称：Rice Terraces of the Philippine Cordilleras。
入选时间：1995 年。
遴选依据：文化遗产（ⅲ）（ⅳ）（ⅴ）。
遗产编号：722。

2. 遗产描述

菲律宾科迪勒拉山水稻梯田位于菲律宾吕宋岛科迪勒拉山脉沿线的伊富高省，是世界上最大的人造灌溉系统，景色非常壮观美丽。科迪勒拉山水稻梯田被誉为"世界第八大奇迹"，这里山势陡峭，梯田的外壁大多用石块砌成，形如台阶般整齐而错落有致，让人惊叹不已。梯田面积小的仅有 4 平方米，大的可达 2500 平方米。据测量，最高的梯田在海拔 1900 米以上，与最低一层梯田的垂直距离为 420 多米。这里的梯田自古用泉水灌溉，以竹筒将泉水引出，然后经过水闸，流往梯田，由高到低，层层不缺水。

1995 年，根据文化遗产遴选标准（ⅲ）（ⅳ）（ⅴ），菲律宾的科迪勒拉山水稻梯田被联合国教科文组织世界遗产委员会批准作为文化遗产入选《世界遗产名录》。

遴选依据标准（ⅲ）：菲律宾科迪勒拉山水稻梯田是区域可持续的水稻生

产系统的生动例证，人们从覆盖着森林的山顶收集水源，并创建梯田和池塘，这是一个已经存在了两千年的生产系统。

遴选依据标准（ⅳ）：梯田是一千多年来小农耕作历史和劳动的纪念。人类与自然共同努力创造了一个微观的基于可持续利用自然资源的农业生产景观。

遴选依据标准（ⅴ）：水稻梯田是土地利用的一个突出范例，这是人与环境之间和谐互动的结果，产生了一个极具美感的陡峭梯田景观，现在易受到社会和经济变化的影响。

3. 遗产评价

两千年以来，伊富高省山上的稻田一直是依山坡地形耕作的。种植技术代代相传，神圣的传统文化与持续的社会生产使这里形成了一道美丽的风景，体现了人类与环境之间征服和融合的关系。

（十二）韩国：首尔宗庙

1. 基本资料

遗产名称：韩国首尔宗庙。

英文名称：Jongmyo Shrine。

入选时间：1995 年。

遴选依据：文化遗产（ⅳ）。

遗产编号：738。

2. 遗产描述

首尔宗庙是现存最早的和最可信的尊崇儒家的皇家宗庙，用来祭祀朝鲜李氏王朝的历代祖先，现在还保存着 16 世纪时的原貌。这里经常举行有音乐和歌舞的宗教仪式，这样的传统起自 14 世纪。宗庙内有两条特殊的道路，一条路供灵魂走，另一条是御道，供祭祀的王走。两条路的路面铺青砖和石头，因而与一般的路不同。王走的路，其中间比左右两边略高，中间只有王和世子才能走，官员则走左右两边，这表现韩国的神殿建筑的尊严和权威。和复杂又华丽的中国太庙相比，首尔宗庙的特点是正面很长，装饰简单，色调很少，据说是要体现儒家的简朴精神。首尔宗庙在建筑布局上，主要特征是依自然地势而建，所以不像中式建筑有统一的中轴线。

1995 年，根据文化遗产遴选标准（ⅳ），韩国首尔宗庙被联合国教科文组织世界遗产委员会批准作为文化遗产入选《世界遗产名录》。

遴选依据标准（ⅳ）：韩国首尔宗庙是儒学皇家祠堂的一个杰出范例，自

16世纪以来，它一直保存得比较完整，其重要性因非物质文化遗产传统仪式习俗和形式重要元素的持续存在而得到加强。

3. 遗产评价

首尔宗庙是距今时间最远，而且保存原貌最好的尊奉儒家的皇室庙宇。它是为了祭祀朝鲜李氏王朝的先祖们而修建的，从16世纪起它就一直保持着现在我们所见到的样子。宗庙中还收藏着许多碑石，上面刻着古代皇室成员应学习的教义。在祭祀仪式上有音乐、舞蹈、歌唱表演，这样的传统源于14世纪，一直延续到今天。

（十三）乌兹别克斯坦：撒马尔罕——文化交汇之地

1. 基本资料

遗产名称：撒马尔罕——文化交汇之地。

英文名称：Samarkand－Crossroad of Cultures。

入选时间：2001年。

遴选依据：文化遗产（ⅰ）（ⅱ）（ⅳ）。

遗产编号：603。

2. 遗产描述

撒马尔罕古城位于乌兹别克斯坦首都塔什干附近，这里是当年中国通向印度、阿拉伯地区和欧洲的必经之地，是世界多元文化交汇的大熔炉，因此四方商贾云集，各种文化互相交融，一派"国际都市"的景象。撒马尔罕是乌兹别克斯坦的第二大城市，丝绸之路上的古城，位于扎拉夫普河谷中。这里有连绵不断的棉田和果园，周围是亭亭玉立的土耳其斯坦山脉的雪峰。撒马尔罕古城建于公元前7世纪，在公元14世纪至15世纪的帖木儿王朝时期得到了重要发展。撒马尔罕城内现存文物古迹众多，如兀鲁伯天文台、建于15世纪的帖木儿家族陵墓、比比哈内姆大清真寺、公元11世纪至15世纪中亚最大的"不死之王"陵墓建筑群等。绚丽多姿的古建筑是这座城市的骄傲，它们都披着一层神秘的传奇色彩。现存最古老的建筑是褚潘阿塔神殿，这是祭祀牧神的场所。

2001年，根据文化遗产遴选标准（ⅰ）（ⅱ）（ⅳ），撒马尔罕——文化交汇之地被联合国教科文组织世界遗产委员会批准作为文化遗产入选《世界遗产名录》。

遴选依据标准（ⅰ）：撒马尔罕古城的建筑和城市景观位于古代文化的十字路口，是体现伊斯兰文化创造力的杰作。

遴选依据标准（ⅱ）：撒马尔罕古城的比比哈内姆清真寺和雷吉斯坦广场

等建筑群在从地中海到印度次大陆的伊斯兰建筑的发展过程中有开创性的贡献。

遴选依据标准（ⅳ）：历史名城撒马尔罕在其艺术、建筑和城市布局中展示了从 13 世纪到现在的中亚文化和政治历史的最重要阶段。

3. 遗产评价

撒马尔罕古城是世界多元文化的大熔炉，建于公元前 7 世纪，在公元 14 世纪至 15 世纪的帖木儿王朝时期得到了重要发展。撒马尔罕古城拥有众多著名的古代建筑，如列吉斯坦伊斯兰教神学院、比比哈内姆大清真寺、帖木儿家族陵墓和兀鲁伯天文台等。

（十四）以色列：特拉维夫白城——现代运动

1. 基本资料

遗产名称：特拉维夫白城——现代运动。
英文名称：The White City of Tel-Aviv the Modern Movement。
入选时间：2003 年。
遴选依据：文化遗产（ⅱ）（ⅳ）。
遗产编号：1096。

2. 遗产描述

特拉维夫白城是世界上现代主义风格建筑最为集中的城市之一。这种建筑风格最初是在 20 世纪 30 年代由欧洲建筑学校毕业的学生们带来的。他们深受 20 世纪 20 年代欧洲现代主义运动的影响，该运动的主旨是以不对称的布局和有规律的反复来取代古典建筑的对称，同时避免使用任何没有实际用途的装饰。这种现代主义风格、多功能、简洁而不经装饰的建筑被认为适合一座年轻而发展迅速的城市，特拉维夫就成了建筑师实践现代主义的试验场。这些建筑的设计者大多是欧洲备受争议的现代主义风格建筑师，他们的到来在特拉维夫掀起了一场综合性现代主义运动，并结合当地气候条件和当时科技水平创造了新的建筑风格。这一风格的建筑，大多占地面积不大，楼高 2 至 4 层并涂有浅色灰泥，多数是住宅，但也有一些公共建筑。在 1931 年至 1937 年间，约有 2700 幢此类风格的建筑相继建成。目前，特拉维夫约有 4000 幢这样的建筑，因为这些小楼的外墙大多为白色或浅灰色，在阳光映照下分外夺目，故以色列人喜欢称之为"白城"。

2003 年，根据文化遗产遴选标准（ⅱ）（ⅳ），特拉维夫白城——现代运动被联合国教科文组织世界遗产委员会批准作为文化遗产入选《世界遗产名录》。

遴选依据标准（ii）：特拉维夫白城是 20 世纪初现代主义运动在建筑和城市规划方面具有突出意义的综合例证。

遴选依据标准（iv）：特拉维夫白城是 20 世纪初新城市规划和建筑的杰出典范，适应了特定文化和地理环境的要求。

3. 遗产评价

特拉维夫建于 1909 年，并逐渐发展成为殖民巴勒斯坦的英国控制下的一个大都市。在 20 世纪 30—50 年代，特拉维夫白城在帕特莱克爵士的城市规划基础上建成，体现了现代城市发展规划的基本原则。城中的建筑物由在欧洲培训和实习的建筑师设计，他们以全新的文化理念创造了一个杰出的"现代主义运动"的建筑群。

（十五）沙特阿拉伯：石谷考古遗址（玛甸沙勒）

1. 基本资料

遗产名称：石谷考古遗址（玛甸沙勒）。

英文名称：Al-Hijr Archaeological Site（Madâin Sâlih）。

入选时间：2008 年。

遴选依据：文化遗产（ii）（iii）。

遗产编号：1293。

2. 遗产描述

石谷考古遗址（玛甸沙勒）曾经被称为黑格拉，是约旦佩特拉城南部的纳巴泰文明保留下来的最大一处遗址，由麦地那省负责管辖。遗址上有保存完好的巨大坟墓，坟墓正面有纹饰，可以追溯到公元前 1 世纪到公元 1 世纪，是纳巴泰文明独一无二的见证。石谷考古遗址（玛甸沙勒）中还有约 50 件纳巴泰文明之前就已存在的铭文和一些洞穴绘画。据传说，此地因为是南北交通的中转站而发展出高度的文明，城市相当热闹，但也因为繁荣而导致人心背离神的旨意，因此受到了诅咒而毁灭消失。这个传说替这座遗址添上了几分神秘而诡谲的色彩。据传《古兰经》里记载的石谷就在这里。

2008 年，根据文化遗产遴选标准（ii）（iii），石谷考古遗址（玛甸沙勒）被联合国教科文组织世界遗产委员会批准作为文化遗产入选《世界遗产名录》。

遴选依据标准（ii）：石谷考古遗址（玛甸沙勒）位于阿拉伯半岛、地中海世界和亚洲之间的贸易路线上，是古代各种文明之间的交汇点。它见证了在建筑、装饰、语言和贸易等方面的重要文化交流。虽然纳巴泰城在前伊斯兰时期被遗弃，但这条路线继续为商队和麦加朝圣者发挥着作用，直到 20 世纪初通过修建铁路实现现代化。

遴选依据标准（ⅲ）：石谷考古遗址（玛甸沙勒）是纳巴泰文明的独特见证，修建于公元前2世纪至3世纪的伊斯兰早期，主要集中在公元1世纪。这是纳巴泰人特有建筑风格的典范之作，由直接嵌入岩石的纪念碑组成，外墙带有大量装饰图案。该遗址中的一组水井，其中大部分没入岩石，展示了纳巴泰人对农业水利技术的掌握。

3. 遗产评价

石谷考古遗址（玛甸沙勒）是沙特阿拉伯第一个入选的世界遗产，以前被称为黑格拉，是约旦佩特拉以南纳巴泰文明保留下来的最大一处遗址。它是纳巴泰文明的独特见证，该遗址有111座巨大坟墓，其中94座经过装饰，还有多处水井，这些是纳巴泰文明建筑成就和水利技术杰出的见证。

（十六）日本：富士山——神圣之地和艺术启迪之源

1. 基本资料

遗产名称：富士山——神圣之地和艺术启迪之源。

英文名称：Fujisan, sacred place and source of artistic inspiration。

入选时间：2013年。

遴选依据：文化遗产（ⅲ）（ⅵ）。

遗产编号：1418。

2. 遗产描述

富士山位于日本东京西南方约80千米处，是日本的重要象征之一。富士山是日本横跨静冈县和山梨县的一座活火山，是日本国内的最高峰。富士山被日本人民誉为"圣岳"，是日本民族引以为傲的象征。富士山山体高耸入云，山巅白雪皑皑，放眼望去，好似一把悬空倒挂的扇子，因此也有"玉扇"之称。富士山作为日本的象征之一，在全球享有盛誉，也经常被称作"芙蓉峰""富岳"以及"不二的高岭"。

2013年，根据文化遗产遴选依据（ⅲ）（ⅵ），富士山——神圣之地和艺术启迪之源被联合国教科文组织世界遗产委员会批准作为文化遗产入选《世界遗产名录》。

遴选依据标准（ⅲ）：富士山作为一个孤独的层状火山的雄伟形式，加上它断断续续的火山活动，激发了从古代到现在的山岳崇拜传统。朝圣者渴望通过攀登它和前往山坡附近圣地朝圣，获得一种精神力量。这些非物质文化与对富士山的崇拜有关，激发了无数的艺术灵感，展现了完美的朝圣之情，以及强调与自然共存的传统。这些都是对以富士山为中心的活文化传统的独特见证。

遴选依据标准（ⅵ）：自古以来，富士山作为一个孤立的层状火山，一直是日本诗歌、散文和艺术作品的灵感源泉。特别是 19 世纪初，葛饰北斋和歌川广重的浮世绘中的富士山形象，对西方艺术的发展产生了突出的影响，使富士山的雄伟形象得以在世界各地广为人知。

3. 遗产评价

这座孤零零的、经常被白雪覆盖的层状火山，被世界人民称为富士山。它矗立在大海与湖泊边上，村庄和绿树环绕。长期以来，一睹它的美丽一直是朝圣者的心愿，它的美丽也激发了艺术家和诗人的灵感。该遗产包括 25 处遗址，反映了神圣艺术的景观精髓。在 12 世纪，富士山成为苦行僧的修行中心，其中包括神道教的元素。海拔 3776 米高的山脚下，有朝圣者路线和火山口神殿，包括圣金伽神龛、石屋，以及熔岩树模、湖泊、泉水和瀑布等自然火山特征。它在日本艺术中的表现可以追溯到 11 世纪，但 19 世纪的风景画，包括那些沙滩上的松树林，使富士山成为国际公认的日本标志，并对西方艺术的发展产生了深刻影响。

（十七）伊拉克：巴比伦

1. 基本资料

遗产名称：巴比伦。

英文名称：Babylon。

入选时间：2019 年。

遴选依据：文化遗产（ⅲ）（ⅵ）。

遗产编号：278。

2. 遗产描述

巴比伦位于伊拉克首都巴格达以南 85 千米处，在公元前 626 年—公元前 539 年，是新巴比伦帝国的首都。它包括该城的废墟、村庄和古城周围的农业区。它的遗迹、城墙、大门、宫殿和寺庙，是古代世界最具影响力帝国之一的独特见证。这座城市与古代世界七大奇迹之一的空中花园相联系，也在全球范围内激发了无数艺术、流行文化和宗教文化的创作灵感。巴比伦是一座令人神往的古城，它位于幼发拉底河和底格里斯河交汇处的右岸。早在公元前一千三百年左右，阿摩利人就以巴比伦为都城，建立了古巴比伦王国。古巴比伦不断受到外族的进攻，历经了五百多年战乱，直到公元前 7 世纪末，建立了新巴比伦王国。然而，八十多年后，新巴比伦王国又被波斯人彻底毁灭。随着王朝更迭，显赫一时的古城巴比伦，也日渐消失在荒草之中。与罗得斯岛巨像一样，考古学家至今都未能找到空中花园的遗迹。事实上，不少在著作中提到空中花园的古人也只是从别人口中听来，并没有真得见过。通常认为空中花园是由尼布甲尼撒王为了安慰患上思乡病的王妃安美依迪丝，仿照王妃在山上的故乡而兴建的。

2019年，根据文化遗产遴选标准（ⅲ）（ⅵ），巴比伦被联合国教科文组织世界遗产委员会批准作为文化遗产入选《世界遗产名录》。

遴选依据标准（ⅲ）：巴比伦的历史可以追溯到公元前3000年，在汉谟拉比和尼布甲尼撒二世等著名国王的统治下，曾是多个强大帝国首都的所在地。作为新巴比伦帝国的首都，是其文化鼎盛时期的最完美见证，代表了古巴比伦文明在建筑和城市规划方面的超高创造力。巴比伦文明因阿卡德人和苏美尔人的文化影响而加强，其中包括楔形文字系统，这是今天了解整个地区，特别是巴比伦的历史及其演变的重要工具。巴比伦的政治、科学、技术、建筑和艺术成就对附近的其他人类住区以及人类历史都产生了巨大影响。

遴选依据标准（ⅵ）：巴比伦在两千多年来一直是古代权力的范本、寓意和象征，并在全球范围内激发了无数的艺术创作灵感。巴比伦的故事在经典的宗教书籍中都找到了印证。在希腊历史学家的作品中，巴比伦是遥远的、充满异国情调的和难以置信的；经典文献将世界七大奇迹之一归属于巴比伦的空中花园；其他文献则谈到了巴比伦的奇妙塔。这两者可能是意象性的，但它们都起源于真正的古代建筑，其中的考古遗址仍然被保存：埃特曼安吉金字塔和尼布甲尼撒二世的宫殿建筑群。

3. 遗产评价

巴比伦位于巴格达以南85千米处，由新巴比伦王国首都遗迹及周围的村庄和农地组成。这些独一无二的旧址（城外及城内的塔楼、城门、宫殿和庙宇）见证了世界上最具影响力之一的古国曾经的辉煌。巴比伦历经汉谟拉比、大流士一世等君主的统治，代表着新巴比伦王国统治时代创造力的巅峰。此外，其与古代世界七大建筑奇迹中的空中花园的联系激起了世界各地艺术、民俗和文化作品灵感。

第二节　欧洲世界遗产

　　欧洲，是西方文明遗址的聚集地。古希腊、古罗马帝国等悠久而辉煌的历史给人类留下了内容丰富、规模庞大的文化遗产。联合国教科文组织所认定的世界文化遗产近一半分布在欧洲。

一、欧洲世界遗产特征

　　雅典卫城、古罗马斗兽场、水城威尼斯、卢浮宫、埃菲尔铁塔、荷兰风车群、圣彼得大教堂、史前巨石遗址等，体现了欧洲文明震撼人心的力量和古代人民的聪明才智。欧洲地理位置优越，自然遗产也十分壮丽，有奇特的地貌、壮观的海景、错综复杂的洞穴、清澈的河流湖泊和丰富的动植物资源。西西里的伊奥利亚群岛、俄罗斯的科米原始森林都有着惊人之美。这些遗产就像一部记录欧洲历史的史书，从中能发现欧洲文明的根基。

　　欧洲的世界遗产不仅数量第一，而且对遗产的保存保护、宣传普及等工作也走在了世界前列。早在 1974 年，欧洲议会就通过了一项决议，指出在文化领域尤其是在保护文化遗产方面采取共同行动的必要性。如今，这套历史文化遗产保护体系在实践中不断发展，非常成熟有效。这个保护体系的关键是立法，所有保护内容的形成及确立、保护机构的职能、行政管理体系、资金保障体系、监督体系、公众参与体系等内容，都会以法律、法规的形式明确下来。以资金保障体系为例，保护对象的资金补助额度和数量规定都十分详细。国家和地方政府的财政拨款通常是保护资金最主要的来源，且款项数额巨大；同时还制定了一些如减免税收、无息贷款、公用事业拨款、发行奖券等相关政策为文化保护提供多渠道、多层次的资金筹措方式。欧洲各国对破坏文物的行为施以重罚，如马德里市政府明文规定，任何单位和个人不得对市中心的古建筑进行任何改动，并且每隔二十年必须按照原来模样重新进行维修和粉刷。

　　欧洲各国还采取了许多措施来宣传欧洲的世界遗产，普及有关文化遗产和自然遗产方面的知识，提高人们保护共同遗产的意识。例如，欧盟"苏格拉底计划"资助在文化遗产领域的教育项目，涉及学校和博物馆。"达·芬奇计划"资助其他项目，如传统手工艺培训、文化遗产的修复和开发培训。西班牙创办了文物保护学校，培养专门人才。1984年，为了鼓励更多的法国人参加文化活动，法国创立了文化遗产日活动。从1992年起欧洲许多国家也加入了"文化遗产日"活动的行列，在法国，春天举办"博物馆日"，秋天举办"文化遗产日"，被文化部选入国家文化遗产保护名册的各类建筑物，包括博物馆、教堂以及部分政府机构所在地等，都免费向公众开放。在意大利，每年举办各种主题活动，全国各地150个城市中数百座平时不对外开放的古迹，一律向公众开放。这些活动的目的不仅在于要保护这些遗产，重视它们的价值，而且要让公众走进去，了解和知晓自己所处的环境，自己所在区域和国家的历史文化根源。

二、欧洲世界遗产例证

（一）意大利：罗马历史中心区、城内教廷管辖区和圣保罗大教堂

1. 基本信息

遗产名称：罗马历史中心区、城内教廷管辖区和圣保罗大教堂。

英文名称：Historic Centreof Rome，the Properties of the Holy See in that City Enjoying Extraterritorial Rights and San Paolo Fuori le Mura。

入选时间：1980年（1990年扩大范围，2015年再次修改范围，意大利与梵蒂冈共有）。

遴选依据：文化遗产（ⅰ）（ⅱ）（ⅲ）（ⅳ）（ⅵ）。

遗产编号：91。

2. 遗产描述

罗马是意大利的首都，意大利的政治、经济、文化和交通中心，世界著名的历史文化名城，古罗马帝国的发祥地，因建城历史悠久而被称为"永恒之城"。罗马位于意大利半岛中西部，市中心面积有1200多平方千米。罗马是天主教的中心，有700多座教堂与修道院，7所天主教大学，市内的梵蒂冈是天主教教宗和教廷的驻地。罗马与佛罗伦萨同为意大利文艺复兴中心，是第二次世界大战中少数没被战火波及的城市，现今罗马市中心仍保存有相当丰富的文艺复兴时期的风貌。罗马历史中心区、城内教廷管辖区和圣保罗大教堂作为文化遗产，简称罗马历史中心区，位于意大利罗马市和梵蒂冈城国全境。

1980 年，根据文化遗产遴选标准（ⅰ）（ⅱ）（ⅲ）（ⅳ）（ⅵ），意大利的罗马历史中心区、城内教廷管辖区和圣保罗大教堂被联合国教科文组织世界遗产委员会批准作为文化遗产入选《世界遗产名录》。最著名的有万神殿、古罗马竞技场、圣保罗大教堂和提图斯凯旋门等。1990 年，遗产范围扩大到阿文蒂尼、卡埃利安、卡皮托尼诺等七座山丘上，除诸多古建筑外，还有努姆、凯撒、奥古斯都、图拉真等众多广场，以及 3000 多个喷泉水池等遗迹。

遴选依据标准（ⅰ）：该遗产囊括近三千年来历史上产生的一系列具有无与伦比艺术价值的证据：古代纪念性建筑（如古罗马竞技场、万神殿建筑群和帝国论坛）、几个世纪以来建造的防御工事（如城墙和圣天使堡）、代表从文艺复兴和巴洛克时期到现代的城市发展标志的"三叉戟"以及带有豪华图案的民居和宗教建筑，而那些马赛克和雕塑装饰（如朱庇特神殿的外墙、拉特朗圣若望大殿、圣玛丽大教堂和圣保罗大教堂的外墙），都是由一些最著名的艺术家创造。

遴选依据标准（ⅱ）：几个世纪以来，罗马的艺术作品对世界各地的城市规划、建筑、技术和艺术的发展产生了决定性的影响。古罗马在建筑、绘画和雕塑领域的成就不仅是当世最高，而且在文艺复兴、巴洛克和新古典主义时期都是被参照的经典。罗马的古典建筑、教堂、宫殿和广场，以及丰富的绘画和雕塑，都是一个毋庸置疑的历史标志。巴洛克艺术以一种特殊的方式诞生于罗马，然后传播到整个欧洲和其他大陆。

遴选依据标准（ⅲ）：罗马曾作为世界文明的中心，其考古遗址的价值举世公认。罗马保存了大量不朽的古代遗迹，这些遗迹一直都是可见的，并处于极好的保存状态。这些具有千年历史特征的遗迹，见证了艺术、建筑和城市设计在各个时期的发展风格。

遴选依据标准（ⅳ）：罗马历史中心区作为一个整体，证明了近三千年历史的连续性。该遗址的具体特征是建筑语言的层次丰富、建筑类型的广泛和城市规划的原创性发展，这些都与城市的复杂形态和谐地融和。

遴选依据标准（ⅵ）：两千多年来，罗马一直是世俗和宗教世界的中心。作为罗马帝国的中心，当帝国将其权力扩展到当时已知的世界，这座城市是一个广泛传播文明的重镇，这个文明在法律、语言和文学中得到了最高的体现，现在仍然是西方文化的基础。罗马的发展历史，也与基督教信仰的历史直接相关。几个世纪以来，这座永恒之城一直是朝圣的象征，这要归功于信徒、圣徒和殉道者的坟墓，以及教皇的出现。

3. 遗产评价

根据神话传说，罗马城由罗穆卢斯和瑞摩斯于公元前 753 年建立。罗马首先作为罗马共和国的首都，后来是罗马帝国的都城，再后来到了公元 4 世纪，这里则成了整个基督教世界的中心。1990 年，这个世界遗产的范围扩大到了整个罗马城八个区的城墙。该文化遗址包括了一些著名的古代建筑，如古罗马竞技场、奥古斯都的陵墓、哈德良的陵墓、万神殿、图拉真柱、马可·奥里利乌斯柱，以及罗马教廷的许多宗教和公共建筑。

（二）波兰：华沙历史中心

1. 基本资料

遗产名称：华沙历史中心。

英文名称：Historic Center of Warsaw。

入选时间：1980 年（2014 年修改范围）。

遴选依据：文化遗产（ⅱ）（ⅵ）。

遗产编号：30。

2. 遗产描述

华沙坐落在波兰平原中部维斯瓦河东西两岸，是欧洲著名的古城。1945 年，华沙摆脱战争后，便按原样重建城市，不仅保持了中世纪古城的风貌，还兴建了新市区，超过了战前的规模和水平。在重建过程中，华沙格外重视保护和修复历史古迹的工作，对战前市内 900 多座具有历史意义的建筑物，几乎都进行了修复和整饰。昔日的宫殿、教堂、城堡等显得更加巍峨壮观，形成了独树一帜的华沙历史中心。华沙是围绕着维斯瓦河岸的集市广场发展起来的城市，主要特点是街道按照方格网状布局规划。随着街道从市中心向外延伸，这种布局的规范性逐渐消失，宽阔的广场提供了纵深的视野。16－18 世纪的建筑物外墙提供了一种赏心悦目的景观，装饰着壁画和石门的一些房屋沿市场一直延展开去，另一些房屋正面建造了装饰性的拱顶和游廊。老城边上靠近城堡的地方，一连片色彩艳丽的住房与整个城市和谐地融为一体。俯瞰全城的皇宫旁有一些纪念性建筑成为重建后的华沙的点缀，这些建筑具有哥特、文艺复兴和巴洛克等风格。靠近城堡并沿维斯图拉河生长的绿林将老城环绕起来。

1980 年，根据文化遗产遴选标准（ⅱ）（ⅵ），华沙历史中心被联合国教科文组织世界遗产委员会批准作为文化遗产入选《世界遗产名录》。

遴选依据标准（ⅱ）：华沙在整个古城范围内开展全面的保护活动是一种独特的欧洲经验，有助于世界遗产保护的理论验证和实践。

遴选依据标准（ⅵ）：华沙历史中心是一个对被蓄意彻底摧毁的城市进行全面重建的特殊例子。重建的物质基础是国家的力量和决心，它带来了世界历史上独特规模的遗产重建行动。

3. 遗产评价

1944 年 8 月华沙起义期间，华沙历史中心 85% 以上的建筑遭到纳粹部队的摧毁。第二次世界大战之后，华沙人民用长达五年的时间重建古城，他们修复了教堂、宫殿和贸易场所。华沙的重生是 13 世纪至 20 世纪建筑史上不可抹灭的一笔。

（三）葡萄牙：里斯本的哲罗姆派修道院和贝伦塔

1. 基本资料

遗产名称：里斯本的哲罗姆派修道院和贝伦塔。

英文名称：Monastery of the Hieronymites and Tower of Belém in Lisbon。

入选时间：1983 年。

遴选依据：文化遗产（ⅲ）（ⅵ）。

遗产编号：263。

2. 遗产描述

哲罗姆派修道院和贝伦塔位于葡萄牙首都里斯本，遗产核心区面积 2.66 公顷，缓冲区面积 103 公顷。其中，哲罗姆派修道院是一座位于里斯本贝伦区海港入口处华丽宏伟的修道院，是里斯本最为重要的古迹，是葡萄牙曼努埃尔式建筑中最为成功的案例。位于修道院附近的贝伦塔，则是为纪念航行家瓦斯科·达·伽马的航行而建立的。

1983 年，根据文化遗产遴选标准（ⅲ）（ⅵ），里斯本的哲罗姆派修道院和贝伦塔被联合国教科文组织世界遗产委员会批准作为文化遗产入选《世界遗产名录》。

遴选依据标准（ⅲ）：里斯本的哲罗姆派修道院和贝伦塔楼是 15 世纪—16 世纪葡萄牙文明和文化的独一无二的见证。它们反映了葡萄牙人民的力量、知识和勇气，那时他们巩固了海上霸主的地位，并主宰了洲际之间的贸易路线。

遴选依据标准（ⅵ）：贝伦塔楼的建筑群与地理大发现的黄金时代密切相关，也与葡萄牙人在 15 世纪至 16 世纪创建不同文化之间的联系、对话和交流所扮演的先锋角色紧密相关。

3. 遗产评价

哲罗姆派修道院位于里斯本海港入口处，始建于 1502 年，它是葡萄牙艺术巅峰时期的最好证明。它旁边的贝伦塔，则是为纪念航海家瓦斯科·达·伽马的航行而建立的，它向人们讲述着那段奠定了现代世界基础的大航海时代。

（四）西班牙：安东尼·高迪的建筑作品

1. 基本资料

遗产名称：安东尼·高迪的建筑作品。

英文名称：Works of Antoni Gaudí。

入选时间：1984 年（2005 年扩大范围）。

遴选依据：文化遗产（i）（ii）（iv）。

遗产编号：320。

2. 遗产描述

位于西班牙东北部的巴塞罗那市区和近郊的七处安东尼·高迪的建筑作品，是对他 19 世纪末 20 世纪初建筑技术的杰出创意与贡献的见证，包括奎尔公园、奎尔宫、米拉公寓、文森特宅、圣家大教堂、巴特里奥之家和奎尔住宅区的地下教堂。这些建筑表现出折中主义和设计师个性的完美结合，并由此产生新的风格。这不仅被认为是建筑风格的创新，而且也是花园、雕塑和所有装饰艺术风格的创新。

1984 年，根据文化遗产遴选标准（i）（ii）（iv），安东尼·高迪的建筑作品被联合国教科文组织世界遗产委员会批准作为文化遗产入选《世界遗产名录》。2005 年该遗产进行了增扩。

遴选依据标准（i）：安东尼·高迪的建筑作品代表了 19 世纪末 20 世纪初在建筑和建筑技术发展方面的杰出的、创造性贡献。

遴选依据标准（ii）：安东尼·高迪的建筑作品展示了与他的时代文化和艺术潮流密切相关的多种重要价值的交流，如加泰罗尼亚的现代主义。它影响了许多与 20 世纪现代建筑发展相关的造型和技术。

遴选依据标准（iv）：安东尼·高迪的建筑作品代表了 20 世纪初期建筑中一系列的杰出建筑类型，包括住宅和公共建筑，他对建筑设计的发展做出了重大的创造性贡献。

3. 遗产评价

在巴塞罗那市区和近郊的 7 处安东尼·高迪的建筑作品，见证了他对 19

世纪末 20 世纪初建筑技术的杰出创意与贡献。圭尔公园、圭尔宫、米拉公寓、文森特宅、圣家大教堂、巴特里奥之家等建筑物都呈现了折中主义风格，非常人性化，这也对后续花园、雕塑以及装饰艺术和建筑的设计产生了极大影响。

（五）土耳其：伊斯坦布尔历史区

1. 基本资料

遗产名称：伊斯坦布尔历史区。

英文名称：Historic Areas of istanbul。

入选时间：1985 年（2017 年修改范围）。

遴选依据：文化遗产（ⅰ）（ⅱ）（ⅲ）（ⅳ）。

遗产编号：356。

2. 遗产描述

伊斯坦布尔建于公元前 667 年，历史上是贸易、政治与宗教中心，现为伊斯坦布尔省首府城市。伊斯坦布尔市的中心部分三面环水，一面是城墙（建于公元 413 年，以后不断修筑），据说它建在七座山上，像罗马一样。市中心是曾经的帝国陆路交通的起点，一条东西向的要道向城门延伸。即使在今天，这种结构在土耳其非常稠密的城市建筑中还能看到。

1985 年，根据文化遗产遴选标准（ⅰ）（ⅱ）（ⅲ）（ⅳ），伊斯坦布尔历史区被联合国教科文组织世界遗产委员会批准作为文化遗产入选《世界遗产名录》。

遴选依据标准（ⅰ）：伊斯坦布尔历史区包括拜占庭帝国和奥斯曼帝国时期独特建筑杰作的古迹。例如圣索菲亚大教堂，由特拉勒斯的安特米奥斯和米利都的伊西多罗斯在公元 532—537 年设计；苏莱曼清真寺建筑群，由建筑师希南于 1550—1557 年设计。

遴选依据标准（ⅱ）：纵观历史，伊斯坦布尔的古迹对欧洲和近东的建筑、纪念性艺术和空间布局的发展产生了相当大的影响。狄奥多西二世的城墙工事建于公元 447 年，是后来修筑军事防御工程的主要参考之一。圣索菲亚大教堂成为教堂和清真寺融合的典范，而君士坦丁堡宫殿和教堂的马赛克影响了东西方艺术。

遴选依据标准（ⅲ）：伊斯坦布尔通过其大量高质量的建筑实例，包括相关的艺术品，为拜占庭和奥斯曼文明提供了独特的见证。它们包括防御工事、带有马赛克和壁画的教堂和宫殿、巨大的蓄水池、坟墓、清真寺、宗教学校和浴室建筑。苏莱曼尼耶和泽雷克区主要宗教古迹周围的乡土房屋为奥斯曼帝国晚期的城市模式提供了特殊证据。

遴选依据标准（iv）：这座城市是一组杰出的纪念性建筑群，展示了人类历史上非常杰出的阶段。特别是托普卡匹皇宫和苏莱曼清真寺建筑群及其商队、伊斯兰学校、医学院、图书馆、浴室建筑、皇陵等，提供了奥斯曼帝国时期宫殿和宗教建筑群的最佳例证。

（3）遗产评价

伊斯坦布尔历史区位于巴尔干与安纳托利亚、黑海与地中海之间。两千多年来，伊斯坦布尔总是与一些重要的政治、宗教和艺术事件联系在一起。它的建筑杰作包括古代君士坦丁堡竞技场、公元 6 世纪的哈吉亚·索菲亚教堂和 16 世纪的苏莱曼清真寺。这些遗迹现在受到了人口过盛、工业污染以及过度城市化的威胁。

（六）英国：巨石阵、埃夫伯里和相关遗迹群

1. 基本资料

遗产名称：巨石阵、埃夫伯里和相关遗迹群。

英文名称：Stonehenge，Avebury and Associated Sites。

入选时间：1986 年（2008 年修改范围）。

遴选依据：文化遗产（i）（ii）（iii）。

遗产编号：373。

2. 遗产描述。

巨石阵、埃夫伯里和相关遗迹群，位于英园西南威尔特郡的埃夫伯里。巨石阵和埃夫伯里巨石遗址是世界上最大的巨石林，也是欧洲最大的史前遗迹。在英国人的心目中，这片史前遗迹是一处非常古老而又神圣的地方。巨石阵也叫做圆形石林，距伦敦大约 120 千米。那里的几十块巨石围成了一个大圆圈，其中一些石块足有 6 米之高。据估计，圆形石林已经在这个一马平川的平原上矗立了几千年。但是迄今为止，没有人确切知道当初建造它的目的到底是什么，也没有人知道古代的威尔士人是如何把这些几十吨重的巨石运到 300 多千米之外的索尔兹伯里平原的。

1986 年，根据文化遗产遴选标准（i）（ii）（iii），巨石阵、埃夫伯里和相关遗迹群被联合国教科文组织世界遗产委员会批准作为文化遗产入选《世界遗产名录》。

遴选依据标准（i）：巨石阵、埃夫伯里和相关遗迹群展示了史前时代杰出的创造性思维和技术成就，是世界上最复杂的史前石圈工程。它的设计和独

特的工程技术是无与伦比的，以巨大的水平石楣盖住外圈和三立石柱，通过精心设计的接缝连接在一起。它的独特之处在于使用了两种不同的石头（青石和沙石），材料的大小（最大的重量超过 40 吨）和运输距离（高达 240 千米）都让人惊叹。周围的一些古迹的规模也引人注目，大道有约 3 千米长，而杜灵顿墙是已知的英国最大的横堤，长约 500 米，证明史前族群具有构思、设计和修建巨大尺寸和复杂性特征纪念性景观的能力。埃夫伯里环绕的石阵由一个周长1.3 千米的巨大河岸和沟渠组成，其中 180 块局部未成形的石头组成了较大的外圆和两个较小的内圆。由平行直立的石头组成的西肯尼特大道和贝克汉普顿大道将四个入口中的两个与景观中的其他纪念碑连接在一起。另一个杰出的纪念性景观是锡尔伯里山，它是欧洲最大的史前土丘。它建于公元前 2400 年，高 395 米，由 50 万吨白垩土组成。这座宏伟的、精心设计的纪念性景观的用途至今仍不为人所知。

遴选依据标准（ⅱ）：巨石阵、埃夫伯里和相关遗迹群是纪念性景观演变，以及从新石器时代早期到青铜时代以来景观被持续使用和塑造的杰出例证。纪念性景观对建筑师、艺术家、历史学家和考古学家产生了不可忽略的影响，至今仍有着研究的巨大潜力。

自 12 世纪巨石阵被编年史家亨利·德·亨廷顿和杰弗里·德·蒙茅斯视为世界奇迹以来，它就一直激发着人们的好奇心，并成为一个研究和探索的主题。人类自从对巨石阵开始调查，就让它对不少建筑师、考古学家、艺术家和历史学家产生了显著的影响。

遴选依据标准（ⅲ）：巨石阵、埃夫伯里和相关遗迹群为新石器时代和青铜时代英国的丧葬和仪式习俗提供了独特的见证。它们的设计思路和相关地点一起，形成了无与伦比的景观。

该遗产的设计、位置和关系证明了一个富裕、高度组织的史前社会是能够将其想象施加于环境。一个突出的例子是巨石阵大道（也可能是游行路线）和巨石阵石圈会在仲夏日出和仲冬日落轴上对齐，这表明了其仪式与天文学的关系。

同时，巨石阵作为火葬墓地，也是英格兰南部最大的新石器时代石室集体墓葬，既展现了不断发展的丧葬仪式，又提供了对各个时期不断变化的殡葬文化的深刻见解。

3. 遗产评价

位于威尔特郡的巨石阵、埃夫伯里和相关遗迹群是世界上最负盛名的巨石林，它们由巨石围成圆圈，其排列方式对天文学的重要意义仍在探索之中。这

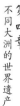

个圣地和周围的新石器时代遗址为研究史前时代提供了至关重要的证据。

（七）希腊：雅典卫城

1. 基本资料

遗产名称：雅典卫城。

英文名称：Acropolis 叶 Athens。

入选时间：1987 年。

遴选依据：文化遗产（ⅰ）（ⅱ）（ⅲ）（ⅳ）（ⅵ）。

遗产编号：404。

2. 遗产描述

雅典卫城也被称为雅典的阿克罗波利斯，原意为"高处的城市"或"高丘上的城邦"。雅典卫城是希腊最杰出的古建筑群，是综合性的公共建筑，为宗教政治的中心地区，并具有古代希腊城市战时市民避难的功能，是由坚固的防护墙拱卫的山冈城市。雅典卫城面积约有 4 平方千米，位于雅典中心的山丘上，始建于公元前 580 年。卫城中最早的建筑是雅典娜神庙和其他宗教建筑。雅典卫城包括希腊古典艺术最伟大的四大杰作——帕特农神庙、通廊、厄瑞克修姆神庙和雅典娜胜利神庙，诠释了一千多年来在希腊繁荣、兴盛的文明、神话和宗教，被视为世界遗产理念的象征。帕特农神庙是雅典卫城上最负盛名的建筑，更是举世闻名的古代七大奇观之一，最早出现在基督教诞生以前的四百三十年，是原始宗教的庙宇。神庙总面积达 1200 平方米，大约是巴黎圣母院面积的 1/3，但较之早了一千五百年。厄瑞克修姆神庙于公元前 406 年建成，位于帕特农神庙的对面，是优美的爱奥尼式建筑，集雅典娜与海神波塞冬两座神庙造型于一体。

1987 年，根据文化遗产遴选标准（ⅰ）（ⅱ）（ⅲ）（ⅳ）（ⅵ），雅典卫城被联合国教科文组织世界遗产委员会批准作为文化遗产入选《世界遗产名录》。

遴选依据标准（ⅰ）：雅典卫城是建筑适应自然环境的最顶级例证。这些巨大的建筑结构完美平衡，形成了一道壮丽而独特的景观，包括公元前 5 世纪的一系列建筑杰作：伊克提诺斯和卡利卡特斯与雕刻家菲迪亚斯合作建造的帕特农神庙；米尼基尔斯的丙基利亚与卡里克拉底斯合作建造的雅典娜神庙和埃雷希奥神殿。

遴选依据标准（ⅱ）：雅典卫城的纪念性建筑不仅在希腊－罗马时期被认为是典范，在当代也产生了非凡的影响，应该说世界各地的新古典主义纪念性建筑都受到了卫城的启发。

遴选依据标准（ⅲ）：从神话到制度化的祭礼，雅典卫城以其精确性和多样性，为古希腊的宗教提供了独特见证。神圣的庙宇是这座城市最基本的传说来源。从公元前6世纪开始，基于神话的信仰产生了庙宇、祭坛和祭品，与多样性的崇拜随之而来的是雅典宗教的丰富性和复杂性。雅典娜被尊崇为城市女神（雅典娜·波利亚斯）；战争女神（雅典娜·普罗马索斯）；胜利女神（雅典娜·尼克）；手工艺的保护女神（雅典娜·厄甘）等。她的大部分身份都在供奉她的主神庙帕特农神庙和庇护女神庙中得到了体现。

3. 遗产评价

雅典卫城不仅是古希腊文明的象征，更是世界遗产理念的完美象征。希腊古典艺术的四大杰出代表屹立不倒，向世人诉说着古希腊的辉煌。

（八）俄罗斯：莫斯科克里姆林宫和红场

1. 基本资料

遗产名称：莫斯科克里姆林宫与红场。
英文名称：Moscow Kremlin and Red Square。
入选时间：1990年。
遴选依据：文化遗产（ⅰ）（ⅱ）（ⅳ）（ⅵ）。
遗产编号：545。

2. 遗产描述

克里姆林宫，坐落在涅格林纳河和莫斯科河交汇处的鲍罗维茨丘陵上，南临莫斯科河，西北依亚历山德罗夫花园，呈不等边三角形状。克里姆林宫，既是富丽堂皇的帝王住所，又是坚固的堡垒，珍藏有大量的文物，它与红场一起构成了莫斯科迷人的风景线，让游客流连忘返。克里姆林宫是俄国历代帝王的宫殿，位于俄罗斯首都莫斯科中心，与红场毗连，它们一起构成了莫斯科最有历史文化价值的区域。克里姆林宫包括了非常宽广的区城，其中心部分有圣母升天大教堂、伊凡大帝钟楼、尼古拉斯卡亚木造教堂等，如今它们都已经成了各种博物馆。

1990年，根据文化遗产遴选依据（ⅰ）（ⅱ）（ⅳ）（ⅵ），莫斯科克里姆林宫与红场被联合国教科文组织世界遗产委员会批准作为文化遗产入选《世界遗产名录》。

遴选依据标准（ⅰ）：克里姆林宫遗产范围内有一系列独特的建筑艺术杰作。这里有美丽异常的宗教古迹，如天使报喜教堂、安息大教堂、大天使教堂和伊凡大帝钟楼；有克里姆林宫等宫殿，宫墙内还包括圣母诞生教堂和特雷姆诺伊宫。红场上是圣瓦西里大教堂，也是反映俄罗斯东正教艺术的主要建筑。

遴选依据标准（ii）：纵观其历史，俄罗斯建筑受到了克里姆林宫的巨大影响，特别是在意大利文艺复兴时期。当鲁道夫·亚里士多德·菲奥拉万蒂建造安息大教堂时，这种风格的影响已然凸显，并随着马可·弗里亚津和彼得罗·安东尼奥·索拉里奥建造格拉诺维塔亚宫而变得更加明显。意大利文艺复兴也影响了索拉里奥在同一时期建造的坚固塔楼，其采用了米兰工程师的建塔原则。文艺复兴时期的表达方式也更多地出现在大天使教堂的经典造型中，由阿列维西奥·诺维于 16 世纪重建。

遴选依据标准（iv）：克里姆林宫的三角形建筑群被四座城门连通，并用 20 座塔楼在外围加固，保留了尤里·多尔戈鲁基于 1156 年在莫斯科河和内格林纳亚河交汇处的山上建造的木制防御工事的痕迹。根据其布局和改造历史，莫斯科克里姆林宫的原型应是一些传统古堡——位于普斯科夫、图拉、喀山或斯摩棱斯克等古罗斯城镇中心的城堡。

遴选依据标准（vi）：克里姆林宫与俄罗斯历史上的每一件重大事件都有直接而实质的联系。两百年的默默无闻于 1918 年结束，克里姆林宫再次成为中央政府所在地。红场上的列宁陵墓是苏联象征性、纪念性建筑的典范。为了宣传俄国革命的重要意义，革命英雄的骨灰盒被纳入尼科尔斯卡亚和斯帕斯卡亚塔楼之间的克里姆林宫墙，将过去保存下来的遗迹和现代历史上的最伟大事件结合，此地显得尤为特殊。

3. 遗产评价

由俄罗斯和外国建筑师于 14 世纪至 17 世纪共同修建的克里姆林宫，作为沙皇的住宅和宗教中心，与 13 世纪以来俄罗斯所有最重要的历史事件和政治事件密不可分。在红场防御城墙的脚下坐落的圣瓦西里教堂是俄罗斯传统艺术最漂亮的代表作之一。

（九）乌克兰：基辅—圣索菲亚大教堂和佩乔尔斯克修道院

1. 基本资料

遗产名称：基辅—圣索菲亚大教堂和佩乔尔斯克修道院。

英文名称：Kyiv: Saint-Sophia Cathedral and Related Monastic Buildings, Kyiv-Pechersk Lavra。

入选时间：1990 年（2005 年修改范围）。

遴选依据：文化遗产（i）（ii）（iii）（iv）。

遗产编号：527。

2. 遗产描述

乌克兰国家建筑历史文化保护区位于首都基辅的中心，占地 5 公顷，这里坐落着建于公元 11 世纪至 18 世纪的美丽的古建筑群。在文化保护区内，最著名、最宝贵的建筑当属圣索菲亚大教堂，教堂建于古罗斯时期。佩乔尔斯克修道院因洞穴（乌克兰语中洞穴被称为佩乔尔斯克）而得名，作为重要的也是最有影响力的东正教修道院，在斯拉夫世界享有崇高的地位。

1990 年，根据文化遗产遴选标准（ⅰ）（ⅱ）（ⅲ）（ⅳ），基辅—圣索菲亚大教堂和佩乔尔斯克修道院被联合国教科文组织世界遗产委员会批准作为文化遗产入选《世界遗产名录》。

遴选依据标准（ⅰ）：基辅—圣索菲亚大教堂和佩乔尔斯克修道院在其建筑理念和装饰方面都是人类天才创意的代表。

圣索菲亚大教堂是公元 11 世纪初兼具建筑和纪念性艺术的独特纪念性建筑，保存收藏有该时期最多的马赛克艺术壁画。大教堂的巨大装饰构成了一个独特的概念设计，反映了当时的主要神学思想，是拜占庭艺术的典范。

佩乔尔斯克修道院是乌克兰艺术的杰作，主要是在巴洛克时期形成的。它融合了公元 11 世纪至 19 世纪独特的地上和地下建筑结构，并成为丰富的城市景观。

遴选依据标准（ⅱ）：该遗产是基辅罗斯、拜占庭帝国和西欧文化交流的结果。纪念性的建筑和绘画反映了拜占庭建筑和艺术传统的变化，这些传统在当地视觉文化的影响下获得了新生。基辅佩乔尔斯克修道院在精神传统和建筑规划中表达了东正教的崇拜传统。

遴选依据标准（ⅲ）：该遗产是基辅罗斯数百年拜占庭文化传统的非凡见证。几个世纪以来，该遗产在东欧产生了重大的精神影响。

遴选依据标准（ⅳ）：圣索菲亚大教堂是一座独特的建筑，在其建筑结构和壁画装饰中反映了教堂的秩序特点。大教堂的建造奠定了一所建筑学校的基础，该学校影响了基辅罗斯和东欧的建筑和纪念性艺术。基辅佩乔尔斯克修道院是一个极有价值的建筑群，在形成近 9 个世纪的时间里，反映了当地建筑风格趋势的变化以及工程结构的改变过程。

3. 遗产评价

基辅的圣索菲亚大教堂的设计可与君士坦丁堡的圣索菲亚大教堂媲美，象征着"新君士坦丁堡"，它建于公元 11 世纪，位于基辅罗斯公国的首都。这一地区于公元 988 年经圣·法拉蒂米尔洗礼后基督化。该遗产在精神和文化上的影响为东正教思想在俄罗斯 17 世纪至 19 世纪的传播做出了贡献。

（十）法国：巴黎塞纳河畔

1. 基本资料

遗产名称：巴黎塞纳河畔。

英文名称：Paris，Banks of the Seine。

入选时间：1991 年。

遴选依据：文化遗产（ⅰ）（ⅱ）（ⅳ）。

遗产编号：600。

2. 遗产描述

塞纳河是法国最大河流之一，在巴黎市区河段长度约 20 千米，遗产部分约 13 千米。塞纳河横穿巴黎市区，36 座桥梁横跨在塞纳河上，使得这个时尚之都更显浪漫。夜间塞纳河上的游船、桥梁、两岸的风景，让人流连忘返。巴黎的著名建筑和旅游景点都位于塞纳河两岸。人们通常把北岸称为"右岸"，把南岸称为"左岸"，这是根据面朝河水流动方向而定的。现在，"左岸"已经不仅仅是一个地理名词，还成了众多艺术青年的标签。该遗产位于塞纳河上的苏利桥和耶拿桥之间，包括这段河道上的桥梁、码头以及塞纳河沿岸的历史建筑和名胜古迹，如卢浮宫、奥赛博物馆、巴黎圣母院、埃菲尔铁塔、协和广场、大皇宫和小皇宫等。

1991 年，根据文化遗产遴选标准（ⅰ）（ⅱ）（ⅳ），巴黎塞纳河畔被联合国教科文组织世界遗产委员会批准作为文化遗产入选《世界遗产名录》。

遴选依据标准（ⅰ）：塞纳河两岸有一系列从欧洲中世纪到 20 世纪建造的杰出城市建筑，包括巴黎圣母院、卢浮宫、学院宫、荣军院、协和广场、军事学院、香榭丽舍大街、埃菲尔铁塔等。

遴选依据标准（ⅱ）：塞纳河沿岸的建筑，如巴黎圣母院和巴黎圣礼拜堂，是哥特式建筑的源头，而协和广场和荣军院对欧洲各国首都的城市景观形成产生了重要影响。奥斯曼的巴黎城市改造规划，激发了新世界特别是南美洲城市的建设热情。而埃菲尔铁塔、大皇宫和小皇宫则是世界博览会的生动见证，这些展览馆在 19 世纪和 20 世纪具有非常重要的意义。

遴选依据标准（ⅳ）：巴黎塞纳河沿岸的名胜古迹、代表性建筑结合宏伟的河流景观，完美地展示了近 8 个世纪以来巴黎城市发展所采用的建筑风格、装饰艺术和建筑方法。

3. 遗产评价

从卢浮宫到埃菲尔铁塔，从协和广场到大小王宫，巴黎的历史变迁在塞纳河两岸清晰可见。巴黎圣母院和圣礼拜堂堪称建筑杰作，而经奥斯曼对巴黎改造后的宽阔广场和林荫道则影响着 19 世纪末和 20 世纪全世界的城市规划。

（十一）瑞典：卓宁霍姆宫（德罗特宁霍尔摩皇宫）

1. 基本资料

遗产名称：卓宁霍姆宫（德罗特宁霍尔摩皇宫）。

英文名称：Royal Domain of Drottningholm。

入选时间：1991 年（2019 年修改范围）。

遴选依据：文化遗产（iv）。

遗产编号：559。

2. 遗产描述

卓宁霍姆宫（德罗特宁霍尔摩皇宫）是瑞典王室的私人宫殿，位于斯德哥尔摩西面梅拉伦湖的德罗特宁霍尔姆岛。雄伟壮丽的皇宫始建于 1537 年，是瑞典国王为王妃建造的，但宫殿尚未完工，王妃就去世了，1661 年被烧毁后重建。其中，绝大部分建筑物都是巴洛克风格。从远处观看，环绕于斯德哥尔摩周围的那些受到人类影响的自然景观尽收眼底。细致观察，皇宫中每一个房间的精心布置都令人折服。在昔日皇宫的外面，有巨大的花园、中式的亭台楼阁和德罗特宁霍尔姆剧院，以及其他各种不同风格的建筑物，现在这是瑞典皇家学院所在地，每年吸引了大量的游客前来参观游览。目前，皇宫除了瑞典王室私人居住外，部分房间和藏品对公众开放。

1991 年，根据文化遗产遴选标准（iv），卓宁霍姆宫（德罗特宁霍尔摩皇宫）被联合国教科文组织世界遗产委员会批准作为文化遗产入选《世界遗产名录》。

标准（iv）：卓宁霍姆宫（德罗特宁霍尔摩皇宫）是 18 世纪瑞典建造的皇家住所的典范，是该时期欧洲建筑的代表之一，受到凡尔赛宫对西欧、中欧和北欧皇家住宅建设的影响。

3. 遗产评价

卓宁霍姆宫（德罗特宁霍尔摩皇宫）位于斯德哥尔摩地区默拉尔湖的岛上，拥有保存完好的城堡和剧场及中式的庭院。它因受到凡尔赛宫的影响，成为北欧 18 世纪皇宫建设的典范。

（十二）捷克：布拉格历史中心

1. 基本资料

遗产名称：布拉格历史中心。

英文名称：Historic Centre of Prague。

入选时间：1992 年。

遴选依据：文化遗产（ii）（iv）（vi）。

遗产编号：616。

2. 遗产描述

布拉格建于公元 9 世纪，位于捷克的波希米亚中心地区，伏尔塔瓦河与易北河交汇处。布拉格是西欧与斯拉夫世界之间交流的门户，也是早期多条商路的交汇处。历史上的布拉格是艺术、贸易、宗教中心。布拉格属于典型的温带大陆性气候，是捷克的首都和最大城市。该市地处欧洲大陆中心，在交通上拥有重要地位，与周边国家联系相当密切。布拉格历史中心建于公元 11 世纪至18 世纪之间，老城、外城和新城拥有如荷拉德卡尼城堡、圣比图斯大教堂、查理桥以及数不胜数的教堂和宫殿等绚丽壮观的遗迹。布拉格在神圣罗马帝国查理四世的统治下达到了鼎盛时期，自中世纪起就以其建筑和文化上的巨大影响著称。

1992 年，根据文化遗产遴选标准（ii）（iv）（vi），布拉格历史中心被联合国教科文组织世界遗产委员会批准作为文化遗产入选《世界遗产名录》。

遴选依据标准（ii）：布拉格历史中心展示了从欧洲中世纪到现今的城市持续发展历程，令人叹服。从 14 世纪开始，它以极其丰富的建筑和艺术传统，成为中欧和东欧大部分城市发展的主要模板，在中欧的政治、经济、社会和文化演变中有重要作用。

遴选依据标准（iv）：布拉格历史中心是一个质量卓越的城市建筑群，无论是其独特的古迹还是其他城市景观都世界闻名。

遴选依据标准（vi）：布拉格历史中心在中欧中世纪基督教的发展中作用突出，它在城市演变中的影响亦是如此。它吸引了来自欧洲各地的建筑师和艺术家，他们为其丰富的建筑景观和众多艺术瑰宝做出了贡献。14 世纪成立的查理大学使其成为著名的学术中心，这一声誉一直保留到今天。自查理四世统治以来，布拉格一直是该地区的知识和文化中心，与沃尔夫冈·阿马德乌斯·莫扎特、弗朗茨·卡夫卡等世界知名人士有着不可磨灭的联系。

3. 遗产评价

布拉格历史中心建于公元 11 世纪至 18 世纪之间，老城、外城和新城自欧洲中世纪起就以其在建筑和文化上的巨大影响而闻名于世。它拥有诸如荷拉德卡尼城堡、圣比图斯大教堂、查理桥以及众多绚丽壮观的遗迹，其中大多数建于 14 世纪神圣罗马皇帝查理四世统治时期。

（十三）德国：科隆大教堂

1. 基本资料

遗产名称：科隆大教堂。

英文名称：Cologne Cathedral。

入选时间：1996 年（2008 年修改范围）。

遴选依据：文化遗产（ⅰ）（ⅱ）（ⅳ）。

遗产编号：292。

2. 遗产描述

坐落在德国科隆市中心的科隆大教堂是德国最大的教堂，以轻盈、雅致的建筑风格闻名于世，是世界上最完美的哥特式建筑。

兴建的大教堂是基督教和欧洲中世纪文化在欧洲勃兴的象征。1164 年，科隆大主教莱纳德·冯·达瑟尔随神圣罗马帝国皇帝红胡子腓特烈一世征战意大利米兰时，夺得一件珍贵的战利品——朝拜初生基督的东方三圣的遗骸。于是，科隆成为继西班牙的圣地亚哥、意大利的罗马和德国的亚琛之后最有名的欧洲基督教朝圣地。1238 年，法国国王从拜占庭皇帝手中购得耶稣受难时戴的荆棘冠，于是巴黎成为科隆最强有力的朝圣地竞争者。为保住宗教地位，科隆主教团决定修建一座世界上最大、最完美的大教堂，来供奉圣人遗骸，建筑选取当时新兴的哥特式风格。科隆大教堂是德国科隆市的标志性建筑物，集宏伟与细腻于一身，被誉为哥特式教堂建筑中最完美的典范。

1996 年，根据文化遗产遴选标准（ⅰ）（ⅱ）（ⅳ），科隆大教堂被联合国教科文组织世界遗产委员会批准作为文化遗产入选《世界遗产名录》。

遴选依据标准（ⅰ）：科隆大教堂是人类创造性天才的杰出体现。

遴选依据标准（ⅱ）：建造超过 6 个世纪的科隆大教堂标志着大教堂建筑水平的顶峰。

遴选依据标准（ⅳ）：科隆大教堂是欧洲中世纪和现代基督教坚定的信仰的有力证据。

3. 遗产评价

科隆大教堂始建于 1248 年，历经几个世纪的修建，直到 1880 年建成。在修建科隆大教堂的近 7 个世纪中，一代代建筑师们秉承相同的信念，做到了绝对忠实于最初的设计方案。除了其自身的重要价值和教堂内的艺术珍品以外，科隆大教堂还表现了欧洲基督教经久不衰的力量。

(十四) 荷兰：金德代克——埃尔斯豪特风车群

1. 基本资料

遗产名称：金德代克——埃尔斯豪特风车群。

英文名称：Mill Network at Kinderdijk-Elshout。

入选时间：1997 年。

遴选依据：文化遗产（i）（ii）（iv）。

遗产编号：818

2. 遗产描述

荷兰的金德代克在 1740 年构建了一个由 19 座风车组成的防洪系统。这些巨大风车的作用主要是运用风力推动桨轮转动，从物理上讲，就是将风能转化为动能将低处的水提上来，从而排除低洼地区的积水。1229 年，荷兰人发明了世界上第一座风车，从此开始了人类使用风车的历史。

1997 年，根据文化遗产遴选标准（i）（ii）（iv），金德代克——埃尔斯豪特风车群被联合国教科文组织世界遗产委员会批准作为文化遗产入选《世界遗产名录》。

遴选依据标准（i）：金德代克——埃尔斯豪特风车群是一个杰出的人造景观，有力地证明了近一千年来人类的聪明才智和毅力，即通过开发液压技术，将之应用到排水系统来保护一个地区。

遴选依据标准（ii）：金德代克——埃尔斯豪特历史悠久的圩田、高洼排水渠、磨坊、泵站、出口水闸和水务局装配所是荷兰排水技术发展的一个杰出例证，这些技术在世界许多地方被复制和改进使用。

遴选依据标准（iv）：金德代克——埃尔斯豪特风车群是一个非常巧妙的水力系统，至今仍在运行，并且一直以来都用于帮助人类在大面积泥炭地的定居和耕种。它是全世界唯一如此规模的水力系统，因此成为独特而杰出的建筑群和文化景观，代表了荷兰并展示了人类历史上的一个重要阶段。

3. 遗产评价

金德代克——埃尔斯豪特地区的风车群展示了荷兰人民为处理水力资源做

出的突出贡献。从欧洲中世纪起，荷兰人民开始建设水利工程，用于农田排水和日常生活，并一直坚持到今天。这里展现了与风力技术相关的各种典型特征，如堤坝、水库、泵站、行政楼和一系列保存完好的风车设施。

（十五）瑞士：少女峰——阿雷奇冰河——毕奇霍恩峰

1. 基本资料

遗产名称：少女峰——阿雷奇冰河——毕奇霍恩峰。

英文名称：Swiss Alps Jungfrau-Aletsch。

入选时间：2001 年（2007 年扩展范围）。

遴选依据：自然遗产（vii）（viii）（ix）。

遗产编号：1037。

2. 遗产描述

少女峰——阿雷奇冰河——毕奇霍恩峰是阿尔卑斯山冰蚀现象最显著的地区，有一系列典型的冰川特征，如 U 形山谷、冰斗、角峰和冰碛等，记录了促成阿尔卑斯山形成的明显的地壳上升和挤压运动。该地区良好的高山和亚高山环境哺育出了丰富的动植物种类，冰川退缩形成的植物迁移带则提供了植物演替的典型示例。

2001 年，根据自然遗产遴选标准（vii）（viii）（ix），少女峰——阿雷奇冰河——毕奇霍恩峰被联合国教科文组织世界遗产委员会批准作为自然遗产入选《世界遗产名录》。

遴选依据标准（vii）：阿尔卑斯山令人印象深刻的自然景观在欧洲艺术、文学、登山活动和高山旅游中有着重要地位。该地区是全球公认景色最壮观的山区之一，其美学吸引了众多国际追随者。阿尔卑斯山北面以艾格峰、僧侣峰和少女峰为中心的景观令人震撼，包括阿尔卑斯山分水岭南侧壮观的山峰和欧亚大陆西部两座最长的冰川山谷。

遴选依据标准（viii）：该遗产提供了明显证据，表明阿尔卑斯山为 2000 万至 4000 万年前的地壳抬升和挤压形成。由于非洲板块向北漂移，在海拔 809 米至 4274 米的范围内，形成了 4 亿年前结晶岩被新生的碳酸盐岩覆盖的遗迹。这里还有丰富多样的地貌特征，如 U 形冰川、冰斗、角峰、冰碛。阿尔卑斯山冰川最深的部分包含阿莱奇冰川，这也是欧洲最大最长的冰川，对研究冰川变化具有重要的科学意义，为气候变化提供独特例证。

遴选依据标准（ix）：该遗产提供了高山和亚高山生态环境中植物演替的绝佳例证。这是在结晶岩和碳酸盐岩基质上，各种生态系统在没有重大人为干预情况下的进化历程,如阿莱奇森林独特的树线。全球气候变化现象在该区域得到了特别展现,反映在不同冰川的退缩速度上,但这也为植物生长提供了新的基质层。

3. 遗产评价

世界自然遗产少女峰——阿雷奇冰河——毕奇霍恩峰从阿尔卑斯山东部扩展到西部,面积从 53900 公顷扩展到 82400 公顷。该遗产为阿尔卑斯山受冰河作用形成欧亚大陆最大冰川提供了绝佳的实际证据。它的生态系统具有多样性,包括受气候变化、冰川融化形成的生物演替现象。该遗产景色秀美,因山脉和冰川形成所展现的多样的气候变化而具有突出研究价值,尤其是在植物演替过程中所展现的生态和生物知识价值无法衡量。

第三节　美洲世界遗产

美洲,一般是"亚美利加洲"的简称,人们又往往冠之以"新大陆"的称呼,与文明发源较早的欧洲相区别。这里保留着大量大自然亘古以来的"造化之妙",即便时至今日,人们依旧对它怀有敬畏、尊崇之心。正是基于这种崇敬之心,"新大陆"的先民们在这块土地上虔诚地缔造了让人叹为观止的神圣遗迹。美洲自然的多样环境与先民的智慧结合在一起,孕育出了美轮美奂、奥妙神秘的美洲世界遗产。

一、美洲世界遗产特征

(一) 北美洲:古老与年轻共舞

北美洲大陆是古老的,又是年轻的。之所以古老,在于这里有年代久远的地质变迁,也在于这里有古老神秘的本土文明;而之所以年轻,是因为如果不是哥伦布发现了"新大陆",这里可能至今仍然停留在更为原始的时代。现代文明的短暂注定了北美洲的世界遗产以自然遗产为主,人类创造的文化遗产则是锦上添花。

加拿大的世界自然遗产名额被 7 个国家公园占用。在横跨不列颠哥伦比亚与艾伯塔两省的落基山脉中,伍德布法罗国家公园、落基山脉公园等众多世界自然遗产散布其间，地球上最著名的山脉景致就集中在这里。常年积雪的山峰、幽深宁静的湖泊、茂密的森林、宽广的山间谷地、清澈的溪流，构成了一幅山水交映的高山亮丽风景。由法国探险家查普伦在 17 世纪早期发现的前新法兰西都城魁北克，建立在加拿大北部悬崖上，保存有完整的宗教和行政中心遗址，它在一定程度上见证了北美洲殖民地的历史。

美国是北美洲的世界遗产大户。设立于 1872 年的黄石国家公园，是世界上第一个"国家公园"，也是美国最早的世界遗产。黄石河从这里发源，河道两旁的山谷峡壁呈黄色，黄石公园因此而得名，现在，它已经成为美国世界自然遗产的象征。黄石公园的瀑布、悬崖、峡谷自不必说，这里还有石林、冲蚀熔岩流和黑曜岩山等地质奇观，数以千计的温泉、泥火山引来了无数游客。自由女神像从 1886 年起就矗立在纽约港的入口处迎来送往，见证了无数移民的美国梦。这个由法国雕塑家创作于巴黎、为美国独立百年纪念而赠送的雕像，已然成了美国的象征。而位于华盛顿和纽约两大城市中间的费城是美国独立后的第一个首都，1951 年在费城设立的国家独立公园于 1979 年入选《世界遗产名录》。园内的独立厅是一座两层旧式红砖楼房，正屋和塔楼间有一座大时钟，就是在这座其貌不扬的阁楼里，美国的《独立宣言》和宪法诞生了，从此成为美国精神的基石和支柱。此外，新墨西哥州的陶斯原住民土坯民居、弗吉尼亚大学校园等文化遗产，都从不同侧面记录了这个历史虽短但却能左右世界的国家发展史。

二、中南美洲：海洋与丛林里的文明

中南美洲西临南太平洋，东临加勒比海和大西洋。大陆西岸是海拔数千米的安第斯山脉，东边则主要是平原，包括世界上最大的雨林——亚马孙雨林。这是一块独受自然垂青的沃野净土，得天独厚的自然环境构成了中南美洲世界遗产的关键词：海洋、丛林、文明。同时，与其他地区的相对隔绝也让众多自然遗产至今仍能以原生态示人，而古老文明的遗迹也得以保留原貌。

在自然遗产方面，加勒比海地区碧蓝的海水、明媚的阳光、绚丽的珊瑚礁、婆娑的椰树林构成了炫目的海洋自然美景。南美大陆热带雨林中的自然奇景、野生动物更令人惊叹。亚马孙雨林占地 700 万平方千米，以巴西为主（占60％面积）总横跨了 8 个国家，是全球最大及物种最多的热带雨林（占世界雨林面积的一半）。同时，这里也是众多野生动植物的家园。雨林中有非常著名的伊瓜苏国家公园，伊瓜苏大瀑布落差近 80 米，宽达 2700 米，堪称世界上最壮观的瀑布之一。大瀑布的四周是美丽的雨林，生长着 2000 多种旺盛繁茂的植物，大瀑布激起的漫天水雾是促成附近植物长势繁茂的重要因素之一。

中南美洲的自然美景让人目不暇接，同时这里也是一个有着古老文明的大陆。玛雅人、印加人的生活遗址见证了美洲文明的悠久历史。在欧洲人到来之前，美洲本土就有着自己的文明发展，那就是印第安文明。印第安文明分为两大块，一是位于中美洲的玛雅文明，二是位于南美洲北部的印加文明。墨西哥的"特奥蒂瓦坎"作为建于公元 1 世纪至 7 世纪之间的圣城，被称为"造神之地"，以依照几何规则和象征意义布置的纪念性建筑闻名于世。特别是庞大的太阳金字塔和月亮金字塔，以及展示玛雅神秘文化的浮雕都证明了玛雅人天才的创造力。至今保存完好的位于秘鲁的"马丘比丘历史圣地"则是印加帝国最为人所知的标志，代表着古印加文明的高度成就。整个遗址高耸在安第斯山脊上，俯瞰着乌鲁班巴河谷，所有建筑，除草木结构的屋顶朽毁外，其余均完好无损，没有任何战火破坏的痕迹，功能分区清晰，路网及上下水网通畅。其建筑技艺尤其高超，雕琢规整的花岗岩石被用于建房造屋，却未用任何灰浆黏连，缝隙契合完美，巧夺天工。无文字的印加人是如何设计并组织施工了这个浩大工程？这座古城的功能是什么？为何突然成为死城？这些未解之谜又为它平添了许多神秘色彩。

二、美洲世界遗产例证

（一）古巴：哈瓦那旧城及其防御工事体系

1. 基本资料

遗产名称：哈瓦那旧城及其防御工事体系。

英文名称：Old Havana and its Fortification System。

入选时间：1982 年。

遴选依据：文化遗产（iv）（v）。

遗产编号：204。

2. 遗产描述

古巴首都哈瓦那坐落在古巴岛的西北岸，扼佛罗里达海峡西南口，与美国的佛罗里达半岛隔海相望。哈瓦那旧城表现了过去四百年来，从新古典主义到巴洛克的多样风格的建筑和谐共存。蓝天碧水和加勒比海凉爽的轻风，无论是历史文化抑或是风俗民情都吸引着无数游客来到这里，感受它的多元、奇异和神秘。哈瓦那旧城的这些城堡工事体系与民居等古建筑一起创造出了一种独特的历史氛围，使之成为加勒比海地区最重要的历史中心，也是美洲大陆最有价值的历史中心之一。旧城有狭窄的鹅卵石街道和西班牙殖民时期的建筑物，如大教堂、教堂广场、殖民艺术博物馆、莫罗城堡、富尔扎城堡和将军宫等。这里地处热带，但气候温和，四季如春，有"加勒比海的明珠"之美誉，同时也是世界上闻名遐迩的旅游城市之一。美国著名作家、诺贝尔文学奖得主海明威曾赞誉哈瓦那是世界上最美丽的城市之一。

1982 年，根据文化遗产遴选标准（ⅳ）（ⅴ），哈瓦那旧城及其防御工事体系被联合国教科文组织世界遗产委员会批准作为文化遗产入选《世界遗产名录》。

遴选依据标准（ⅳ）：哈瓦那旧城及其防御工事体系是其海湾作为通往新大陆海上航线上必经之地需要军事保护的产物。16 世纪—19 世纪建立的广泛防御设施包括美洲现存最古老和最大的石头防御工事，其中包括哈瓦那湾狭窄入口运河东侧的拉卡瓦尼亚堡垒、西侧的皇家富尔扎城堡，以及守卫运河入口的莫罗城堡和拉蓬塔城堡。

遴选依据标准（ⅴ）：哈瓦那因历史上不同时期建筑风格叠加而有了独特统一性，这是通过坚持原初的城市格局，以增添和谐而富有表现力的多种城建方式实现的。在城市的历史中心有许多具有卓越价值的建筑，特别是围绕广场的建筑，当这些建筑被更流行或传统风格的房屋和住宅衬托，就打造出历史和环境连绵共生的整体氛围，使哈瓦那旧城成为加勒比海地区最令人印象深刻的历史城市。

3. 遗产评价

哈瓦那由西班牙殖民者于 1519 年建立，17 世纪成了加勒比海主要的造船中心。虽然哈瓦那今天是一个有 200 万人口且不断发展的城市，但其旧城中心仍保留着引人入胜的巴洛克和新古典风格混合的建筑物，几乎所有的民房都有拱廊、阳台、铸铁的大门和内院。

（二）秘鲁：马丘比丘历史圣地

1. 基本资料

遗产名称：马丘比丘历史圣地。

英文名称：Historic Sanctuary of Machu Picchu。

列入时间：1983 年。

遴选标准：文化与自然双重遗产（ⅰ）（ⅲ）（ⅶ）（ⅸ）。

遗产编号：274。

2. 遗产描述

马丘比丘历史圣地位于秘鲁安第斯山脉和亚马孙平原交汇处，是美洲最伟大的艺术、建筑和土地利用成就之一，也是印加文明最重要的有形遗产。这座混合遗产以杰出的文化和自然价值而闻名，在海拔 2400 多米的地方，占地32592 公顷，山坡、山峰和山谷环绕着壮观的城堡。马丘比丘建于 15 世纪的印加帝国时期，在 16 世纪被西班牙人征服时遭到遗弃，直到 1911 年，通过考古探索才为外界所知。

大约有 200 座建筑构成了这个坐落在陡峭山脊上的宗教、礼仪、天文和农业杰出中心，石阶纵横交错。按照严格的规划，城市分为上城和下城，农耕区与住宅区分开，两者之间有一个大的广场。直到今天，马丘比丘的许多谜团仍未解开，包括印加人的天文相关和驯化野生动植物的复杂知识。

马丘比丘精致庞大的建筑与自然环境完美融合。众多的附属建筑、完善的道路系统、广布的灌溉水渠和农业梯田见证了人类长期持续的社会生活。它所在的安第斯山脉东坡从高海拔的草原灌木丛到山地云雾林，一直延伸到热带低地森林区，拥有丰富的生物多样性，具有全球意义的典型性。

1983 年，根据文化遗产和自然遗产遴选标准（ⅰ）（ⅲ）（ⅶ）（ⅸ），马丘比丘历史圣地被联合国教科文组织世界遗产委员会批准作为文化自然双重遗产入选《世界遗产名录》。

遴选依据标准（ⅰ）：马丘比丘历史圣地是其周围环境的连接中心，是印加文明的艺术、城市规划、建筑和工程的杰作。这座遗迹位于瓦纳比丘山脚，是与自然环境融合的结晶。

遴选依据标准（ⅲ）：马丘比丘历史圣地是印加文明的独特见证，它显示了人类在领土控制、社会生产、宗教和行政组织上的精心规划。

遴选依据标准（ⅶ）：马丘比丘历史圣地的历史遗迹嵌入风景优美的山脉地貌景观，生动证明了人类文化和自然之间的和谐发展，是一个蕴含深刻审美价值的杰出例证。

遴选依据标准（ⅸ）：马丘比丘历史圣地位于安第斯山脉和亚马孙平原过渡地带，有一系列多样的气候、生境和地方物种。这片区域在保护生物多样性方面具有全球意义。

3. 遗产评价

马丘比丘历史圣地位于一座非常美丽的高山上，海拔 2430 米，为热带丛林所包围。该地可能是印加帝国全盛时期最辉煌的城市建筑，巨大的城墙、台阶好像是在悬崖峭壁上自然形成的一样。核心建筑矗立在安第斯山脉东边的斜坡上，亚马孙河上游环绕这里，附近雨林的动植物非常丰富。

（三）加拿大：加拿大落基山公园群

1. 基本资料

遗产名称：加拿大落基山公园群。

英文名称：Canadian Rocky Mountain Parks。

入选时间：1984 年（1990 年扩大范围）。

遴选依据：自然遗产（vii）（viii）。

遗产编号：304。

2. 遗产描述

加拿大落基山公园群位于加拿大西南部的艾伯塔省和不列颠哥伦比亚省，面积 2.3 万平方千米，包括贾斯珀国家公园、班夫国家公园、约霍国家公园、库特奈国家公园、罗布森省立公园、阿西尼伯因省立公园和汉帕省立公园，还有 1909 年发现的位于菲尔德峰附近的化石储存地，是世界上面积最大的国家公园。

落基山最初为巨大的地槽地区，到白垩纪初期还只是浅海，第三纪时发生了大规模的造山运动，地壳发生了强烈的褶曲与压缩，形成了高大的花岗岩山系；第四纪时，在冰川的作用又留下了陡峭的角峰、冰斗、槽谷等冰川侵蚀地貌，再加上长期的地壳变动，逐渐形成了落基山。落基山壮丽秀美的地貌孕育了各种各样的动植物，有 225 种鸟类，小到蜂鸟大到鹫鹰；还有 56 种哺乳动物，最有名的是灰熊和黑熊。

1984 年，根据自然遗产遴选标准（vii）（viii），加拿大落基山公园群被联合国教科文组织世界遗产委员会批准作为自然遗产入选《世界遗产名录》。

遴选依据标准（vii）：加拿大落基山脉的 7 个公园构成了一个令人流连忘返的山地景观。崎岖的山峰、冰原、冰川、高山草甸、湖泊、瀑布、广阔的溶洞系统和深切的峡谷，加拿大落基山公园群拥有非凡的自然美景，每年吸引数百万游客。

遴选依据标准（viii）：布尔吉斯页岩是世界上最重要的化石区之一。保存完好的化石记录了以软体生物为主的古代海洋群落。布尔吉斯页岩化石形成于大约 5.4 亿年前动物生命迅速进化时期，为今天已知的大多数动物群体早期进化历史提供了关键证据和完整的海洋生命进化图谱。加拿大落基山的 7 个公园是高度断层、褶皱隆起、冰川沉积岩地貌的典型代表。

3. 遗产评价

透迤相连的班夫、贾斯珀、库特奈和约霍国家公园，以及罗布森、阿西尼伯因和汉帕省立公园构成了一道亮丽的高山风景线，那里有山峰、冰河、湖泊、瀑布、峡谷和石灰石洞穴，以及以海洋软体动物化石为主的著名遗址。

（四）美国：自由女神像

1. 基本资料

遗产名称：自由女神像。

英文名称：Statue of Liberty。

入选时间：1984 年。

遴选依据：文化遗产（ⅰ）（ⅵ）。

遗产编号：307。

2. 遗产描述

1886 年 10 月 28 日落成的自由女神像，是法国人民送给美国人民的礼物，为庆贺美国独立 100 周年。塑像右手高举火炬，左手的册子上写有美国《独立宣言》签署日期，脚下还有断裂的锁链。自由女神像是人类争取自由、反抗暴政的象征，也是美国欢迎各国移民前来新大陆寻梦的标志。作为美国的象征，自由女神像出现在美国的硬币和邮票上。作为纽约甚至是美国最受欢迎的地标，自由女神像也常常出现在电影、音乐、畅销小说等流行文化中。

1984 年，根据文化遗产遴选标准（ⅰ）（ⅵ），自由女神像被联合国教科文组织世界遗产委员会批准作为文化遗产入选《世界遗产名录》。

遴选依据标准（ⅰ）：这座巨大雕像是人类精神的杰作。雕塑家弗雷德里克·奥古斯特·巴托尔迪和古斯塔夫·埃菲尔的合作创造了一个技术奇迹，以一种全新而强大的方式将艺术和工程结合在一起。

遴选依据标准（ⅵ）：自由女神像的象征价值在于，一方面它是法国赠送给美国独立 100 周年的礼物，目的是肯定两国之间的历史同盟关系；另一方面它是由国际捐款资助建造的，以表彰美国《独立宣言》确立的自由和民主原则，所以这尊雕像左手握着《独立宣言》。这座雕像也很快成为并一直作为 19 世纪末和 20 世纪初许多人移民美国追梦的象征。她一直是一个高度有力的象征——激发人们对自由、和平、人权、废除奴隶制、民主和机会等理想有关的思考、辩论和抗争。

3. 遗产评价

自由女神像由法国雕塑家巴托尔迪和古斯塔夫·埃菲尔（负责雕像的钢架

结构）共同完成，这个象征着自由的雕塑矗立在纽约港口的自由女神已经迎来数以百万的移民。

（五）阿根廷：伊瓜苏国家公园

1. 基本资料

遗产名称：伊瓜苏国家公园。

英文名称：iguaçu National Park。

入选时间：1986 年。

遴选依据：自然遗产（ⅶ）（Ⅹ）。

遗产编号：355。

2. 遗产描述

伊瓜苏国家公园跨越阿根廷和巴西两国，高 80 米、长 2700 米的世界上最壮观瀑布——伊瓜苏瀑布就位于公园的中心。许多小瀑布成片排开，层叠而下，激起巨大的水花。瀑布产生的云雾滋润着植物葱茏生长，这里有着 200 多种亚热带雨林植物。许多稀有濒危的动物在公园中得到保护。这里有南美洲代表性的野生动物，包括貘、大水獭、食蚁、吼猴、虎猫、美洲虎、大鳄鱼。1909 年和 1939 年，巴西和阿根廷两国分别在伊瓜苏河两岸建立了国家公园。阿根廷境内的伊瓜苏国家公园位于米西奥内斯省，由面积 492 平方千米的国家公园和面积 63 平方千米的国家自然保护区组成。巴西境内的伊瓜苏国家公园位于巴拉那省，面积达 1700 平方千米，是巴西最大的森林保护区。

1984 年和 1986 年，根据自然遗产遴选标准（ⅶ）（Ⅹ），阿根廷伊瓜苏国家公园和巴西伊瓜苏国家公园先后被联合国教科文组织世界遗产委员会批准作为自然遗产入选《世界遗产名录》。

1999 年，伊瓜苏国家公园被选入《濒危世界遗产名录》，原因是当地居民将原本在公园设立时放弃的一条公路重新启用。这条 17.5 千米长的公路将公园分为东西两部分，但是这条公路使得居民不必绕路 130 千米。2001 年巴西联邦最高法院判决关闭该公路，该国家公园又从《濒危世界遗产名录》中移除。

遴选依据标准（ⅶ）：阿根廷伊瓜苏国家公园和巴西伊瓜苏国家公园合在一起有了世界上最大、最壮观的瀑布，这是一个由众多瀑布和湍流组成的宽度近 3 千米的瀑布群，在茂密苍翠的亚热带常绿阔叶林映照下，瀑布水雾形成的宏伟场景令人印象深刻，在视觉上产生出奇妙的水天一色的壮阔美景。

遴选依据标准（Ⅹ）：伊瓜苏国家公园由巴西与毗连的阿根廷国家公园组

成，共同形成了大西洋最大的森林保护区——大西洋沿岸森林保护区——的一部分。这里有着丰富多样的濒危物种，如美洲虎、美洲豹、美洲狮、长尾虎猫、细腰猫、美洲角雕、大水獭、黑额鸣冠雉、食蚁兽、食人鱼和横纹虎鹭等。

3. 遗产评价

巴西伊瓜苏国家公园同阿根廷伊瓜苏国家公园共同分享着世界上最大最壮观的瀑布群，整个瀑布宽约 2700 米。这里是许多稀有濒危的动植物栖息地，包括矮扇棕树、大水獭、食蚁兽等。

（六）墨西哥：奇琴伊察古城

1. 基本资料

遗产名称：奇琴伊察古城。
英文名称：Pre-Hispanic City of Chichen-itza。
入选时间：1988 年。
遴选依据：文化遗产（ⅰ）（ⅱ）（ⅲ）。
遗产编号：483。

2. 遗产描述

奇琴伊察古城是玛雅文明城市遗址，位于墨西哥尤卡坦州南部，南北长 3 千米，东西宽 2 千米，有数百座建筑物。"奇琴"意为"井口"，天然井是这里建城的基础。这里有高达 24 米的库库尔坎金字塔、墨西哥最大的古老球场、深达 23 米的天然井、神圣泉眼、千柱大厅、大祭司的陵墓等。奇琴伊察古城南侧建于公元 7 世纪至 10 世纪，体现了玛雅文化特色。著名建筑有金字塔神庙、柱厅殿堂、球场、市场和椭圆形天文观象台，以石雕刻装饰为主；城市北侧为灰色建筑物，体现了托尔特克文化特色，有库库尔坎金字塔、勇士神庙等，以羽蛇神灰泥雕刻为主。奇琴伊察古城是玛雅人的圣殿，其鼎盛时期大约在公元 500—1200 年左右，对整个乌松布拉河盆地有重大影响。典雅的建筑、高超的技术以及精巧的浮雕都说明了玛雅人的智慧，证明他们是这一文明的天才创造者。奇琴伊察古城是尤卡坦半岛最重要的玛雅文明中心，是玛雅人和托尔特克人文明在尤卡坦地区的历史见证。

1988 年，根据文化遗产遴选标准（ⅰ）（ⅱ）（ⅲ），奇琴伊察古城被联合国教科文组织世界遗产委员会批准作为文化遗产入选《世界遗产名录》。

遴选依据标准（ⅰ）：奇琴伊察古城的标志性建筑，尤其是北边的建筑群，包括大球场、库库尔坎金字塔和勇士神庙，因其比例优美、建筑精致以及雕刻装饰辉煌，成为中美洲建筑无可争议的杰作。

遴选依据标准（ⅱ）：从公元 10 世纪至 15 世纪，奇琴伊察古城影响力遍及整个尤卡坦文化区。

遴选依据标准（ⅲ）：奇琴伊察古城是尤卡坦半岛玛雅－托尔特克文明最重要的考古遗迹。奇琴伊察古城是一处庞大的西班牙殖民时期的考古遗址群，它是玛雅文明现存遗址中最具代表性和最重要的遗址之一，曾是玛雅古国最大、最繁华的城邦。公元 500—1200 年间，奇琴伊察古城的文化、艺术与建筑水平登峰造极。位于奇琴伊察古城中心的库库尔坎金字塔，是为祭祀羽蛇神而建，金字塔高 24 米，塔顶神庙高 6 米，基座边长 55.3 米，是奇琴伊察古城中最壮观的建筑遗存。

3. 遗产评价

奇琴伊察古城是尤卡坦半岛最重要的玛雅文明中心之一。在近千年的历史中，许多民族都在此生活过，并留下了他们的印记。从当地的石制遗迹和艺术作品中，我们可以看出玛雅人、托尔特克人和阿兹特克人的世界观和宇宙观。玛雅人的建筑技巧和来自墨西哥中部地区的新元素融合在一起，使得奇琴伊察古城成为展示尤卡坦半岛玛雅－托尔特克文明最主要的遗址之一。该遗址中有些建筑被保留下来，其中包括勇士神庙、城堡和被称为"蜗牛"的圆形天文台。

（七）智利：拉帕努伊国家公园

1. 基本资料

遗产名称：拉帕努伊国家公园。

英文名称：Rapa Nui National Park。

入选时间：1995 年。

遴选依据：文化遗产（ⅰ）（ⅲ）（ⅴ）。

遗产编号：715。

2. 遗产描述

拉帕努伊岛位于东南太平洋上，面积约 117 平方千米，现属智利的瓦尔帕莱索地区。它离南美洲大陆约 3 千米，离太平洋上其他岛屿距离也很远，离其最近有人定居的皮特开恩群岛也有 2075 千米，是东南太平洋上一个孤零零的小岛，也是世界上最与世隔绝的岛屿之一。该岛形似三角，由三座火山组成，最高点海拔 601 米。岛上多是平滑的小山丘、草原和火山。岛上有三个海滩，沙子非常干净，四周多为悬崖峭壁。东北部地势较高，面对着波利尼西亚小岛群。西南部地势平缓，与智利西海岸遥遥相对。拉帕努伊岛每个角上都是一座火山，左边角上是拉诺考火山，右边角上是拉诺拉科火山，这座火山斜坡上有岛上最大的巨型石像群。北方是拉诺阿鲁火山。

拉帕努伊岛是在大约一百万年前由海底三座火山喷发而成。现今岛上居民约 2000 人，都属于波利尼西亚人种，在欧洲人未到达该岛之前，这里还处于人类的石器时代，他们只有语言，没有文字。因为岛上都是石块，不适合种植农作物，只能种些易生长的甘薯。

1995 年，根据文化遗产遴选标准（ⅰ）（ⅲ）（ⅴ），拉帕努伊国家公园被联合国教科文组织世界遗产委员会批准作为文化遗产入选《世界遗产名录》。

遴选依据标准（ⅰ）：拉帕努伊国家公园是世界上最知名的文化现象之一。一个具有强大想象力和体量巨大的艺术建筑传统是由一个完全没有受到任何形式外部影响的社会发展出来的。

遴选依据标准（ⅲ）：拉帕努伊是复活节岛的本土名称，见证了一种独特的文化现象。一个波利尼西亚血统的社会在那里生存繁衍。公元 300 年建立了巨大的、富有想象力和原创性的纪念性雕塑和建筑，而不受任何外部影响。从公元 10 世纪至 16 世纪，这个社会建造了神殿，并竖立了被称为摩艾（Moai）的巨大石像，创造了无与伦比的景观。

遴选依据标准（ⅴ）：拉帕努伊国家公园证明了一种不可否认的文化独特性，这种文化由于生态危机和外部世界的破坏而崩溃。

3. 遗产评价

拉帕努伊是当地人对复活节岛的称呼，岛上诞生了一种独特的文化现象。公元 300 年以来，波利尼西亚人在没有任何外界影响下，形成了自己独特的、想象丰富的、原汁原味的纪念性雕刻和建筑传统。约七百年时间里，波利尼西亚人陆续建立了许多神殿，立起了许多巨石像。这种无与伦比的文化景观，吸引全世界各地游人慕名来访。

（八）巴西：里约热内卢——山海之间的卡里奥克景观

1. 基本资料

遗产名称：里约热内卢——山海之间的卡里奥克景观。

英文名称：Rio de Janeiro, Carioca Landscapes between the Mountain and the Sea。

入选时间：2012 年。

遴选标准：文化遗产（ⅴ）（ⅵ）。

遗产编号：1100。

2. 遗产描述

里约热内卢——山海之间的卡里奥克景观与其说是建筑遗址，不如说是一个特殊的城市景观。从蒂茹卡国家公园的最高点一路延伸至大海，形成了多种塑造城市发展的自然和文化景观，包括成立于 1808 年的植物园、科尔科瓦多山上著名基督雕像、瓜纳巴拉湾及山丘，以及沿着科帕卡巴纳湾大规模设计的景观。这些景观为里约热内卢的城市户外生活提供了丰富的资源，也成为音乐家、园林设计师和城市设计师艺术灵感的来源。

2012 年，根据文化遗产遴选标准（Ⅴ）（Ⅵ），里约热内卢——山海之间的卡里奥克景观被联合国教科文组织世界遗产委员会批准作为文化遗产入选《世界遗产名录》。

遴选依据标准（Ⅴ）：里约热内卢——山海之间的卡里奥克景观的发展是由自然和文化创造性融合驱动的。这种融合体现了科学、环境和设计理念的交流。在不到一个多世纪的时间里，城市中心区进行了大规模的创新景观设计，这种创造最终成了被人认为是非常美丽的城市景观，塑造了城市独特的文化个性。

遴选依据标准（Ⅵ）：该遗产壮丽的城市景观为许多艺术、文学、诗歌和音乐提供了灵感。从 19 世纪中期开始，拥有壮美海湾与巨大救世主基督雕像的里约热内卢在世界上就有了很高知名度。

3. 遗产评价

里约热内卢——山海之间的卡里奥克景观以其独特的地理位置，丰富的生物多样性和深厚的文化历史价值著称，它不仅让这座城市闻名于世，也是人类自然与文化融合的典范。

第四节　非洲世界遗产

非洲曾有大片温暖湿润的森林，是适宜人类生存的天堂，人类进化史在非洲留下了最完整的痕迹。非洲有热带雨林和自由自在的野生动物，有古老的人类文明，保留了丰富的世界遗产。非洲世界遗产多为单一属性的文化遗产或自然遗产，其中文化遗产又以文化景观为主，自然遗产多为生物栖息地。

一、非洲世界遗产特征

南非的"人类文明摇篮遗址"是世界上最丰富的原始人类遗址，最早的人类就出现在阿瓦什河谷，并由此扩散至世界各地。作为初期高度文明的大陆，非洲为世界文明的发展作出了重大贡献。最具代表性的当数古埃及文明，它对欧洲、西亚文明产生了重大影响。古埃及早在七千年前就出现农业、水利工程、天文学；六千两百多年前制定的太阳历与现在的通用历误差仅四分之一天；五千多年前创造出了象形文字。古埃及的建筑、绘画、雕刻的辉煌艺术成就，至今巍然屹立在尼罗河畔，金字塔、狮身人面像、卢克索大神庙等杰作，是人类建筑史的奇迹，也是古非洲人类卓越智慧的不朽丰碑。

在众多的世界文化遗产中，除了著名的法老金字塔，还有阿波美王宫，用整块岩石雕刻出来的拉利贝拉岩石教堂，"尼日尔河谷宝石"——杰内古城，杰姆圆形竞技场，表现西非人放牧田园生活的撒哈拉沙漠雕像和洞穴壁画，拥有数千幢房屋的恩加鲁卡古城遗址，大津巴布韦石头建筑遗址等。这里还是动物的天堂，非洲的世界自然遗产收纳了最重要的草原环境和野生动物栖息地，并竭力为野生动植物提供理想的庇护所。在坦桑尼亚塞伦盖蒂国家公园的草原上，每年多种食草动物向水源地迁徙的景象十分壮观。塞卢斯禁猎区内有大象、黑犀牛、豹、长颈鹿、河马、鳄鱼等大量动物。尼日尔阿伊尔和泰内雷自然保护区占地约有7700公顷，这一保护区拥有多种多样的自然风景、植物品种及野生动物种类。中非共和国马诺沃—贡达—圣佛罗里斯国家公园的重要性在于其种类丰富的动植物。乞力马扎罗国家公园有着非洲最高峰乞力马扎罗峰，以及绝美的风景。在赞比亚和津巴布韦边界的莫西奥图尼亚瀑布是世界上最壮观的瀑布之一，堪称世界奇迹。奔腾的河水一泻而下，在轰鸣声中形成一道在二十千米以外都能看见的美丽彩虹，展示着自然的奇观。

由于世界遗产的保护需要强有力的政府支持和大量的资金投入，但在贫瘠的非洲，特别是西非、中非和非洲南部，虽然有着丰富的遗产资源，但是入选名录的项目却寥寥无几。更加令人叹息的是，在全球濒危世界遗产项目中，非洲竟占了一半。由于人为破坏、武装冲突、自然灾害、缺乏必要的政府支持和资金等各种原因，这些世界遗产正面临无保护甚至毁灭的状态。

二、非洲世界遗产例证

（一）埃塞俄比亚：拉利贝拉岩石教堂

1. 基本资料

遗产名称：拉利贝拉岩石教堂。

英文名称：Rock-Hewn Churches，Lalibela。

入选时间：1978 年。

遴选依据：文化遗产（ⅰ）（ⅱ）（ⅲ）。

遗产编号：18。

2. 遗产描述

拉利贝拉是埃塞俄比亚北部城镇，是埃塞俄比亚东正教的一个圣城。埃塞俄比亚国王埃扎纳公元 4 世纪皈依基督教东正教会。在耶路撒冷被奥斯曼帝国统治后，拉利贝拉城一度被提议为新的圣城。

传说 12 世纪埃塞俄比亚第七代国王拉利贝拉梦中得神谕："在埃塞俄比亚造一座新的耶路撒冷城，并用一整块岩石建造教堂。"于是国王拉利贝拉按照神谕在埃塞俄比亚北部海拔 2600 米的岩石高原上，动用 2 万工人，花了二十四年的时间凿出了 11 座岩石教堂。人们将这里称为拉利贝拉，从此成为埃塞俄比亚的宗教圣地，有"非洲奇迹"之称。时至今日，每年 1 月 7 日埃塞俄比亚东正教圣诞节，信徒们都汇集于此。坐落在岩石深坑的巨大教堂，精雕细琢的庞大雕像，与埃洛拉石窟群一样都是从坚硬的岩石中开凿而成。它们外观造型惊人，内部装饰奇特。拉利贝拉岩石教堂是 12 世纪至 13 世纪基督教文明在埃塞俄比亚繁荣发展的独特产物。

1978 年，根据文化遗产遴选标准（ⅰ）（ⅱ）（ⅲ），拉利贝拉岩石教堂被联合国教科文组织世界遗产委员会批准作为文化遗产入选《世界遗产名录》。

遴选依据标准（ⅰ）：所有的 11 座教堂在其建造、规模和形制的多样性和创新性上都代表了一种独特的艺术成就。

遴选依据标准（ⅱ）：由于当时的形势使人们无法前往传统圣地朝圣，于是拉利贝拉国王打算新建一个圣地。在教堂里，有圣人坟墓的复制品，以及耶稣诞生的摇篮。拉利贝拉在埃塞俄比亚取代了耶路撒冷和伯利恒的圣地位置，对埃塞俄比亚基督教产生了相当大的影响。

遴选依据标准（ⅲ）：整个拉利贝拉是埃塞俄比亚中世纪和后中世纪文明

的绝佳见证，包括 11 座教堂旁边的大量传统的两层圆形房屋、带有内部楼梯和茅草屋顶村庄的遗迹。

3. 遗产评价

这里有名为"新耶路撒冷"的 11 座中世纪原始岩洞教堂，它们坐落于埃塞俄比亚中心地带的山区，附近是圆形住宅构成的传统村落。拉利贝拉是埃塞俄比亚基督徒眼中的圣地，至今仍有虔诚的信徒前去朝圣。

（二）埃及：孟菲斯及其墓地金字塔

1. 基本信息

遗产名称：孟菲斯及其墓地金字塔。

英语名称：Memphis and its Necropolis-the Pyramid Fields from Giza to Dahshur。

入选时间：1979 年。

遴选依据：文化遗产（ⅰ）（ⅲ）（ⅵ）。

遗产编号：86。

2. 遗产描述

孟菲斯及其墓地金字塔位于埃及东北部开罗郊外，尼罗河西岸。整个遗址坐落在古埃及王国首都孟菲斯所在的吉萨高原，包括三座金字塔、狮身人面像、多处墓地及村落。金字塔是古埃及的重要标志，在希腊化时代已经广为人知，其中胡夫金字塔名列古代世界七大奇迹。吉萨高原最东边有狮身人面像及相关神殿，以及 6 座小型金字塔，这些小金字塔是达官贵族死后埋葬的地方。吉萨高原的墓葬群及周边建筑作为连贯的整体，是为了神化那些死去的法老或达官贵族以及死亡本身。

1979 年，根据文化遗产遴选标准（ⅰ）（ⅲ）（ⅵ），孟菲斯及其墓地金字塔被联合国教科文组织世界遗产委员会批准作为文化遗产入选《世界遗产名录》。

遴选依据标准（ⅰ）：古埃及人在孟菲斯建立了世界上最重要的古迹，也是古代世界唯一幸存的奇迹，即吉萨大金字塔，它的建筑设计无与伦比。萨加拉金字塔群也是古埃及建筑设计的伟大杰作，它是有史以来建造的第一座纪念性石头建筑和第一座金字塔。米特拉希纳的拉美西斯二世雕像和达舒尔金字塔也是杰出的建筑设计。

遴选依据标准（ⅲ）：孟菲斯的墓地金字塔群和相关考古遗迹，包括可追溯法老文明形成的萨卡拉古墓地、达舒尔石灰岩阶梯金字塔，以及最古老的金字塔，这都反映了纪念碑式丧葬文化的发展，是埃及古代权力组织的特殊见证。

遴选依据标准（ⅵ）：该遗迹代表了被国王神圣化的墓地之神"普塔"有关的宗教信仰，以及这个星球上悠久的古老文明的杰出思想、艺术作品和工程技术。

3. 遗产评价

古埃及王国首都有着令人叹为观止的墓地遗迹，包括石冢、装饰华丽的墓室、神殿和金字塔。这处遗迹展现了古埃及人在艺术和建筑上的卓越成就，是全人类共同的宝贵财富。

（三）刚果民主共和国：萨隆加国家公园

1. 基本资料

遗产名称：萨隆加国家公园。

英文名称：Salonga National Park。

入选时间：1984 年。

遴选依据：自然遗产（ⅶ）（ⅸ）。

遗产编号：280。

2. 遗产描述

萨隆加国家公园位于刚果民主共和国，是世界上最大的森林公园之一，也是非洲最大的热带雨林保护区，世界第二大热带雨林保护区。公园地处非洲中部平原刚果盆地，刚果河流域的中心位置。

1984 年，根据自然遗产遴选标准（ⅶ）（ⅸ），萨隆加国家公园被联合国教科文组织世界遗产委员会批准作为自然遗产入选《世界遗产名录》。但由于该国东部地区的内战影响，公园于 1999 年被选入《濒危世界遗产名录》。

遴选依据标准（ⅶ）：萨隆加国家公园是非洲中部现存罕见的、完整的生物群落之一。它包括大片沼泽地和无法进入的森林，被认为是一片未被开发的处女地。

遴选依据标准（ⅸ）：萨隆加国家公园的动植物是生物进化和生命形式适应复杂赤道雨林环境的典型例证。公园的庞大范围确保了各物种和生物群落在相对未受干扰的森林环境中持续进化的可能性。

3. 遗产评价

萨隆加国家公园是非洲最大的热带雨林保护区，处在刚果河流域的中心位置。公园与世隔绝，只可从水路进入。公园有许多濒危物种，如倭黑猩猩、刚果孔雀、雨林象，以及一种口鼻部细长、被称为非洲细长吻鳄鱼的本土动物。

（四）摩洛哥：马拉喀什老城

1. 基本资料

遗产名称：马拉喀什老城。

英文名称：Medina of Marrakesh。

入选时间：1985 年。

遴选依据：文化遗产（i）（ii）（iv）（v）。

遗产编号：331。

2. 遗产描述

马拉喀什老城位于摩洛哥西南部的阿特拉斯山脚下，有"南方的珍珠"之称。马拉喀什是柏柏尔语，意为"上帝的故乡"。马拉喀什是穆拉比特人公元 1071 年至 1072 年建立的。充满生气的老城有着令人印象深刻的建筑，如墙壁、纪念大门和一座建于公元 11 世纪有 77 米高尖塔的库图比亚清真寺，萨第安墓以及各具特色的老房子。巴布阿格诺门是马拉喀什老城的 19 个城门之一，据说属于昔日苏丹的王宫。萨第安墓建造于 1578 年左右，该墓区大约葬有 60 多名皇室成员。德吉玛广场位于马拉喀什老城的麦地那区，既是市民广场，也是交易市场，是整个非洲最繁忙的广场。巴迪亚皇宫前后一共耗时二十五年建造，据说这里是摩洛哥最古老的皇宫，后因迁都拉巴特废弃，主要建筑材料也被拆下来去建造新皇宫。因此，这里只剩下规模宏大的残垣断壁。

1985 年，根据文化遗产遴选标准（i）（ii）（iv）（v），马拉喀什老城被联合国教科文组织世界遗产委员会批准作为文化遗产入选《世界遗产名录》。

遴选依据标准（i）：马拉喀什老城有大量的令人印象深刻的建筑和艺术杰作（如城墙和纪念大门、库图比亚清真寺、萨第安墓、巴迪亚宫殿遗址、巴伊亚宫殿、梅纳拉凉亭），每一件都足以证明其突出的全人类价值。

遴选依据标准（ii）：马拉喀什老城是穆拉比特人和后来的穆哈迪人的首都，在中世纪伊斯兰城市发展中有决定性作用。

遴选依据标准（iv）：摩洛哥的名字来自马拉喀什，它是摩洛哥王朝在西地中海的伊斯兰首都的完整例证。

遴选依据标准（v）：在 700 公顷的土地上，这个古老的栖息地由于人类的长期活动而变得脆弱。它是一座非凡的历史古都，有着错综复杂的小巷、房屋、露天市场、手工活动和传统贸易。

3. 遗产评价

马拉喀什老城是穆拉比特人于公元 1071—1072 年建立的。很长一段时期内，一直是摩洛哥的政治、经济和文化中心。该城的影响力遍及整个撒哈拉伊斯兰世界，从非洲北部一直到伊比利亚半岛最南端。马拉喀什老城还保留公元10 世纪遗留下来的痕迹，包括库图比亚清真寺、传统居民区、城墙、巨大城门、花园等。此外，城中还有一些后人建造的伟大建筑，如巴迪亚皇宫、本·尤素福穆斯林大学、萨第安墓，数处宏伟的宫殿和民居，以及真正的室外剧场——雅马埃尔法那广场。

（五）马里：廷巴克图

1. 基本资料

遗产名称：廷巴克图。

英文名称：Timbuktu。

入选时间：1988 年（1990—2005 年，2012 年入选《濒危世界遗产名录》至今）。

遴选依据：文化遗产（ⅱ）（ⅳ）（ⅴ）。

遗产编号：119。

2. 遗产描述

马里历史名城廷巴克图，位于撒哈拉沙漠南缘，尼日尔河中游北岸，是古代西非和北非骆驼商队的必经之地，1087 年为图阿雷格人所建。廷巴克图在地理上位于阿拉伯文明、柏柏尔人文明和黑人文明的交汇点，因此商业往来频繁，民族成分复杂，是历史上一个重要的交通要道、文化中心，许多伊斯兰的学者和名人在此定居，许多著名的书籍在这里创作并流传。

作为神话、传说及寓言之地，廷巴克图充满着神秘的色彩，被认为是难以企及之地。它的神秘守护神传说、著名的清真寺、手稿的历史地位，以及池塘小巷无不让人浮想联翩。廷巴克图的神话主要是同阿法鲁克的形象一起出现的，阿法鲁克是神话传说的象征，他总是一身白衣骑于一匹白马上，穿梭于各个街道以保证城市的安全。廷巴克图的神秘神话、神秘学都表现出基于数字"3"的特征。文化意识是通过"3"的强大象征体系来体现的。廷巴克图的神秘文化至今仍然延续着，因为传说廷巴克图不能从言语中去体会，只能亲身去感悟，这种别具一格的文化氛围吸引了世界各地的游客和学者。

1988 年，根据文化遗产遴选标准（ⅱ）（ⅳ）（ⅴ），廷巴克图被联合国教科文组织世界遗产委员会批准作为文化遗产入选《世界遗产名录》。2012 年至今仍在《世界濒危遗产名录》中。

遴选依据标准（ⅱ）：廷巴克图的清真寺及其圣地属性在非洲早期伊斯兰教传播中发挥了重要的作用。

遴选依据标准（ⅳ）：廷巴克图的三大清真寺，由 16 世纪的卡迪·阿基布修复，见证了阿基亚王朝知识和精神的黄金时代。

遴选依据标准（Ⅴ）：三座清真寺和陵墓是廷巴克图城市建设的杰出见证，这座城市在撒哈拉沙漠跨南部贸易路线上起着重要作用。在不可逆转的武装冲突影响下，廷巴克图变得非常脆弱。

3. 遗产评价

这里是声名显赫的科兰尼克·桑科雷大学的所在地。廷巴克图在 15 世纪至 16 世纪成为宗教文化中心，同时也是伊斯兰文化在非洲传播的中心。津加里贝尔、桑科尔和西迪·牙希亚这三座雄伟的清真寺见证了廷巴克图的黄金年代。尽管这些建筑不断被修复，但仍然受到风沙侵蚀、武装冲突的威胁。

（六）坦桑尼亚：乞力马扎罗国家公园

1. 基本资料

遗产名称：乞力马扎罗国家公园。

英文名称：Kilimanjaro National Park。

入选时间：1987 年。

遴选依据：自然遗产（ⅶ）。

遗产编号：403。

2. 遗产描述

乞力马扎罗国家公园位于坦桑尼亚东北部，临近肯尼亚。公园建于 1968 年，面积 756 平方千米。乞力马扎罗山是非洲第一高峰，海拔 5895 米，被称作非洲的"珠穆朗玛峰"，也被称作"非洲屋脊"。专家预测，乞力马扎罗山冰川在未来 20 年内会完全消失。一些科学家认为当地火山活动加速了这一融冰过程，另一些科学家则认为，这是全球气候变暖升温的结果。无论是什么原因引起的，乞力马扎罗山冰川面积逐渐缩小是没有争议的。

1987 年，根据自然遗产遴选标准（ⅶ），乞力马扎罗国家公园被联合国教科文组织世界遗产委员会批准作为自然遗产入选《世界遗产名录》。

遴选依据标准（ⅶ）：乞力马扎罗山是世界上最大的火山穹丘之一。它有三个主要的火山口，基博、马文齐和希拉。它有非洲海拔最高的雪峰和冰川。山脉由低至高有 5 个植被带，山地森林带的物种十分丰富，很多是濒危的哺乳动物。乞力马扎罗山是最优美自然现象的典型代表，它的高度、形态、雪盖景色举世罕见。

3. 遗产评价

乞力马扎罗山是非洲的制高点，它是一个火山穹丘，有 5895 米高，矗立在周围的草原之上，终年积雪的山顶在大草原上若隐若现。乞力马扎罗山四周都是山林，生活着众多的哺乳动物，其中一些还是濒临灭绝的物种。

（七）南非：开普植物保护区

1. 基本资料

遗产名称：开普植物保护区。
英文名称：Cape Floral Region Protected Areas。
入选时间：2004 年。
遴选依据：自然遗产（ⅸ）（ⅹ）。
遗产编号：1007。

2. 遗产描述

开普植物保护区是世界上植物多样性和特殊性最显著的地区。在不到非洲面积 0.5% 的区域内竟然有整个非洲 20% 的植物种类。而在它所有的植物种类中又有 31.9% 是南非特有的，在世界任何其他地区都找不到的。开普植物保护区由从南非的大西洋沿岸到印度洋沿岸的伊丽莎白港的 8 个保护区组成，总面积 5530 平方千米，人们亲切地把保护区称为开普植物王国。

2004 年，根据自然遗产遴选标准（ⅸ）（ⅹ），开普植物保护区被联合国教科文组织世界遗产委员会批准作为自然遗产入选《世界遗产名录》。

遗产遴选标准（ⅸ）：开普植物保护区被认为具有突出的全人类价值，它是独特的生物群落的演变例证。具有特别科学意义的是植物对火灾和其他自然干扰的适应性，如蚂蚁、白蚁，以及其他传播种子昆虫（主要是甲虫和苍蝇），鸟类和哺乳动物对植物高水平的授粉。开普植物保护区形成了一个活跃的物种中心，科研工作者在植物群中发现了特有的适应性传播模式。

遗产遴选标准（ⅹ）：与世界上任何类似规模的地区相比，开普植物保护区也是全球植物种类最丰富的地区之一。它占非洲面积不到 0.5%，但却是非洲大陆近 20% 的植物种群的家园。该地区约有 9000 种植物物种，具有突出的多样性，其密度和独特性世所罕见，有近 69% 是特有物种。开普植物保护区已被确定为世界 35 个生物多样性热点区之一。

3. 遗产评价

开普植物保护区位于南非最西南端，是世界上生态多样性最丰富的保护区之一。该自然遗产包括国家公园、自然保护区、野生自然保护区、国家森林公园和山区汇水盆地。不同的地形为当地植被增添了适应地中海气候和周期性火灾的能力，成为开普植物保护区独有的景观。

（八）肯尼亚：肯尼亚东非大裂谷湖泊系统

1. 基本资料

遗产名称：肯尼亚东非大裂谷湖泊系统。

英文名称：Kenya Lake System in the Great Rift Valley。

入选时间：2011 年。

遴选依据：自然遗产（vii）（ix）（x）。

遗产编号：1060。

2. 遗产描述

肯尼亚东非大裂谷湖泊系统是肯尼亚裂谷区的三座水位相对较浅的湖泊——博格利亚湖、纳库鲁湖和埃尔门泰塔湖共同构成的，是一个风景优美的湖泊体系。遗产总面积达 32034 公顷，缓冲区面积 3581 公顷。东非大裂谷位于非洲东部，大裂谷呈不规则三角形，最深处达 2 千米，宽 30～100 千米，全长 6000 千米，是世界上最长的不连续谷地，由苏格兰著名地质学家、探险家约翰·华特·古格里命名。东非大裂谷的地理位置以三角形的三个点来描述的话，南点在莫桑比克入海口，西北点远到苏丹约旦河，北点则在死海附近。其间有众多的湖泊和火山群。

2011 年，根据自然遗产遴选标准（vii）（ix）（x），肯尼亚东非大裂谷的湖泊系统被联合国教科文组织世界遗产委员会批准作为自然遗产入选《世界遗产名录》。

遴选依据标准（vii）：肯尼亚东非大裂谷湖泊系统呈现出一系列特殊的地质形成和生物演化过程，特殊的自然美景在区域内相对集中。瀑布、间歇泉、温泉、沼泽、森林、草原、开阔水域等，成为东非大裂谷的重要景观。各湖岸有多达百万只小火烈鸟聚集，它们在湖泊之间迁徙移动，构成了壮丽的野生动物奇观。湖泊被裂谷的陡峭悬崖和火山地貌所环绕，形成了独特的自然景观。

遴选依据标准（ix）：肯尼亚东非大裂谷湖泊系统展现的生态和生物演化历程，为了解盐碱湖生态系统和有关动植物群落的演变和发展提供了珍贵的证据。各色的鸟类和其他动物的栖息使盐碱湖成为生物营养环境考察的重要场所。盐碱湖的生物质为鸟类的食物网络提供了关键支持。

遴选依据标准（X）：肯尼亚东非大裂谷湖泊系统是世界上小火烈鸟最重要的觅食地，也是东非大裂谷白鹈鹕的主要筑巢和繁殖地。湖泊周边还生存着许多全球濒危的鸟类种群，如黑颈鸊鷉、非洲琵鹭、斑鸥、小鸊鷉、黄嘴鹳、灰头鸥和鸥嘴燕鸥等。该遗产是非洲——欧亚地区鸟类迁徙路线的重要组成部分。

3. 遗产评价

肯尼亚东非大裂谷湖泊系统由肯尼亚的三座水位相对较浅的湖泊——博格利亚湖、纳库鲁湖和埃尔门泰塔湖共同组成，总面积达 35615 公顷（含缓冲区）。这是世界上鸟类种群最为丰富的区域，其中有 13 种鸟类是濒危物种。这里不仅是小火烈鸟最重要的觅食之所，也是白鹈鹕筑巢区和繁殖地。该区域还生活着众多大型哺乳动物，如黑犀牛、罗斯柴尔德长颈鹿、扭角羚、狮子、猎豹和野狗等，对研究生态的关键演化具有重要价值。

第五节　大洋洲世界遗产

大洋洲，一片孤悬于南太平洋上的"南方的陆地"，包括了万余座太平洋岛屿，由于地理上与其他各大洲隔绝，因此一直在继续着自身独特的自然演化过程，并且孕育了世界上最为丰富、最为奇特多姿的野生动植物生态群落，有袋鼠、考拉，还有会产卵的哺乳动物鸭嘴兽……与世隔绝的同时也使大洋洲保留了自然原始的神奇和令人难以置信的多面性，茂盛葱郁的雨林、白雪覆盖的山脉、一望无际的热带沼泽和世界上最大的珊瑚礁，当然还有最美丽的海岛风景。

一、大洋洲世界遗产特征

澳大利亚最东北端的昆士兰州有着澳大利亚最广阔的湿热带雨林保护区，这些雨林几乎保存着世界上最完整的地球植物演化记录。不少濒危的动物种类也在这片雨林里生存，多个动物种类是这个地区所独有的。澳大利亚三分之一的有袋类动物，四分之一的蛙类与爬行动物，大量的蝙蝠与蝴蝶都生活在这片湿热地带。与昆士兰隔海相望的是世界上最大、最长的珊瑚礁群——"大堡礁"，微小的珊瑚虫创造了最伟大的自然奇迹，大堡礁无与伦比的美丽震撼了人们的心灵。400 多种绚丽多彩的珊瑚组合成一个五彩斑斓的神奇世界，从简单的蓝色、棕色到错综复杂、难以置信的粉红、深玫瑰红、鲜黄等，异常瑰丽。这里还生活着大约 1500 种热带海洋鱼类，4000 余种软体动物，以及 240 多种鸟类，同时也是多种濒临灭绝的动物（如儒艮和巨型绿海龟）的栖居地。

澳大利亚往南是新西兰，那里的汤加里罗国家公园有着世界上最洁净的湖泊，以及丰富多样的生态环境和优美的自然景观。中心地带的山脉对毛利人来说具有文化和宗教上的象征意义，标志着这个族群与其环境在精神上的联系。从这往南的海上是次南极区群岛，它位于南极洲和大洋洲之间，在生物多样性方面有很高的价值，尤其值得一提的是在此地密集筑巢的大量的远洋海鸟和企鹅。

在美丽的南太平洋上镶嵌着许多风景绮丽的岛屿，位于西太平洋所罗门群岛最南端的东伦内尔岛就是其中一个，它是世界上最大的由珊瑚堆积起来的环状岛。同时，由于它处于相对隔绝的位置，岛上产生了许多独特的鸟类动物群，再加上岛内有茂密的森林，这里现已成为大多数地方性鸟类的最佳栖息地，尽管这里时常发生飓风，但仍不失为一处真正的科学研究的天然实验室。

二、大洋洲世界遗产例证

（一）新西兰：蒂瓦希普纳穆——新西兰西南部地区

1. 基本资料

遗产名称：蒂瓦希普纳穆——新西兰西南部地区。

英文名称：Te Wahipounamu-South West New Zealand。

入选时间：1990 年。

遴选依据：自然遗产（vii）（viii）（ix）（x）。

遗产编号：551。

2. 遗产描述

蒂瓦希普纳穆——新西兰西南部地区位于新西兰南岛的西南角，占新西兰陆地面积的 10%，是距塔斯曼海 40~90 千米的一块内陆区域。该遗产展示了地球构造、气候变化和生物演化的众多证据。艾斯派林山大断层是印度洋、澳大利亚与太平洋板块的碰撞标志。三个构造板块的碰撞形成了南艾斯派林山，使其在距大海仅 30 千米的范围内上升了近 4 千米。该区域绝大多数是荒原，包括 15 个海岸线峡湾，13 个海洋阶地，湖泊型冰川槽，弗朗兹约瑟夫冰川和福克斯冰川温带雨林，以及延伸到塔斯曼海岸线的岩石冰碛。

该遗产是新西兰面积最大的自然生态系统，其动植物是世界史前时代冈瓦纳生物群保存完好的典型代表，生存阶序依据海拔（海平面到永久雪线）、纬度（潮湿的西部到干燥的东部）和时间形成。地质和气候结合形成的独特地理环境，赋予了蒂瓦希普纳穆——新西兰西南部地区独特而典型的自然环境特征。

1990 年，根据自然遗产遴选标准（vii）（viii）（ix）（x），蒂瓦希普纳穆——新西兰西南部地区被联合国教科文组织世界遗产委员会批准作为自然遗产入选《世界遗产名录》。

遴选依据标准（vii）：蒂瓦希普纳穆——新西兰西南部地区拥有众多独特自然特征。这些特征有助于新西兰以顶级美景享誉全球：高大的山脉、壮阔的冰川、高海拔的森林、狂野的河流峡谷、最崎岖的海岸线、最深的峡湾，以及索兰德岛死火山遗迹，组成了世界上罕见的自然景观。

从南部广袤的荒野到北部宏伟壮阔的艾斯派林山，该遗产形成了世界级的壮丽景观。这里有白雪皑皑的山脉，冰川、森林、草原、湖泊、河流、湿地和超过 1000 千米的荒野海岸线。

遴选依据标准（viii）：蒂瓦希普纳穆——新西兰西南部地区被认为是现代生态系统中完整展现史前时代冈瓦纳生物群的最佳例子。冈瓦纳超级大陆南部逐渐分裂是地球进化史上最重要的事件之一。新西兰在有袋动物和很多哺乳动物出现之前就已经与超级大陆分离，此后长期与世隔绝，形成了古老的冈瓦纳生物群生存的关键环境。这个古老生物群包括不会飞的几维鸟、肉食性陆地蜗牛、平高金莎莎草和蕨类鼠尾草等。

该遗产也是第四纪地球变化的非凡例证。"冰河时代"形成的冰川地貌在山地占主导地位，且在峡湾地区的深层岩中保存完好。峡湾、冰蚀湖、U 形谷、悬谷、冰斗和刃脊是冰川对地表强烈影响的证据。

遴选依据标准（ix）：该遗产是基本没有改变的连续生境统一体，表现出高度的地质和生物多样性。淡水系统、温带雨林系统和高山生态系统在地貌、气候和海拔方面都有很典型的特征。

标准（x）：该遗产包含有大量不寻常的新西兰特有动物种群，这些动物种群反映了长期的演化隔离，包括濒临灭绝的南岛棕色猕猴桃亚种、新西兰最稀有的几维鸟、仅存的黄冠长尾小鹦鹉种群等。

3. 遗产评价

蒂瓦希普纳穆——新西兰西南部地区位于新西兰南岛，其景观在冰川的持续作用下形成，有峡湾、石头海岸、悬崖、湖泊和瀑布。这片区域的三分之二被以山毛榉树和罗汉松为主的温带雨林覆盖，其中一些树的树龄已超过 800 年。这里有世界上仅有的高山鹦鹉，还有一种巨大的不会飞的鸟，它们都是濒危物种。

（二）澳大利亚：悉尼歌剧院

1. 基本资料

遗产名称：悉尼歌剧院。

英文名称：Sydney Opera House。

入选时间：2007 年。

遴选依据：文化遗产（ⅰ）。

遗产编号：166。

2. 遗产描述

悉尼歌剧院是 20 世纪建筑的杰作，其无与伦比的设计、卓越的工程成就和技术创新，使之成为世界著名的标志性建筑，对 20 世纪末的新兴建筑产生了持久的影响。约恩·乌松的设计理念和独特的建筑思路激发了建筑师、工程师和建筑商的集体创造力。约恩·乌松的设计是对悉尼港环境的非凡诠释，悉尼歌剧院也因其在结构工程和建筑技术方面的成就而具有突出的全人类价值。该建筑是属于整个社会的伟大艺术纪念碑。

2007 年，根据文化遗产遴选标准（ⅰ），悉尼歌剧院被联合国教科文组织世界遗产委员会批准为文化遗产入选《世界遗产名录》。

遴选依据标准（ⅰ）：悉尼歌剧院是 20 世纪伟大的建筑作品之一。它代表了建筑形式和结构设计的创造力，让世界著名标志性建筑可以成为整个城市的雕塑性景观。

3. 遗产评价

落成于 1973 年的悉尼歌剧院是 20 世纪的伟大建筑工程之一，无论在建筑形式上还是结构设计上，都是创新的艺术结晶。在迷人海景映衬下，壮丽的城市标志性建筑巍然屹立，顶端呈蚌壳状，翘首直指悉尼港，给建筑业带来了深远的影响。歌剧院由三组壳片交错的建筑组成，内设两个主演出厅和一个餐厅。这些壳片建筑屹立在巨大基座之上，四周是露台区，作为行人汇集之所。

1957年，国际评审团决定由当时尚不出名的丹麦建筑师约恩·乌松设计悉尼歌剧院项目，标志着建筑业进入了全新的时期。悉尼歌剧院最终成为向全社会开放的伟大艺术杰作。

本章小结

本章从不同地区的世界遗产特征分析入手，介绍了亚洲、欧洲、美洲、非洲、大洋洲世界遗产的代表性项目。亚洲享誉全球的世界遗产主要为宏伟而杰出的建筑与考古遗址、历史城镇和佛教圣地。欧洲遗产就像一部镌刻在石头上的史书，从中能发现欧洲文明的根基。欧洲的世界遗产不仅数量第一，而且对遗产的保护、宣传普及等也走在世界前列。美洲的世界遗产古老与年轻共存、丛林与海洋共舞，古老的玛雅文明、印加文明造就了美洲让人叹为观止的神圣遗迹。大自然亘古以来的"造化之妙"孕育出美轮美奂的自然遗产。非洲世界遗产多为单一属性的文化遗产和自然遗产，人为破坏、武装冲突、自然灾害等使其陷入无保护甚至毁灭的状态。大洋洲的世界遗产一直继续着自身独特的自然演化过程，并且孕育了世界上最为奇特多姿的人文与自然景观。

课后思考与练习

1. 简述亚洲世界遗产的特征。
2. 列举亚洲不同类型世界遗产。
3. 简述欧洲世界遗产的特征。
4. 列举欧洲不同类型世界遗产。
5. 简述美洲世界遗产的特征。
6. 列举美洲不同类型世界遗产。

延伸阅读

材料 1

<h2 style="text-align:center">雅典卫城断想</h2>

卫城，希腊语是阿克罗波利斯，意为"高山上的城邦"。希腊境内有不少卫城，但雅典卫城自两千六百年前建成的那一刻起，便是希腊人永远的骄傲。

雅典卫城位于雅典市中心海拔 150 米的石灰岩山丘上，始建于公元前 5 世纪，是纪念希波战争的胜利和祭祀雅典守护神雅典娜的圣地。主建筑帕特农神庙背倚雅典普拉卡迷宫般的民居，在碧海蓝天中巍然耸立。除帕特农神庙外，雅典卫城尚有山门、胜利女神庙、伊瑞克提翁神庙等建筑。总设计师是当年名噪一时的菲迪亚斯。六百年后，古罗马历史学家普鲁塔克曾如此评价卫城："大厦巍然耸立，宏伟卓越，轮廓秀丽，无与伦比。" 19 世纪法国作家福楼拜则称其为"历史与艺术最璀璨的源泉"。

阳光下的卫城俨然是披上了一件金色衣裳的君主，于峭壁之上，俯视万邦，威严庄重，与它身后大片高低错落、蜿蜒曲折的民居风情形成鲜明的对比。但卫城的美不仅在于阳光下的绚丽巍峨，还在于月夜下令人浮想联翩的静谧。在希腊，人们已习惯于夏日的清风朗月中坐在户外剧场、音乐厅，观看戏剧、歌剧演出。这个传统已持续几千年。希腊人对舞台艺术的热爱是深入骨髓的，丝毫没有被流逝的时间抹去。每年夏天七八月间，雅典都要举办艺术节，位于卫城入口南侧的阿迪库斯露天音乐厅则会在这个时候上演各种歌剧、音乐剧。阿迪库斯音乐厅建于罗马时代，依地势而建，上下共三层，半圆形的剧场直径 38 米，可容纳六千余人。该音乐厅当年设计的音响效果是如此精妙，以至于最后一排的观众都能清楚地听到台上哪怕是最轻微的叹息。我曾多次在夜晚与朋友去阿迪库斯音乐厅聆听歌剧，目睹了希腊人对歌剧如醉如痴的姿态，不禁对希腊的人文精神肃然起敬。

在离卫城不远的一条巷子里，一位希腊艺术家花了几年的时间雕铸了一尊卫城铜塑，将它的一草一木都刻制进去，精美绝伦。某日，我与朋友到他家小坐。当他揭开厚厚的布幔，露出这尊雕塑的时候，正是中午时分。阳光从画室的天窗洒在雕塑上，本已泛着铜光的卫城雕塑霎时像是被点燃了的金色火焰，似乎有灵魂注入，让这铜塑更饱满而鲜活。他向我讲述了自希波战争以来发生在卫城的传奇故事，那都是希腊人为反抗侵略而奋起抗争的历史。

众所周知，此地最近经受了史上最严重的金融危机，罢工、抗议此起彼伏，人们纷纷抱怨生活的艰难，责怪政府的失职，原本欢快的城市氛围在严苛的现实影响下似乎开始变得有些沉重而阴郁。但是我深信，这个拥有悠久历史文化、对人类文明作出杰出贡献的国家，会再次点燃生活的火焰，重拾辉煌。只要你好好地眺望过卫城，就会知道它内里是希腊人向往自由、奋斗不屈的精神，那才是卫城的灵魂。希腊的历史在卫城上演，也将在卫城的注目下继续。

资料整理来源：陈晓. 雅典卫城断想［EB/OL］.［2016－08－21］. https://www.whb.cn/zhuzhan/bihui/20160821/66631.html.

材料2

博洛尼亚历史城区保护随想

1. 在意大利人眼中，保护文物就是保护他们的生活品质

世间所有美好，都无法一蹴而就。同诸多历史城市一样，意大利对博洛尼亚的城市保护也是经历过挣扎和斗争。博洛尼亚在第二次世界大战时期遭受过炮火的洗礼。幸运的是，在战后重建时，第一个被纳入修复计划的就是城市中古罗马和欧洲中世纪的遗迹，因为人们懂得它的文化价值。这也表明了城市决策者对文物古迹的重视。今天我们看到的很多欧洲中世纪、文艺复兴运动时期与巴洛克时期的古迹，基本上都是战后修复的。

博洛尼亚这座城市已有两千多年的历史，是目前欧洲具有独特历史价值、保存最好的中世纪古城之一。世界第一所大学——博洛尼亚大学就坐落于此。这里还诞生了一大批闻名遐迩的文化巨匠和科学巨人，然而这一切都不是这座城市令人神往的主要原因。它最迷人之处是当你漫步在受到完整保护的历史城区，所有曾经关于欧洲中世纪古典精致生活的想象，都会在不经意间变为可以触碰的现实。

这一份美妙的体验得益于严格的城市保护措施，但这并非为了满足游客猎奇、尝鲜的愿望，也不是政府主导下刻意营造的一场表演。它所代表的是所有博洛尼亚市民共同的选择，是他们对这座城市历史给予的温情。在意大利人眼中，保护文物就是保护生活品质。这些千百年传承下来的历史文化遗产，就是城市的形象和灵魂，也是城市发展的推动力和竞争力，他们无法想象一座缺乏文化内涵的城市能拥有可持续发展的前景。

2. 既保护物质空间环境，又维持现有的社会结构、活力和城市生活

第二次世界大战后，意大利的经济逐步复苏，可绝大多数城市的老城中心

却面临着严重衰败的物质环境、恶劣的居住条件和衰退的社会活力等问题。因此，在意大利文化知识精英和左翼执政者的积极介入下，在《1969 年博洛尼亚城市总体控制性规划修编》中提出对历史城区进行"整体性保护"，既要保护历史城区的物质空间环境，又维持现有的社会结构和城市活力生活。正是得益于这样的保护政策，今天的人们可以来一场古今之美并存的城市之旅。

当然任何选择都是要付出代价的。生活在博洛尼亚的居民也为历史城区的整体保护忍受着诸多不便，特别是居住在中心城区的市民。举一个我感受很深的例子：受限于政府颁布的对于古建筑的保护政策，很多居民建筑不能安装电梯。年过七旬的老人，从超市满载而归，他们也只能步行爬楼回到家中。面对这样一种并不轻松的生活常态，他们还能抱以微笑，这总令我不解。终于有一次，我忍不住用不流利的意大利语询问那些老人家，他们给出的回答令人动容。让他们甘愿忍受诸多不便的原因只有一个：对旧时光的纪念，对逝去之人的怀念。有位老奶奶告诉我，她祖父一辈子就住在这里。在她还是孩子的时候，看到她的爷爷就是每天这样出入。她忘不了祖父祖母相互搀扶、上下楼梯的情景。她每次走在楼梯上的时候，往事的记忆就会浮现在眼前，仿佛自己的人生岁月未曾老去，阴阳相隔的亲人也依旧真实地活在自己身边。此外，中心城区对车辆的限行禁行规定、道路交通网的规划设计、地下管道线路的铺设维修、垃圾分类的回收处理等细枝末节的问题也在不断向管理者和市民发出挑战。政府都在竭尽所能给出相对妥当的处理方案。

3. 同样也面临长期、持续、繁杂的管理难题

不仅是博洛尼亚，任何一处世界遗产在获得对其突出的全人类价值的认可之后，所面临的就是长期的、持续的、繁杂的管理难题。在我国，历史名城的保护一直是备受瞩目的话题。在保护规划的编制和实施过程中，人们常常在争论思索保什么、如何保？无论是政府层面还是学术层面，在技术和形式的选择上可以说已绞尽脑汁，但到头来还是难让各方满意。在城市化的进程中，简单选择拆毁的远不是建筑本身，而是其承载的情感记忆。情感纽带的断裂，抹去了我们对于昨日的最后一点留恋，也埋葬了代际关系中本就脆弱的传承。

资料整理来源：于龙成. 博洛尼亚历史城区保护随想（看·世界遗产）[N].《人民日报海外版》，2019-07-15（11）.

第五章　创造未来世界遗产

教学目标

通过本章的学习，了解世界遗产的空间划分体系、发展背景、进阶方式，了解世界预备遗产的新类型、评估重点，理解未来世界遗产的发展理念、发展目标和发展构想。

教学要求

知识要点	能力要求	相关知识
世界预备遗产	(1) 了解遗产的空间划分体系 (2) 理解遗产的进阶方式 (3) 了解世界预备遗产新类型 (3) 理解世界预备遗产评估重点	(1) 国家遗产的概念 (2) 社区遗产的概念 (3) 公海遗产的概念 (4) 冲突遗产的概念 (5) 高山公路遗产概念
创造未来世界遗产	(1) 了解未来遗产的提出背景 (2) 理解未来世界与世界遗产关系 (3) 了解未来遗产的发展理念 (4) 理解未来遗产的发展机制	(1) 未来遗产的概念 (2) 现代遗产的特征 (3) 未来遗产的实施路径

呼吁国际社会更紧密合作，开展针对性研究和规划，推动实现遗产保护与可持续发展之间的平衡，同时秉持全人类共同价值，在全球多边主义框架内应对世界遗产面临的挑战，发现新机遇。

——第 44 届世界遗产大会《福州宣言》

 基本 概念

国家遗产　社区遗产　公海遗产　冲突遗产　高山公路景观　现代遗产

公海上的世界遗产：一个应运而生的概念

沉没的珊瑚岛、变化的热带雨林、庞大的海底火山，还有如沉没的城市般尖耸的巨石群，这些没有一处能被选入《世界遗产名录》，因为它们位于覆盖我们星球超过一半面积的公海，不属于任何一国的管辖范围。联合国教科文组织世界遗产中心和国际自然保护联盟发布的一份报告探讨了未来《世界遗产公约》适用于这些公海奇观的多种方式。

这份题为《公海上的世界遗产：一个应运而生的概念》的报告描绘了几处不同的生态系统，从生态多样性富集的区域到仅只能于海洋深处觅到的自然景观，每一处都符合《世界遗产公约》规定的重要原则——具有突出的全人类的价值，这些遗产地的特殊价值应被认定超越了边界。

这次被讨论到的地点有：Costa Rica Thermal Dome（太平洋），一处独特的海洋"绿洲"，这里为生机勃勃的海洋生物提供了关键的栖息地，其中包括蓝鲸等许多濒危物种，也是唯一已知的位于北太平洋的大白鲨聚集地；Sargasso Sea（大西洋），这里是浮游海草富集的一个标志性的生态系统；Lost City Hydrothermal Field（大西洋），一处藏于 800 米深的海面下，由高达 60 米的单块巨石组成的区域；Atlantis Bank（印度洋），一座位于亚热带印度洋海域的沉降化石岛屿。

"正如陆地一样，遥远的海洋深处也藏着值得被认可的世界奇观，就像我们肯定美国黄石国家公园、厄瓜多尔加拉帕戈斯群岛以及坦桑尼亚塞伦盖蒂国家公园的价值一样，这些海洋深处的奇观也应得到认可。"联合国教科文组织世界遗产中心主任在报告前言中如是说。

虽然位于远离海岸之地，但这些奇观也未能免遭威胁。气候变化、深海采矿、航行污染等都对它们造成影响。为了让这些地方享受到《世界遗产公约》的认可和保护，认证程序上做出变动是必要的，因为目前只有国家可以推荐遗产地，而公海的这些地带不在任何国家的管辖范围。报告探讨了三种将公约的保护力量延伸到公海区域的方案。

"从全球范围来看，公海具有突出的价值，然而受到的保护却甚少。"海洋科学与保护的首席顾问说，"这些地区处在污染和过度捕捞等威胁下，因此动员国际社会保障它们能受到长期保护至关重要。"

资料整理来源：联合国学术影响中心. 国际友谊 7 月 30 日［EB/OL］.［2024－09－27］. https://www.un.org/zh/86115.

点评 国家管辖范围以外的海洋是人类共同继承的财产，应用于促进全人类的福利及和平的目的。

地球表面 70% 的面积为海洋所覆盖，海洋孕育了众多壮丽的自然景观，但由于它们很多处于公海，无法得到很好的保护。联合国教科文组织通过探寻将《世界遗产公约》适用范围，将其拓展至公海区域，进而加强对公海世界遗产的保护。

第一节　世界预备遗产

遗产是"过去""历史"的一部分，但不可能容纳所有"历史"，总有相当一部分的"历史""过去"会被遗忘。自然界的遗存与人类的文化创造，都包含了过去世代累积的信息和发展的可能性。很多看似不起眼的东西，可能会影响到人类未来的发展。因此，为了社会未来的可持续发展，我们在遗产的选择过程中，需要以相对宽容和较为开阔的胸怀，将更多的"历史""过去"作为"遗产"来看待和保护。

一、世界遗产的进阶体系

遗产具有竞争性、选择性，何者可以作为遗产、何者不被认为是遗产，有着诸多影响因素。根据遗产的空间影响范围，遗产纵向可以划分为世界遗产、国家遗产与社区（族群、个人）遗产三个层次。"世界遗产"即是目前已经被纳入各种世界性遗产保护名录之中的遗产；"国家遗产"是指已经被纳入各种全国性、地方性遗产保护名录之中的遗产，有国家正式的体制支撑与措施保障；而"社区遗产"则是指与社区直接相关并被其所认可的遗产。这里的"国家遗产"不仅指所谓国家级的遗产，还包括被国家纳入正式保护体系的各级地方遗产，如我国的地质公园、风景名胜区、文物保护单位、自然保护区等；而"社区（族群、个人）遗产"是指由相关主体所认为的，与其生活、历史、环境等直接有关，并由其保护、传承的遗产，这些社区遗产绝大多数都没有行政层面的保护制度。

三个层次的遗产不是截然分开的，而是会重叠在一起，通过选择、竞争和取舍从低到高，个别遗产从社区性遗产中脱颖而出，由国家的认可而上升为国家乃至世界性遗产。在这三个层次中，国家在遗产保护的过程中处于中心地位；社区性遗产要能够维持、世界性遗产要落实保障，都要得到国家以及各级政府部门的正式的系统性支持。从遗产保护实践中可以落实的程度来看，前两类遗产是已经被认识到的、被认可的遗产，以国家相对正式的保护制度为依托，也具有了作为遗产保护实践对象的含义。相对而言，大量的、地方性的社区层面的遗产，就成为较为模糊的、不确定性的遗产，既有可能被国家承认而纳入正式的保护体系，又有可能因长期忽视、自然演变，乃至有意地掩盖、遮蔽以至湮没无存。它们往往不被作为遗产保护实践的对象看待。

从遗产保护的实践过程来看，由于各国认识不一，在现代化的过程中，就可能有意无意地对遗产造成大规模、不可逆的破坏。鉴于此，以联合国教科文组织为代表的若干国际组织，在一些国家、若干地区实践的基础上，发起了国际性的遗产保护运动。这一运动是在已有的对文物古迹、历史建筑和珍稀物种、生态环境等进行单项保护实践基础上，提出了世界文化遗产与自然遗产的概念，又进而发展出非物质文化遗产的概念，提出并设立了多种保护名录，构成了世界一级的遗产保护体系。在这一国际性思潮和保护运动的推动（抑或压力下），各国则根据自身发展特点，借鉴国际经验，或早或晚，也建立起了具有自身特色的正式的遗产保护制度。当然，在社区、族群乃至个人层面，有被其所认可的遗产，甚至自发建立了保护制度；但这样的保护体系不成系统，仍需要国家正式体制的认可（至少是默认），否则难以维系。

被纳入各级正式的、官方的保护体系之中的遗产，以目前来看只是少数，还有相当多的遗产（社区层面的遗产）未被纳入其中；不能说它们不甚重要（其潜在价值有待发掘），更不应该以是否有经济价值来取舍。尤其重要的是，遗产的保护不能仅靠行政层面强制性的行动，而是需要地方政府尤其是基层的社区、族群乃至个人的直接参与，因为他们以及他们的祖先，是遗产的直接创造者、继承者，而这些遗产与其生活、命运、追求等息息相关、休戚与共。因此，遗产首先是具有地方性的，然后其中的少数遗产才上升为国家的、世界的遗产；也因此，对其保护必须首先落实到基层。

二、世界预备遗产新类型

在世界遗产预备名录中，工业遗产、农业遗产、廊道遗产、文化线路等成为国际世界遗产领域提倡并重点支持的项目。此外，公海遗产、冲突遗产、高山公路景观遗产等也逐渐进入大家的视野，成为新的重点关注类型。

（一）公海遗产

公海遗产在维持海洋生态系统平衡以及记录海底地貌、地质和生物演变过程等方面发挥着重要作用。随着全球科技进步和经济发展，人类活动越来越多地影响到公海，并从中获得极大的利益。与此同时，海洋生态环境和生物多样性越发得到全球关注和重视。公海世界遗产是全球海洋保护和管理的新领域和新方向，目前其概念尚在提出和宣传阶段，然而面对海洋资源枯竭、污染加重和生态环境破坏等问题，对公海世界遗产的保护和管理迫在眉睫。相关国际组织应发挥积极作用，建立和完善法律体系，强化区域性框架协议。同时，各国应具备发展眼光，积极参与公海世界遗产的保护和管理，可持续开发利用公海资源。

联合国教科文组织世界遗产中心与国际自然保护联盟共同编撰的报告题为《公海上的世界遗产：一个应运而生的概念》，列举了几处位于深海区域、拥有不同生态系统的自然景观，包括位于北太平洋的一片热穹区域，又名大白鲨"咖啡馆"，是目前唯一一个人类发现的大白鲨迁徙过程中的聚集区；位于北大西洋中部的马尾藻海是一个以漂浮的海藻为基础形成的独特生态系统；在百慕大和加那利群岛中间的北大西洋 800 米深处有一个海底热液区，其中高达 60 米的碳酸石柱群蔚为壮观；此外，位于西南印度洋中脊的亚特兰蒂斯浅滩是一个由植物和动物的化石遗骸组成的沉降小岛。而目前它们均面临过度捕捞、生态环境破坏和生物生存受到威胁等问题，缺乏统一的保护和管理。

报告指出，在最深邃和最遥远的海洋里蕴藏着很多壮美景观，且具有突出的全人类价值，完全符合入选名录的基本要求。海洋遗产同样需要得到人类的关注和保护，因为它们正在面临由气候变化、人类污染以及过度捕捞等带来的严重威胁，迫切需要国际社会进行长期维护。然而，由于此类遗产大多地处在不属于任何国家管辖范围之内的国际公海，现有相关国际公约难以适用，因此报告呼吁采取跨越国界的行动，加强海上遗产的保护。

联合国教科文组织就此呼吁成员国考虑对 1975 年开始正式生效的《世界遗产公约》进行调整，特别是对申请入选《世界遗产名录》的相关提名程序进行改革，以将公约的保护范围延伸到公海这一特殊区域，同时鼓励各国提出创造性的想法和倡议，以加强对人类共同的遗产区域保护的探索和实践。

（二）冲突遗产

比利时和法国的"第一次世界大战（西线）墓地和纪念场所"，法国的"1944年诺曼底登陆海滩"，罗马尼亚的"特尔古日乌的布兰库希纪念建筑群"，卢旺达的"种族灭绝纪念地：尼亚马塔、穆兰比、吉索齐和比塞罗"，南非的"人权、解放与和解：纳尔逊·曼德拉遗产地"，阿根廷的"ESMA博物馆及记忆遗产地—拘留、酷刑与灭绝的前秘密中心"等项目都属于与近代战争冲突相关的遗产。

其中，以比利时和法国联合申报的项目最有代表性。申报的缔约国将对战斗中死亡的人的共同记忆作为申报的主题。数以百万计的来自世界各地的游客参加集体纪念活动、机构活动或由志愿团体组织的活动，这些活动可能是国际性的、国家性的或地方性的。在这些地方，回顾历史具有特殊的价值。第一次世界大战的阵亡者墓地及相关场所已成为沉思往事和纪念死者的地方，它象征着和平与和解。

委员会在评估中认为，申报项目的价值涉及战争、悲剧和损失，申报文本没有分析阐释这样的申报是否可以反映出战争的严重性，大规模的破坏性以及与和平的关联性。因此这项申报存在价值判断的问题，申报的完整性也无法确定。部分委员国因这种与战争相关的遗产如果入选可能涉及负面的记忆而提出了保留意见。委员会认为，这是一个重要而十分复杂的议题，因为它挑战了《世界遗产公约》存在的基础。在现阶段，委员会和专业咨询机构都难以对这个类型的遗产价值做出科学而可靠的判断。最终，委员会决定推迟这个项目的审议，直至缔约国和专业咨询机构可以全面反思是否能够以及正确处理与近代战争冲突或其他负面的、造成不合或分裂的记忆相关的、可能与《世界遗产公约》的目标和范围相关的遗产问题。

实际上自从《世界遗产名录》建立之初，这种与负面记忆有关的申报项目就时有出现，如1979年入选的波兰奥斯威辛集中营，1996年入选的日本广岛和平纪念公园（原爆遗址）等。这些项目通常以标准（vi）入选，即"具有显著全球价值的事件、活的传统、理念、信仰、艺术及文学作品，有直接或实质的联结（世界遗产委员会认为该标准应最好与其他标准共同使用）"。但这种记录着伤痛和灾难的遗产是否具有突出的全人类价值，往往有巨大的争议。在预备名录上仍存在着大量与近代战争冲突相关的项目，对于它们的评价十分复杂，也需要特别谨慎。因为战争皆有胜负，站在不同立场看待近代战争冲突遗产的感受以及对其价值的评估可能是完全不同甚至截然相反的。在各种不同的角度当中思考，战争冲突的遗产是否可以体现出某种人类普遍价值观，触动我们共同的情感，成为全人类可以共享并愿意传之后世的宝贵财富？这些仍需要在未来的研究和实践当中摸索。

（三）高山公路景观遗产

奥地利的大格洛克纳阿尔卑斯高山公路，它是奥地利海拔最高的一条山丘公路，号称奥地利海拔最高的美景，有 36 处弯道，爬坡高度为 2504 米，可以翻越阿尔卑斯山。奥地利代表表示适合这一项目申报的标准也许尚未制定出来，但这绝不仅仅是一条公路，而是一种生活方式的代表。委员会大部分成员国认为这是一个十分重要的新类型的申报项目，但是现在申报条件尚不成熟，因此应该给缔约国更多时间，进行更广泛的比较和研究，证明项目的突出的全人类价值。

知识链接

高山公路景观进入世界遗产申报视野

奥地利申报的大格洛克纳阿尔卑斯高山公路（Großglockner High Alpine Road）位于其国土南部的萨尔茨堡和卡林西亚省。这条公路的设计旨在让游客体验和享受阿尔卑斯山东部优美的风景，同时体验驾驶乐趣。它设计和建造于 1924 年至 1936 年，奥地利展示了其道路建设的技术特点以及在壮观的高山景观中如何拓展和开发旅游。全长 48 千米的双车道公路有 36 个"之"字形转弯。这个申报项目还包括道路的终点站、两条支路、观景点、桥梁、隧道、遮蔽物、排水结构、挡土墙和周边结构及建筑物。

高山公路景观是世界遗产申报中出现的新类型之一，其价值认定和全球比较研究都尚在探索之中。缔约国提交的申报标准为（ⅰ）（ⅱ）（ⅳ）。缔约国提出的申报理由细节如下。标准（ⅰ）：大格洛克纳阿尔卑斯高山公路是一个土木工程和管理技术的相结合的创造性杰作，许多结构措施和规范都具有创新性，并得到持续运用，是欧洲风景公路的历史起源。标准（ⅱ）：这条公路是土木工程、建筑、技术革新和景观美学等领域的人文价值的结晶，它在阿尔卑斯山和欧洲其他地方的风景公路建设中起到示范作用。标准（ⅳ）：这条路反映了机动车历史上一个重要的时期。它展示了一代人的生活方式即驾车出游。缔约国提出，这是欧洲最受欢迎的高山公路景观之一，反映了其创建时的最佳实践设计，并被汽车制造商当作测试道路。

国际古迹遗址理事会对该项目的评估结果却不乐观。国际古迹遗址理事会认为，该项目现在比较研究的范围太窄，只比较了阿尔卑斯山地区的景观道路，应该把比较范围放到全球。这条公路开历史先河的证据不足，缺乏说服力。它的地理和主题的影响范围太窄，需要更细致的研究来说明这一道路在当时有独一无二的创造性。它并没有充分地表明人类价值观的交流。它虽然是景区道路的一个原型，也在人类历史上与机动车出现阶段具有重要意义，但是现阶段不能证明它有突出价值。这里的许多特点也存在于 20 世纪初世界各地不同的景区道路设计当中。

在保护状况和管理方面，这个项目也没有完备的影响因素应对方案。阿尔卑斯山位于高纬度地区，面临严酷的气候条件，如暴雪和雪崩以及雪融水造成的山体滑坡，可能让景观发生巨大改变，而不合适的旅游开发计划可能会削弱景观道路的价值。在真实性完整性方面，随着旅游人数的增加，景观道路已有多处扩建和整修，跟当年的原貌差别很大。综上所述，国际古迹遗址理事会给出的评估意见是要求重报。

在现场审议环节，委员会大部分成员国同意国际古迹遗址理事会的评估意见，认为这是一个十分重要的新类型的申报项目，但是现在申报条件尚不成熟，因此应该给缔约国更多时间，进行更广泛的比较和研究，证明项目的突出的全人类价值。奥地利表示会继续与专业咨询机构合作，进行深入研究，准备充分之后再次申报。

资料整理来源：Dr Heritage. 清源独家｜遗产大会 DAY6：一日高速列入 14 项世界遗产 世界遗产已达 1113 项 [EB/OL]. [2019 - 07 - 08]. https：//mp. weixin. qq. com/s/VYqrfg7ZgVBMaID1kTCW4A.

第二节　创造未来世界遗产

在历史的长河中，在人与自然发展的关系中，曾经产生了无尽的文明、灿烂的文化，令后人景仰和惊叹。世界遗产体系的建立，系统地展示了文明的成果，也因其在当代面临严峻的挑战，文明的传承不能在当代断裂。世界自然遗产是地球自身演化的留存，世界文化遗产是祖辈适应自然的留存。我们能够创造什么文明，我们又给后辈留下什么遗产？我们要肩负起属于我们这一代的历史责任，也应该创造留存于世的历史作品，创造属于未来的世界遗产。

1972年联合国教科文组织在巴黎举行的第17届大会制定了《世界遗产公约》，根本原因是"文化遗产和自然遗产越来越受到破坏的威胁，一方面因年久腐变所致，同时变化中的社会和经济条件使情况恶化，造成更加难以对付的损害或破坏现象"。公约实施以后，产生了巨大的反响和积极的作用。联合国教科文组织也始终在调整和完善有关操作方式。鉴于代际公平和可持续发展的思想，联合国教科文组织在致力于古代遗产的保护之外，也对19世纪至20世纪那些有价值的建筑、城镇规划和景观设计给予了高度关注，并将它们定名为现代遗产。

1987年，联合国教科文组织将修建于1956年的巴西利亚选入世界遗产目录；2003年，将修建于1931—1956年的以色列特拉维夫白城选入世界遗产名录；2004年，将建于1922—1924年瑞典的威堡无线电台选入名录；2004年，将建于1948年的路易斯·巴拉干住宅及工作室选入名录；2005年，将于1945—1964年重建的勒阿佛尔城选入名录。从这些现代遗产入选名录可以窥见世界遗产遴选的核心理念，即不以历史长短作为标准，而是以是否符合世界遗产完整性和真实性以及典型性和代表性等方面的要求为原则，真正实践了第二条评选标准"在某时期或某种文化区域内对建筑、技术、纪念性艺术、城镇规划、景观设计的发展有巨大影响，促进人类价值的交流"。

联合国教科文组织这种不以历史时间长短定世界遗产的理念在2005年的《操作指南》附录中得到了进一步体现。附录在对于将特殊类型的项目选入遗产目录的指南中提到了文化景观、历史城镇中心、遗产运河、遗产廊道四个特殊遗产类型，其中在"历史城镇和历史中心"这个特殊类型下专门列出了"20世纪的城镇"这个类别。

现代遗产作为世界遗产的重要类型，反映了联合国教科文组织以具体遗产项目见证人类文明发展轨迹的一贯思想，保证了近两个世纪文明发展历程在实证符号上的连续性。不过，这仍然只是停留在"保护"的层面，而没有站在"发展"的高度，从而更加充分地发挥世界遗产评价标准对未来建设所应该发挥的潜在作用。如果我们现在所形成的包含建筑物、城镇规划和景观设计在内的作品没有将联合国教科文组织所倡导的标准内化进来，那我们的后代很难找到能够见证人类文明当代延续的实证。正是基于这种思索，秉承联合国教科文组织对于世界遗产的一贯精神，有人提出了"未来遗产"的概念。

未来遗产概念是指当代人所创造的、能够体现当代特色和创新能力、符合世界遗产委员会所确立的评定标准并能作为人类文明延续的实证符号。这些实证符号以建筑物、城镇规划和景观设计成果等为主要表现形式。这个概念包含三层含义。

第一，未来遗产的理念是现代遗产思想的进一步发展。这个概念从时间尺度上进一步延伸到当代。更重要的是，这个理念使得世界遗产站在发展的高度上，展现了文化遗产不仅仅是"历史留下的"的人类作品，更应该是"留给历史的"人类作品；世界遗产不仅是"过去献给现在和未来的礼物"，还应该是"现在献给未来的礼物"。

第二，创造未来遗产是我们这个时代当下的社会责任和目标。当代社会的义务不仅仅是将那些前人留下的、代表人类文明发展的实证符号传给后人，还有义务为后人创造可供他们纪念传承的伟大作品。今天我们看到的这些世界文化遗产是因为它们忠实地反映了当时的社会，反映了当时的艺术、思想、文化和精神。在我们所生存的这个时代，既然已经树立了公认的世界遗产标准，那我们就更有义务与责任为后人留下能够反映我们这个时代烙印和创造力的遗产。

第三，创造未来遗产是建立双向通道的需要。在很多发展中国家和地区，文化遗产成了旅游吸引力的符号，多数过去的世界文化遗产都为旅游的发展提供了高质量的旅游景观和吸引物。那么，应该强化这种高质量的意识，对现今的人文旅游景观进行创新设计，当我们所生活的这个时代成为未来历史的时候，这些旅游景观将成为未来的世界遗产的重要组成。

未来遗产的根本意义在于理念导向。在一个开放的、快速发展的社会中，不能奢望所有的新建筑或新景观都能成为未来的世界遗产，但我们又的确应该将为未来创造世界遗产的指导思想贯穿于整个社会发展进程中。这样我们这个时代才不至于在历史的长河中缺失自己的位置。只要我们在政治、经济和社会不断发展的过程中，坚持科学的、哲学的、文化的有突出的全人类价值的标准，我们这个时代就完全可以创造出属于未来的世界遗产。

本章小结

本章从世界遗产、国家遗产、社区遗产的关系分析入手，介绍了不同层级的遗产的保护方式，指出遗产在层级的进阶中的不同影响因素。当前的遗产保护应该更多地关注社区遗产，给未来留存更多的历史遗产。世界预备遗产出现了新的类型，如公海遗产、冲突遗产、高山公路景观遗产，这些遗产在申报中还存在概念、价值、标准等方面的争论，但开拓了遗产新的类别。世界遗产是过去遗留下来的宝贵财富，我们在做好保护的同时，也应该创造我们当代人留存于后世的遗产，这就是创造未来世界遗产的重要意义。因此，需要我们在当代的规划设计中，要秉持高质量的旅游景观意识。创造未来世界遗产理念的提出，有助于全社会新的遗产保护发展理念的形成。

课后思考与练习

1. 阐述世界遗产与国家遗产、社区遗产的关系。
2. 简述进阶世界遗产的方式。
3. 简述世界预备遗产的新类型。
4. 阐述未来遗产的概念与理念。

延伸阅读

聚焦世界遗产的保护与发展 普适性传播仍需加强

2022年的11月16日是《保护世界文化和自然遗产公约》（以下简称《世界遗产公约》）诞生50周年。我国自1985年加入《世界遗产公约》，至今共有56个项目被联合国教科文组织选入《世界遗产名录》，其中包括世界文化遗产38处，世界自然遗产14处，世界文化和自然遗产4处。随着中国世界遗产地数量的不断攀升，中国已经成为世界遗产大国，但事实上，离世界遗产强国仍有很长的路要走。

1. 保护体系有待完善

在2022年召开的首届世界文化和自然遗产学术论坛上，国际古迹遗址理事会副主席、山东大学教授姜波表示：目前，中国世界遗产地中历史考古类遗产占据绝大多数，但艺术杰作、工业遗产、水下遗产、科技文化等遗产类型仍有待补齐。目前国内世界遗产各项工作在稳步有序开展的同时，也存在诸多问题，包括管理失序、旅游服务不足、农业生产不可持续、违建违章突出以及认知仍有误区等。

开平碉楼村落、红河哈尼梯田文化景观、土司遗址等，其所在空间的乡村景观本身就是世界遗产的生动注脚。在谈及乡村景观遗产价值之于世界遗产的贡献时，同济大学建筑与城市规划学院景观学系教授韩锋表示：中国有很多丰富的乡村景观，但目前而言，国内在乡村景观保护与发展方面还存在一些误区。乡村景观遗产的背后涉及在地生态智慧、物种管理、环境伦理自然观、文化身份、意义建构等诸多方面，保护乡村景观有着更为丰富的含义。

值得注意的是，如今社区参与已经成为国内遗产保护与旅游可持续发展的有效手段。2018年，中山大学旅游学院创院院长保继刚带领团队来到红河哈尼梯田核心区的阿者科村，并专门为其编制了"阿者科计划"，通过顶层设计、社区配合，重新制定相应的规则机制，激发政府和当地群众的责任感，有效实现了遗产保护和乡村振兴的双重目的。

2. 人才培养亟需跟进

保护遗产，离不开专业的人才，遗产教育近年来引发关注。

复旦大学国土与文化资源研究中心主任杜晓帆表示，目前国内高校的遗产研究大多分属在考古文博、规划建筑、艺术、管理、工程等一级学科之下。建议遗产学科要突破追求固有一级学科框架下构建遗产研究的思路，而是以更加开放的态度开展遗产的跨学科研究，在各自领域实践的同时，通过设置若干"核心议题"，推动理论的建构和讨论，在多个维度合力构建遗产理论体系。

海洋考古作为一门新兴的考古学分支，其发展同样面临专业化人才缺乏这一问题。南方海洋实验室海洋考古团队首席专家、中国文化遗产研究院原副院长詹长法表示，当前我国海洋文化遗存在几方面特点，如分布范围广、沉积环境差、文物种类多样，但也有出水文物保护队伍经验不足，以及至今没有国家专业化海洋考古队伍等问题。结合多年工作经验，詹长法建议未来海洋考古要从单一水下考古发展为全方位的水下考古，从单一部门发展为多部门的积极参与。

3. 普适性传播仍需加强

世界遗产是人类历史上璀璨文明的结晶，做好遗产价值与资源保护利用的传播工作，意义不凡。近年来，人们通过各种传播手段，了解和探究世界遗产的价值和文化内涵，加强世界遗产与美好生活之间的联结。

为让更多人重视遗产保护，故宫博物院第六任院长、中国文物学会会长单霁翔，虽已年近七旬，仍一直奔走在科普路上。2021年，单霁翔作为发起人和文化向导，完成了《万里走单骑》录制，该节目将目光对准中国的遗产地，全方位展示遗产地的独特价值。如今，单霁翔已带领"万里少年团"遍访全国多个省份的数十处遗产地。

在云冈研究院院长、北京大学考古文博学院教授杭侃看来，遗产保护的根本目的是要惠及大众，因此在社区、学校等场所，普及文化遗产知识也非常重要。

如何更准确、更形象地向世界解读并推广世界遗产所承载的中华优秀文化价值，同样是一项重要课题。对此，暨南大学文化遗产创意产业研究院院长陈平认为：文化遗产价值传播不仅要依赖自身的价值属性，更应建立推广综合性的品牌与产业，以契合更多元化的受众，推动提升价值认知的准确性与广泛性。同时，要通过建立一个世界级的价值通感体系、一个全球传播的IP，以行业集群发展整体提升文化遗产价值的广泛接受度。此外，在通过旅游等方式开展的传播活动的过程中，应突出遗产价值的深层次内涵，提升公众的普适性认同。

4. 使命持续迭代

保护好、传承好、利用好世界遗产，是人类文明赓续和世界可持续发展的必然要求。作为世界遗产大国，我国始终坚守加入《世界遗产公约》时的承诺，践行新发展理念，不断提高遗产保护能力和水平。

联合国教科文组织国际自然与文化遗产空间技术中心副主任王心源表示：世界遗产对于当下全人类团结、共谋发展具有重要意义，需要大众用科学真理观去共同维护《世界遗产公约》的突出的全人类价值观。从世界遗产中获取古人的智慧，凝聚共识、破解纷争，促进世界遗产在建立人类命运共同体中发挥独特作用。

联合国教科文组织名录遗产地可持续旅游教席、中山大学旅游学院教授张朝枝表示：在全球不确定性风险日益增加的背景下，世界遗产的使命正在从促进和平转向促进发展，从申报转向管理与监测，从物的管理转向人的管理。

资料整理来源：李冬阳. 文旅三方观察｜聚焦世界遗产的保护与发展 普适性传播仍需加强［EB/OL］.［2022－11－30］. http://www. ce. cn/culture/gd/202211/30/t20221130_38261954. shtml.

参考文献

[1] 刘红婴，王健民. 世界遗产概论［M］. 北京：中国旅游出版社，2003.

[2] 李燕琴. 世界遗产与旅游［M］. 北京：北京大学出版社，2012.

[3] 韩嫣薇，杨凡，等. 世界遗产概论［M］. 杭州：浙江工商大学出版社，2014.

[4] 景峰. 丝绸之路文化线路系列跨境申遗研究［M］. 北京：科学出版社，2019.

[5] 刘新静. 世界遗产教程［M］. 上海：上海交通大学出版社，2010.

[6] 孙克勤. 世界遗产学［M］. 北京：旅游教育出版社，2012.

[7] 国家文物局，中国古迹遗址保护协会. 中国世界文化遗产 30 年［M］. 北京：科学出版社，2017.

[8] 高朝阳，焦金英，谭琳. 世界遗产教程［M］. 北京：中国旅游出版社，2018.

[9] 晁华山. 世界遗产［M］. 北京：北京大学出版社，2004.

[10] 黄松. 世界遗产概览［M］. 上海：同济大学出版社，2021.

[11] 陶伟. 中国"世界遗产"的可持续旅游发展研究［M］. 北京：中国旅游出版社，2001.

[12] 北京大学世界遗产研究中心. 世界遗产相关文件选编［M］. 北京：北京大学出版社，2004.

[13] 孙葆玮. 走近世界遗产［M］. 北京：人民日报出版社，2012.

[14] 刘红婴. 世界遗产精神［M］. 北京：华夏出版社，2006.

[15] 叶晗. 世界遗产保护启示录［M］. 杭州：浙江工商大学出版社，2013.

[16] 梅斯克尔. 废墟上的未来：联合国教科文组织、世界遗产与和平之梦［M］. 王丹阳，胡牧，译. 南京：译林出版社，2021.

[17] 哈里森. 文化和自然遗产：批判性思路［M］. 范佳翎，王思渝，莫嘉靖，等译. 上海：上海古籍出版社，2021.

[18] 史密斯. 遗产利用［M］. 苏小燕，张朝枝，译. 北京：科学出版社，2020.

[19] 刘祎绯. 文化景观启发的三种价值维度：以世界遗产文化景观为例［J］. 风景园林，2015.

[20] 孙燕，解立. 浅议 2021 年版《实施〈世界遗产公约〉操作指南》修订［J］. 自然与文化遗产研究，2022.

[21] 韩锋. 世界遗产"文化自然之旅"与中国文化景观之贡献［J］. 中国园林，2019.

[22] 李云鹏. 灌溉工程遗产的内涵、特征与认定标准探讨［J］. 自然与文化遗产研究，2023.

[23] 解立. 国际古迹遗址理事会发展回顾［J］. 自然与文化遗产研究，2020.

[24] 邹晶. 世界自然保护联盟［J］. 世界环境，2005.

[25] 钱永平. 从保护世界遗产到保护非物质文化遗产［J］. 文化遗产，2013.

[26] 王钰. 关于世界遗产大会边会重要性的观察［J］. 自然与文化遗产研究，2023.

[27] 吕舟. 北京中轴线：世界遗产的价值认知体系［J］. 北京规划建设，2019.

[28] 杨爱英. 濒危世界遗产：理论与实践的困局［J］. 中国文化遗产，2019.

[29] 陈晨，杨旭东. 多元价值观影响下的世界遗产价值界定及共识建立——以罗马尼亚罗西亚—蒙塔纳采矿景观遗产为例［J］. 复旦学报（社会科学版），2022.

[30] 田芯祎. 世界遗产视角下非洲优先与可持续发展战略的实施——2012 年后非洲世界遗产申报与保护情况分析［J］. 自然与文化遗产研究，2022.

[31] 曾纯净，罗佳明. 国际世界遗产监测的回顾与展望［J］. 文博，2008.

[32] 张成渝，谢凝高. "真实性和完整性"原则与世界遗产保护［J］. 北京大学学报：哲学社会科学版，2003.

[33] 孟宪民. 温故求新：促进大遗址保护的科学发展——大遗址保护思路再探［J］. 东南文化，2009.

[34] 刘卫红，田润佳. 大遗址保护理论方法与研究框架体系构建思考［J］. 西北大学学报（哲学社会科学版），2021.

[35] 郭伟民. 遗产与资产——大遗址保护利用若干问题再思考［J］. 中国文化遗产，2022.

[36] 孙华，王建新，赵荣，等. 笔谈：考古遗址公园模式下的大遗址保护管

理与活化利用［J］. 中国文化遗产，2022.

［37］王志芳，孙鹏. 遗产廊道——一种较新的遗产保护方法［J］. 中国园林，2001.

［38］吴丽云. 真实性、完整性原则与泰山世界遗产资源保护［J］. 社会科学家，2009.

［39］沙中土. 拿什么来保护你——欧洲世界遗产［J］. 地图，2007.

［40］张朝枝. 世界遗产保护与旅游发展关系 50 年回顾与展望［J］. 中国文化遗产，2022.

［41］景峰. 从亚太地区的视角看世界遗产的代表性［J］. 中国园林，2008.

［42］沙中土. 感知东方——古老绮丽的亚洲、大洋洲世界遗产［J］. 地图，2008.

［43］沙中土. 古老与年轻，丛林与文明——美洲世界遗产印象［J］. 地图，2007.

［44］吴其付. 我国世界文化遗产的时空分布——兼论我国世界文化遗产的申报［J］. 旅游科学，2010.

［45］雷雨婷，李江海，宋珏琛. 潜在公海世界遗产及其保护和管理［J］. 海洋开发与管理，2019.